남과 북

: 여덟 정부의 도전과 좌절

노태우에서 윤석열까지

안인해

phanyzoo

남과 북

: 여덟 정부의 도전과 좌절

노태우에서 윤석열까지

아버지를 그리워하며
홀로 남으신 어머니

평양을 떠나온 실향민이신 부모님께
'평화, 그리고 통일'의 염원을 담아
이 책을 바칩니다.

사라진 통일의 꿈, 다시 불씨를 지피다

오랫동안 온 국민이 함께 불렀던 '우리의 소원은 통일, 꿈에도 소원은 통일...'이 이제는 아득한 옛 노래처럼 들립니다. 통일에 대한 관심이 줄어들면서, 통일을 적극적으로 바라는 젊은이들은 20%도 채 되지 않습니다. 중장년층 역시 김씨 세습 체제에 대한 거부감을 드러내고, 젊은 세대는 통일 비용 지불을 꺼려합니다.

그러나 통일은 비용만 있는 것이 아닙니다. 통일 과정에서 북한은 경제 발전의 기회를 얻고, 이는 장기적으로 통일 비용을 줄여줄 것입니다. 또한 남한은 고질적인 저성장과 양극화 문제를 크게 완화할 수 있습니다. 이렇게 통일 논의가 시들어가는 시점에, 안인해 교수가 대작 「남과 북: 여덟 정부의 도전과 좌절」을 펴냈습니다. 이 책이 통일 논의에 새로운 불을 지펴주기를 기대합니다.

40년 외길, 한반도 전문가의 깊이 있는 통찰

안인해 교수는 미국 조지워싱턴대학에서 정치학을 공부하고 통일연구원을 거쳐 고려대학교에 자리 잡았습니다. 그는 중국과 일본의 유수 대학들을 오가며 40년 가까이 한반도와 중국 연구에 매진해 온 전문가입니다.

그는 학자로서의 삶뿐만 아니라, 현실 세계를 직접 경험하는 것을 게을리하지 않았습니다. 통일연구원 근무 시절, 직접 북한을 방문하여 김일성 주석과 오찬을 함께하는 등 특별한 경험을 했습니다. 이 경험을 바탕으로 북한 3대 세습 체제에 대한 개인적인 소회를 이 책의 제1장에 담아냈습니다.

데이터로 보는 8개 정부의 남북 정책

이 책의 가장 큰 특징은 남북이 합의한 주요 6개 공동선언들(7.4 공동성명, 남북기본합의서, 6.15 공동선언, 10.4 선언, 4.27 판문점 선언, 9.19 평양공동선언)을 미-중 관계와 남북 관계의 역학 구도 속에서 분석하고 도표로 정리했다는 점입니다. 미국과 중국의 패권 다툼이 심화되는 오늘날, 이 책은 한반도 문제를 풀어갈 훌륭한 길잡이가 될 것입니다.

또한 안 교수는 남북관계의 핵심 이슈인 북한 핵 문제에 대해 전쟁 발발 가능성부터 평화적 해결까지 6가지 시나리오를 제시합니다. 남북 교류 협력의 방향 역시 북-미, 중-미 관계의 가능성과 연결해 구체적인 예시를 보여줍니다.

도전과 좌절을 넘어, 평화의 길로

한마디로 이 책은 노태우 정부에서 윤석열 정부까지 여덟 개 정부에 걸친 남북 정책의 도전과 좌절을 한눈에 볼 수 있도록 일목요연하게 정리하고 있습니다.

지난해 안 교수는 동반성장연구소 포럼에서 '남과 북: 전쟁이냐 평화냐'라는 주제로 발표했으며, 그 내용이 이 책의 10장 '평화, 그리고 통일'에 담겨 있습니다. 이는 평화와 통일을 향한 미완의 여정을 담고 있으며, 동반성장연구소는 이 내용을 책에 담게 된 것을 큰 영광으로 생각합니다.

정운찬 동반성장연구소 이사장, 전 서울대 총장

추천의 글

우리 어머니 이태영 박사는 1992년 9월 초에 북한을 방문하고 김일성 주석과 주석궁에서 오찬을 함께 했습니다. 이때에 저자 안인해 박사와 함께한 인연이 있습니다. 북한측 여성 단장은 여연구 여사로 몽양 여운형 선생의 따님이었습니다. 어머니는 이북에서 남으로 내려오셨고, 여단장은 반대로 남쪽에서 북으로 가서 북측 여성계에서 활동했습니다. 두 분의 만남은 분단 상황의 어려움을 몸소 보여주는 상징적인 장면이었습니다.

이 책의 첫 장에서는 김일성 주석-김정일 국방위원장-김정은 국무위원장으로 이어지는 북한 세습체제의 속성을 한국 상황과 비교해 분석하고 있습니다. 저자가 직접 목격한 현장감을 바탕으로 학술적이면서도 이해하기 쉬운 문장으로 흥미롭게 서술하고 있습니다.

노태우 정권으로부터 윤석열 정권에 이르기까지 여덟 개 정부의 남북 관계 즉 평화, 공존 그리고 통일로의 지향이 다루어지고 있습니다. 대북한 정책 목표가 무엇이고, 수단을 어떻게 활용했으며 어떤 성과가 있었는지를 분석하고 있습니다.

이 시대의 큰 소명 중의 하나가 남북이 평화롭게 공존하고 나아가 평화롭게 통일을 이루어내는 일입니다. 공존을 위해서는 대화와 협상이 이루어져야 합니다. 안교수는 마지막 장에서 쉽지 않은 국내외 상황하에도 이를 타개 극복할 수 있는 대안을 제시하고 이에 대한 전망을 예측하고 있습니다.

충분히 일독을 권할만합니다. 감사합니다.

정대철 대한민국헌정회 회장

추천의 글

안인해 박사님의 이번 저서는 오늘의 한반도가 직면한 문제들을 차분하게 분석하고 현실적인 해법을 제시하는 귀중한 안내서입니다.

첫째, 이 책은 풍부한 자료와 꼼꼼한 해석을 통해 무엇이 문제인지, 왜 그런 일이 생겼는지, 앞으로 무엇을 할 수 있는지를 명확하게 보여줍니다. 독자는 어려운 현안을 한눈에 이해할 수 있습니다.

둘째, 저자의 시각은 국내를 넘어 세계와 연결됩니다. 해외의 다양한 경험을 소개하면서도 우리의 현실에 맞게 적용할 수 있는 지혜를 제시합니다. 단순한 모방이 아니라, 우리의 조건을 고려한 창의적 해법을 제안하는 점이 돋보입니다.

셋째, 이 책은 사람과 가치를 중심에 둡니다. 효율성만이 아니라 인간의 존엄, 신뢰, 공공성을 강조하며, 단기 성과보다 지속 가능한 미래를 지향합니다. 정책과 제도의 목적이 결국 더 나은 삶을 만드는 데 있다는 사실을 다시 일깨워 줍니다.

넷째, 특히 한반도의 평화와 통일 문제를 오랫동안 다루어온 저의 시각에서 볼 때, 이 책은 단순한 학술적 연구를 넘어 **국민과 정부 모두가 참고해야 할 지침서**라 할 수 있습니다. 안인해 박사님은 사실에 기초한 분석과 설득력 있는 대안을 통해, 우리가 가야 할 길을 차분히 제시하고 있습니다. 이는 제가 강조해온 **대화, 신뢰, 지속가능한 평화**의 가치와 정확히 맞닿아 있습니다.

마지막으로, 본 서는 갈등을 대화로 전환하는 길을 제시합니다. 공정한 데이터, 존중의 언어, 함께 할 수 있는 절차를 통해 사회가 합의점을 찾을 수 있음을 보여줍니다.

정동영 통일부 장관

2025년은 한반도가 분단 80주년을 맞는 역사적 의미를 지닌다. 1945년 8월15일 광복으로 주권을 회복했지만 소련과 미국의 분단관리 신탁통치가 우리 어깨너머로 결정되는 과정을 지켜보았다. 6.25전쟁으로 남과 북은 3년 간 동족상잔의 내전을 겪었으며 1953년 7월 27일 정전협정으로 휴전선은 고착화되어 오늘에 이르렀다.

올해 '남과 북'을 저술하기로 구상하며 '평화, 그리고 통일'의 여정에서 목표와 수단의 차이를 우선적으로 이해해야 한다는 생각을 하게 되었다. 남측에서 군사정권을 거쳐 민간정부로 이어지면서 보수와 진보를 넘나들었다. 이에 남북한관계는 일관성을 유지하기 보다는 개선과 교착으로 싸이클 형태가 반복되고 있다.

한국의 보수와 진보는 대북한 정책 목표(goal)가 무엇이고, 수단(means)을 어떻게 활용할 것이며, 향후 어떤 성과(outcome)를 기대하는지 답해야 한다.

미국의 대공산주의국가에 대한 상이한 접근법을 차용한 리차드 닉슨(Richard Nixon)과 로날드 레이건(Ronald Reagan) 대통령을 비교해 볼 수 있다. 모두 보수 공화당원이며 철저한 반공주의자로서 대범한(bold) 접근을 시도했다.

닉슨 대통령은 중국과의 공존을 목표로 삼아 소련을 견제하고 상호 경제이익 추구를 수단으로 데탕트의 길을 걸었다. 중국은 국가목표인 경제건설을 위해서 개혁과 개방을 수단으로 오늘날 세계 2위 부강국가의 성과를 일구었다. 반면 레이건 대통령은 소련을 '악의 제국(Evil empire)'이라고 부르며 도저히 공존할 수 없는 국가로 목표를 정했다. '스타워즈(Star Wars)'로 불리운 전략방위구상(SDI)으로 군비경쟁의 수단을 통해 소련이 붕괴되는 결과를 초래했다.

한국의 보수와 진보는 대북한 정책 목표를 어떻게 설정해야 통일비용을 경감하고 한반도 이해를 극대화 할 것인지 결정해야 한다.

닉슨과 같이 북한과 공동 번영의 목표를 향해서 남북협력을 수단으로 평화공존을 바탕으로 하는 점진적인 통일로 나아가는 길을 택할 것인가. 혹은 레이건처럼 북한과 도저히 공존할 수 없다는 목표를 세우고 경제난을 심화시킬 수 있는 수단을 찾아 체제붕괴의 성과를 이끌어낼 것인가.

우리는 '일관성' 있는 정책추진으로 '전략적 신뢰성(strategic reliability)'을 쌓아가기 위해서 목표와 수단에 대한 초당적 협력으로 국민적 합의를 이끌어낼 수 있어야 한다.

'남과 북: 여덟 정부의 도전과 좌절'에는 노태우 정부의 1988년 7.7선언으로 시작된 '북방정책'으로부터, 김영삼 정부의 민족우선주의에 기반을 둔 '민족공동체통일방안', 김대중 정부의 '햇볕정책'으로 최초의 남북정상회담, 노무현 정부의 '평화번영정책'에 따른 2차 남북정상회담의 과정을 살펴본다. 진보에서 보수로 정권교체를 이룬 이명박 정부의 '비전 3000'과 박근혜 정부의 '한반도 신뢰프로세스', 또한 문재인 정부의 '한반도 평화프로세스'를 내세운 남북한관계의 해빙기를 따라간다. 마지막으로 윤석열 정부의 '통일 독트린'으로 이어지는 대북한정책의 도전과 좌절을 비교 분석한다.

미완의 여정이지만 평안하고 공영의 항해가 되기를 기원한다.

2025년 8월 8일
一碧 安仁海

차례

제1장

김일성-김정일-김정은
(세습체제)

사목지신(徙木之信)
위정자는 백성들과의 약속을 지켜야 한다.

1

김일성 주석궁 오찬

(1) 주석궁 오찬

"만나서 반갑습네다."

김일성 주석은 후덕한 얼굴에 만연한 미소를 띠고 악수를 청한다. 너무나 감격에 겨워 울음보를 터뜨리는 북한여성들이 그를 향해 연신 큰절을 하고 있다. 진정으로 마음 깊이 아로새겨져 우러나오는 벅찬 감동에 어쩔 줄 몰라 하는 모습이 역력하다. 애써 감정을 억누르고 울음을 참으며 자신의 손을 잡으려는 그들의 눈길을 김 주석은 그윽하게 응시하며 미소 짓고 있다.

먼 길을 왔는데 그냥 돌려보내기 섭섭해서 점심이나 같이하려고 준비했다는 김 주석과 남측 여성대표단 일행이 단체 사진을 찍었다. 오찬 참석자는 드레스코드로 한복을 준비하라고 미리 일러줘서 나도 한복으로 차려 입고 뒷줄에 섰다. 이 사진을 갖고 있으면 북한에 언제나 드나들 수 있겠다며 남측대표단에서 말했다. 우리 일행이 떠난 다음 노동신문 1면에 남측대표단 방북소식이 상세하게 보도되었다.

 김일성종합대학은 북한 최고 지성의 요람이고 선망의 대상이다. 미국에서 박사학위를 마치고 그 이듬해인 1992년 9월 1일~6일 동안 북한을 방문했는데 북측 사람들이 나를 쳐다보는 눈이 예사롭지 않았다. 미국 건국의 아버지가 조지 워싱턴(George Washington)이라는 이유다. 김일성 주석은 조선인민민주주의공화국 건국의 아버지로 불리며 김일성종합대학이 가장 유명한 명문대학이다. 똑같은 시각에서 미국 건국의 아버지 이름을 따서 명명한 조지 워싱턴대학을 최고의 대학으로 여기는 듯했다. 괜히 싫지 않은 기분이 들어서 부인하지 않고 살며시 웃기만 했다. 훗날 본교 스티븐 냅(Steven Knapp) 총장이 내한했을 때 이 에피소드를 전했다. 혹시라도 평양에 가게 되면 세계 최고대학 총장으로 소개받더라도 놀라지 말라고 넌지시 일러주었다. 그는 유쾌한 웃음으로 답했다.

 9월 6일 평양 체류 마지막 토요일 오전 계획은 각자 원하는 대로 김일성종합대학, 봉수교회, 가정집 중 하나를 선택해서 방문할 수 있다고 했다. 나는 대학에 가서 도서관을 둘러보고 학생들과 대화를 나눠볼 심산이었다. 워싱턴에서 생활한 경험을 얘기해 주면서 김일성을 찬양하는 학생들이 미국 초대 대통령을 어떻게 받아들이는지 반응도 살펴보고 싶었다. 그 대학의 학생들은 어떤 책을 읽고 토론하는지 궁금하기도 했다. 하지만 이 일정은 갑자기 취소되고 주석궁 방문과 김일성 주석과의 오찬으로 변경되었다.

 평양에서 김 주석과 주석궁에서 함께 한 오찬 분위기는 시종일관 화기애애했다. 남측 대표단 여성 23명, 해외에서 온 여성대표, 북측 대표단을 포함해서 40명만 초대된 자리였다. 대동강에서 잡은

숭어요리, 언감자 깨국수, 칠면조 구이 등 13가지 요리가 정갈하면서도 담백하고 맛깔스럽게 조리되어 접시에 놓여 있었다. 김 주석이 항일 운동을 할 때 함경도지방의 날씨가 너무 추워서 감자가 꽁꽁 얼어버리면 검게 변하는데, 언 감자를 먹던 기억을 되살려 까만 깨국수로 개발했다는 일화도 소개했다. 남측 요리는 양념을 많이 사용하기 때문에 재료 본연의 식감보다 양념 향이 짙은 편이지만 평양식 요리는 싱거우면서도 감칠맛이 났다. 평양 출신 나의 어머니 요리 솜씨 맛 그대로였다. 바로 전날 대동강변에 있는 유명한 옥류관에 일행이 함께 시식한 음식도 담백해서 많이 먹었다. 우리 대표단은 기본으로 냉면을 두 그릇씩 비웠다. 일행 중에 다섯 그릇을 주문한 대식가도 있어서 화제가 되기도 했다.

평양에서 예정된 회의에 참석한 이후 금강산을 둘러보고 온 우리 일행에게 김 주석은 자연 보존의 필요성을 역설했다. 공중삭도(케이블카)는 자연환경을 훼손하는 것이기 때문에 일절 설치하지 못하게 했다면서 그는 금강산 일만이천봉을 그대로 보존하고 있다는 자부심을 드러냈다. 금강산에 환경보존을 위한다는 명분으로 조목조목 설명했다. 50년 가까이 북한을 통치하며 산전수전 다 겪은 이 노회한 노정객은 대화하면서도 상대방의 반론을 허술하게 허용하지 않았다.

북한은 당시 소련의 붕괴와 한·중관계 정상화로 미국, 일본, 한국 등으로 외교 지평선을 넓히는 문제를 고민하고 있었다. 김일성 주석은 1980년대 말부터 고르바초프의 페레스트로이카(개혁)와 글라스노스트(개방)로 소련이 오래가지 못할 것으로 판단하고, 서울 88올림픽을 계기로 확대되는 한국 '북방정책'에 대응해서 서방외교에 관심을 갖기 시작했다.

평양에서 5박 6일(1992.9.1~6) 여정으로 '제3차 아시아의 평화와 여성의 역할'이라는 주제로 일본·북한·한국 여성대표단들의 토론회가 열렸다. 나는 동일한 내용의 제2차 서울회의(1991.11.25~30)에 참석했다. 3번째 열리는 평양회의와 비교해 보고 북한 실상에 대해 알고 싶은 것도 많아서 평양에 꼭 가고 싶었다. 평양을 떠나 온 실향민인 부모님 고향을 직접 방문한다는 생각에 밤잠을 설치기도 했다.

이북에서 학창시절을 보낸 부친은 어릴 적 수영하던 대동강이며 모란봉에 오르던 기억을 떠올리곤 했다. 일제하에서 평2중(평양고보) 다닐 적에 체육을 잘해서 '가미카제(자살특공대)'에 지원하라는 요청을 여러 차례 받았지만 거절했다고 회고했다. 아버지는 북한에서 1947년 토지개혁이 시행되고 다음 해에 평양을 떠나 서울로 오면서 많은 고초를 겪었다.

'그때가 좋았지' 그윽이 눈을 감으며 부친은 북녘 땅에 남아 있던 어머니(친할머니) 얘기는 애써 피했다. 약주 한잔 들이킨 날이면 나를 쳐다보며 어머니를 가장 많이 닮았다고 회상했다. 쌍까풀진 눈과 하얀 피부가 꼭 같다면서 어머니가 동네 어귀에 나서면 마을이 훤해졌다며 미소 짓곤 했다. 내가 중학생일 때 별세한 할아버지는 아내를 두고 온 대동강 한편에 자리 잡은 순흥 안씨 문중 집성촌에 대해 일러주기도 했다. 꼭 고향 땅을 다시 밟아보고 싶다는 소망을 늘 되뇌었다.

나는 친지들이 이남으로 피난 내려오면서 겪어야만 했던 전쟁의 참상을 자장가처럼 들으며 잠들기도 했다. 다시 만날 수 있을 것이라는 기약은 이미 체념이 된 채 오랜 세월이 흘렀다. 가수 설운도의 '잃어버린 30년'으로 온 국민의 가슴을 적시던 1983년 '이산가족 찾기'의 감동도 또 다른 30년을 훌쩍 넘기고 있다. 친가와 외가 모두 평양을 떠나 이남으로 와서 평양에 대한 이야기는 정말로 어릴 적 뛰어 놀던 고향처럼 내 마음에 자리 잡아 익숙하게 느껴졌다. 내가 이북으로 떠나기 전 아버지는 모란봉, 을밀대의 위치뿐만 아니라 살던 집의 방향과 주변 풍경도 자세하게 설명하며 아직도 그 위치에 있는지 찾아보라고 했다. 막상 가서 보니 평양거리가 너무나 변해서 아무것도 확인할 수 없었다.

1992년 9월 1일 우리 일행은 판문점을 통과해서 군사분계선을 넘어갔다. 비무장지대(DMZ)를 걸어서 넘어간 첫 남측 민간대표단이었다. 그 해 4월에 개통한 개성-평양 간 2차선 고속도로를 이용했는데 반대편에 통행하는 자동차를 거의 볼 수 없었다. 우리 대표단에는 최초의 여성 변호사 이태영 여사를 비롯해서 각계, 각층의 보수와 진보를 아우르는 지도급 여성과 전문가 23명이 포진했다. 몽양 여운형의 딸 여연구 단장이 북한여성 대표단을 인솔하고 있었다.

남측대표단 일행이 묵었던 고려호텔 꼭대기 층에는 1시간에 한 바퀴를 돌아가는 전망대가 있고 거기에 피아노가 놓여 있었다. 우리 식탁 외 다른 손님은 없어서 한국 가곡을 떠올리며 나는 피아노에 앉아 멜로디를 쳤다. 북한에서 추억으로 남기고 싶어 잠깐 피아노에 앉았기에 그냥 잊고 있었다. 후일 노무현 대통령 시절 정동영 통일부장관 초청으로 2005년 남북장관급회담 참석 차 북측대표단들이 워커힐 호텔에 머물고 있었다. 당시 대표단 일원으로 온 검은 안경을 낀 요원이 식사자리에서 조우했을 때 나를 기억하고 있어서 깜짝 놀란 적이 있다. "피아노 친 동무구먼!" 가까이 다가와 귀를 스치듯 말하곤 지나쳐 갔다.

고려호텔에서 남북한 여성들이 함께 지하에 있는 노래방에서 어울렸다. 서로 아는 노래라고는 '고향의 봄' 뿐이어서 큰소리로 부르며 '우리의 소원은 통일'이라고 외치기도 했다. 옛적부터 풍류를 즐기고 노래부르기를 좋아했던 한민족인데 다 같이 부를 수 있는 가락을 더 많이 보급하자며, 마음을 열고 손을 맞잡고 화음을 맞추어 보자며, 모두들 흥겨워하면서도 아쉬워했다.

(2) 북한 위안부 할머니

9월 2일 '아세아의 평화와 여성의 역할' 제3차 토론회가 인민문화궁전에서 열렸다. 남북한 여성대표들을 비롯해서 일본 및 해외 여성 대표들이 참가하고 북한 여성들도 300여 명이 함께 참석했다. '민족대단결과 여성의 역할', '일본의 식민지 지배와 침략 및 전후 보상 문제', '평화창조와 여성의 역할' 등이 의제로 다뤄졌다. 종군위안부 문제가 중점적으로 제기되었다. 북한에 거주하는 위안부 할머니들은 김일성 주석 덕분에 북한에서 행복하게 살고 있다고 했지만, 그들의 증언은 피눈물로 범벅 되었다. 남북한의 위안부 할머니들이 함께 만날 수 있도록 해야 한다. 그래서 서로의 기억을 확인하고 조금이라도 상처를 보듬을 수 있도록 자리를 마련해 줄 수 있어야 한다. 이산가족 상봉과 더불어 처절한 여성인권문제에 남북한이 한마음이 되어 공조할 수 있다.

아베 신조(安倍晋三) 정부에서 한·일관계는 악화일로로 치닫고 있었다. 일본 내 우경화 여론의 지지를 업고 극우 행보를 보이고 있는 아베 총리는 한국 입장에서 보면 '막무가내'로 여겨지기도 했다.

2013년 말 미국을 비롯해서 중국, 한국이 나서서 경고했지만 아베 총리는 야스쿠니 신사를 찾았다. 한·일관계의 실마리를 풀어야 한다는 미국의 호소도 공허하게 흩어지고 있었다.

위안부 문제를 경시해서는 안 되지만 마치 선결조건으로 받아들여져서 한·일 간에 정상회담마저 열리지 못하는 상황은 정상적이라고 볼 수 없다. 지정학적으로 이웃인 운명을 바꿀 수 없다면 한국의 국익을 위해서라도 한·일관계가 개선되어야 한다.

스가 요시히데(菅義偉) 관방장관은 위안부 문제에 대해 '무라야마 담화(1995년)'로 이어진 '고노 담화(1993년)'의 수정이 필요한지 검증하겠다고 했다. 자신들이 선택했던 총리와 제2인자를 부정하겠다는 것이었다. 2014년 3월 관련 내용을 수정하지 않겠다고 발표했지만 한국에서는 진정성에 대한 의구심을 거두지 않고 있었다.

한국은 스위스 제네바에서 열린 유엔인권이사회에서 군위안부를 '살아있는 현재 문제'로 제기하고 북한인권 문제에 대한 관심을 촉구했다. 일본은 오히려 국민들이 위안부 문제에 대해서 피로감을 느낀다고 항변했다. 한국은 올바른 역사인식과 피해자들이 받아들일 수 있는 사죄 등 일본 정부의 책임 있는 조치를 기대하고 있었다.

2015년 12월 말 박근혜 정부는 아베 정부와 위안부 문제에 대해서 '불가역적이며 최종적'으로 합의했다. 민족감정이 오롯이 담긴 정서 문제가 불가역적일 수 있을까. 일본에서 사죄형식을 취했다가도 곧바로 이를 부정하는 망발을 막기 위한 고육책이었다. 위안부 할머니들은 진정으로 우러나오는 일본인들의 사죄를 받고 싶다고 외친다. 오로지 기다려온 유일한 바람이다. 피해자인 위안부 할머니들이 받아들이지 않는다면 피해자 중심의 해결방식이 아니다.

이제 남한에 위안부 할머니 6명만 생존해 있다.(2025.8)

국가 간 신뢰를 위해서 국제적 약속을 지켜야하는 것도 의무다. 박근혜 대통령과 아베 총리가 합의해서 일본으로부터 10억 엔을 받아 화해·치유재단을 만들고 할머니들에게 지급하기로 결정했다. 위안부 할머니들을 화해하고 치유하기 위한 재단이지만 이미 해체의 수순을 밟았다. 문재인 정부에서 강경화 외교부 장관은 합의문의 수정이나 재합의를 요구하지 않는다고 했다.

그 아픔을 결코 잊어서는 안 된다. 하지만 이제는 응축된 마음에서 덜어내고 미래지향적으로 나아가야 하는 것은 아닌지 우려하는 목소리가 높아지고 있었다. 새롭게 문제 제기를 했을 때 상대국인 일본이 이미 종결된 사안으로 이를 받아들이지 않는다면 더 큰 상처를 안게 될 것이다. 한·일 간에 위안부, 강제징용 문제를 비롯해서 레이더 조준 시비 등으로 양국이 대화를 통한 해결책을 찾기가 쉽지 않았다.

2018년 10월, 일제 강제징용에 대한 대법원의 손해배상 판결은 한·일 간에 깊은 불신을 초래했다. 일본은 1965년 청구권 협정으로 해결되었다는 입장을 보이며 한국의 결정을 받아들이지 않았다. 2019년 일본이 안보상의 이유로 7월 수출제한 조치에 이어 8월 한국을 '화이트리스트'에서 배제했다. 일본의 보복조치에 반발해서 한국은 한일군사정보보호협정(GSOMIA) 탈퇴를 선언했다. 그러나 한·미·일 안보협력을 우려한 미국의 압력으로 11월 22일 한국정부의 조건부 탈퇴유예 결정에 따라 이를 유지할 수 있게 되었다. 한국으로서는 뼈아픈 경험이었다.

2020년 9월에 출범한 스가 요시히데 총리도 한·일관계에 강경한 입장을 고수하고 있었다. 연말에 한국에서 열릴 예정이던 한·중·일 정상회담에도 불참을 통보했다.

한·일 정부 간에 맺은 약속이라면, 적어도 외교부는 국제공조에 방점을 찍는 역할분담이 필요하다. 국내적으로 위안부, 징용문제에 여성가족부, 고용노동부 등이 나서서 한국민 보호를 위한 역할을 담당할 수 있다. 대외적으로 더 당당한 호소력이 통할 수 있는 방안 마련이 아쉬운 정국이다.

(3) 경제특구

북측 여성들과 함께 남측 여성대표단은 1992년 9월 3일부터 1박2일 여정으로 금강산을 다녀왔다. 평양에서 원산(평원고속도로)과 통천을 거쳐 약 300km에 이르는 도로를 이용했다. 평양으로 갈때 남측 대표단이 이용한 개성-평양 간 고속도로는 아스팔트로 포장되어 있었다. 그 외에는 북한이 시멘트 수출국인 만큼 풍부한 시멘트를 이용해서 도로망이 연결되어 있었다. 그런데도 여기저기 움푹 파이고 망가진 도로는 보수되지 않고 형편없이 낡아서 북한 사회간접자본이 열악한 상황을 가늠할 수 있게 했다.

김영삼 정부에서 '민족우선주의'를 내세우며 다른 어떤 국가보다도 남북한이 먼저 교류해야 한다는 방침을 밝히기도 했다. 이북에 방대한 사회간접자본을 건설하자면 엄청난 투자가 필요하다. 북한 방문 중 방만한 도로, 공항, 항만 등을 비롯한 경제발전시설에 투자하려면 과연 남한 자본만으로 이를 감당할 수 있을까 하는 상념에 골몰하게 되었다. 경제효용성 측면에서 불가능해 보였다. 오히려 북측이 제공할 수 있는 토지에 제한적으로 경제특구를 만들어 외국의 투자를 유치하는 것이 실현성이 있어 보였다. 남측은 자원과 자금이 부족하지만 수출주도형 경제발전을 이뤄나가는 과정에서 외자 유치를 한 사례가 풍부한 만큼 이를 활용해서 북측과 합작할 수 있는 상호보완적 방안을 마련해야 한다는 생각이 들었다.

바로 1년 전 미국에서 1991년 8월에 마친 박사학위 논문 내용을 상기했다. 중국 권력엘리트들이 개혁·개방정책을 시행하는 과정에서 일본과의 경제협력에 미친 영향에 대한 사례를 연구했는데 북한 상황에 대입할 수 있는 부분들이 얼핏 떠올랐다. 덩샤오핑(鄧小平) 등장 이후 경제건설 목표를 달성하기 위해서 중국은 개혁·개방을 수단으로 외국자본을 유치하기 위한 여러 가지 방안을 시도했다. 예를 들면, 1980년대 후반부 자오쯔양(赵紫阳) 시기에 하이난다오(海南岛)의 양푸(杨浦)경제특구 건설을 위해서 일본 건설업체의 투자를 유치하고자 했다. 기업이윤을 보장하기 위해서 매우 유리한 조건을 제시하여 개발을 유도했다. 경제발전에 따라 일정 기간이 지나면 중국법에 의거해서 완전한 중국 소유가 되도록 하자는 구상이었다.

중국은 공산당 일당지배를 유지하고 국가소유경제를 견지하면서도 인민들의 경제적 동기부여를 적절히 활용해서 정권 유지와 경제발전을 일궈내고 있었다. 북한은 경제건설을 위한 획기적인 패러다임 전환을 위해서 덩샤오핑의 '흑묘백묘'(黑猫白猫, 검은 고양이든 흰 고양이든 쥐를 잡으면 된다)의 실용주의 정신을 받아들일 필요가 있어 보였다.

북한방문 내내 나는 속히 북한에 경제특구를 지정해야 한다는 일념뿐이었다. 북한은 경제특구를 외국기업들에게 장기간 조차함으로써 사회간접자본을 포함하는 편의시설을 용이하게 건설할 수 있을 것이다. 한국 정부는 외국자본보다 남한이 먼저 북한에 들어가야 한다며 남북대화를 추진하고 있었다. 그렇지만 내가 북녘 땅을 직접 목격하고 보니 생각이 달라졌다.

한국의 1960년대를 회상할 만큼 열악한 사회간접시설을 제대로 개발하려면 막대한 자본과 기술이 필요해 보였다. 어차피 남한 자본만으로 북한을 개발한다는 것은 무리다. '중국 특색의 사회주의' 발전모델의 초기 단계를 북한 상황에 맞춘 '북한식 사회주의'로 한국의 수출주도형 경제발전모델의 경험(know-how)을 전수해 줄 수 있을 것 같았다. 다른 동행인들에게 이러한 나의 관점을 밝히기도 하고 보고서로 작성했다. 하지만 1992년 당시 근무 중이던 민족통일연구원에서 나의 생각을 발표하자 아직 시기상조이며 중국을 연구한 시각으로 북한을 바라보는 것은 "단순하고 너무 순진하다"는 부원장의 핀잔만 들었다.

이제와서 돌이켜보면, 당시 북한 상황에 비춰 너무 앞서간 경향이 있지만 경제발전을 위해서 외자유치가 절실하다는 판단은 바뀌지 않았다. 국제통화기금(IMF), 세계은행(World Bank) 등, 세계 금융을 움직이는 미국의 도움이 있어야 개발자금을 빌려올 수 있고 북한경제가 숨통을 틀 수 있게 될 것이다. 중국이 2001년 WTO에 가입한 이후 세계경제질서에 편입되고 활발한 금융거래로 급격한 성장을 할 수 있었던 전략을 곱씹게 된다. 북한경제개발의 관건은 북·미관계 개선에 있다. 북한은 미국이 신뢰하는 상대방과 거래하고 싶을 것이다. 국가안보를 튼튼히 하고 북한 개발을 위해 미국을 설득하기 위해서라도 한국은 굳건한 한·미동맹을 유지해야 한다.

2

김정일 국방위원장

김일성 주석에게 남측 여성대표들이 아들 김정일을 만나고 싶다
는 의향을 전했다. 김정일 세습체제를 공고화하기 위한 제도적 장
치를 꾸준히 마련해온 북한에서 당연히 공인된 후계자를 만나보고
싶었다. 그러나 일언지하에 거절당했다. 외국이나 남측에서 온 손
님을 접대하는 일은 김일성 자신이 챙기지만, 김정일은 대내적으로
국내문제를 전담하고 있다고 했다. 이미 공식화된 후계체제가 안정
되고 김정일의 업무처리능력도 인정받고 있다고 간주할 수 있는 역
할분담을 한다는 발언이었다.

북한을 방문한지 2년 후 1994년 7월 8일 김일성 주석의 급서를
둘러싸고 의견이 분분했다. 1974년부터 북한매체는 '당 중앙'이라
는 표현으로 김정일을 지칭했다. 1980년 조선인민민주주의공화국
제6차 당 대회에서 김정일은 공식 후계자로 지명되었다. 20년 동안
후계자 훈련을 받아온 김정일 체제 내구력은 임시방편적이라고 볼
수 없었다. 노·중·청 조화를 이루면서 체제유지에 필요한 권력엘리

트들이 당·정·군 각 권부에 포진해서 이미 권력이양 완성단계에 있었다. 김일성 이후 체제에 대한 대비도 주도면밀하게 체계적으로 이뤄지고 있었다.

북한에서 주체사상을 바탕으로 유일지도체제를 다져온 김일성 주석은 사회주의 국가인 소련과 중국의 최고권력 이양과정을 목격했다. 사회주의 역사상 유례를 찾아볼 수 없는 아들로의 권력세습이 북측에서 시도되고 있었다. 소련의 스탈린 사후와 중국의 마오쩌둥 후계자 지명과정에서 벌어진 반역적 행동들이 북한 세습체제를 형성하는 과정에 지대한 영향을 미쳤다.

북한 김일성은 소련의 스탈린 격하운동과 중국의 린비아오(林彪) 역성혁명사건으로부터 후계체제에 대한 교훈을 얻고 세습을 위한 정지작업을 철저히 했다. 1970년대 중반 무렵부터 간부들의 세대 간 조합을 내세우며 일찌감치 후계체제 공고화에 필요한 조치를 취했다. 주체사상을 중심으로 김씨 가문을 추앙할 수밖에 없는 구조가 만들어졌다. 철저한 통제 하에 폐쇄사회에서 우상화로 받들어진 김일성-김정일 세습체제가 이어지게 되었다. 김 주석과 오찬 당시 김정일은 대내문제를 책임지는 역할분담을 통해서 후계자 수업을 받고 있다는 전언이었다.

(1) 충성경쟁

북한은 중국과 달리 정책경쟁이나 정책대립이라는 개념보다는 김일성-김정일 부자가 절대 권력자인 만큼 부하들의 '충성경쟁'을 부추긴다. 이를 바탕으로 북한방문 이듬해에 나는 북한권력엘리트의 성향분석을 시도한 적이 있다. 오로지 김일성과 김정일의 어록과 현장지도 횟수, 동행자 명단 등에 의존하는 기존 연구로 북한권력내부를 분석하는 것은 너무 제한적이라고 판단했다. 중국권력엘리트의 성향분석을 연구해 본 경험을 북한의 사례에도 적용해 보고 싶었다. 북한엘리트연구에서 북한 최고 권부가 내리는 정책결정에 영향을 주는 주변 인사들의 정책성향에 주목할 필요가 있다.

북측은 남측과 대화를 내세우면서도 군부 강경세력을 의식하는 이중적 태도를 보이기도 하고, 실제 북한 군부가 남한에 대한 무력도발을 일으키기도 한다. 금강산관광을 허용하는 과정과 개성공단 건설을 위한 비무장지대 통과 등을 결정하면서 군부의 반대로 김정일 국방위원장이 남측에 어려움을 토로한 것으로 알려졌다. 이로써 반대세력의 강경 입장을 누그러뜨리는 조치의 필요성을 내세워 협상력을 높일 수도 있다. 북한도 대외 협상창구의 입장차이, 일부 반동분자 소행 등을 핑계로 이미 저질러진 행동을 무마하기도 하고 버티기도 한다.

예를 들면, 미국의 국방부와 국무부의 성향을 대조적으로 매파(hawkish view)와 비둘기파(dovish view)로 비유한다. 국방부는 안보를 위해서 국방력의 우위를 내세워 분쟁을 해결해야 한다는 입장이다. 국무부는 국제관계를 고려해서 대화와 협상으로 풀어나가야 한다는 입장을 대변한다. 급변하는 국제정세가 처한 상황에 따라 각각 다른 처방의 대책이 필요하고 이를 적절히 구사하는 노련함이 요구된다.

한국 정부에는 안보, 외교, 대북한 문제를 다루는 기관으로 국가정보원, 국방부, 외교부, 통일부 등이 있다. 대외정책에서의 협상력을 높이기 위해서라도 각 부처 간의 역할분담을 활용해야 한다. 국가안보의 기밀문서를 다루면서 국정원은 체제수호의 최후의 보루라고 할 수 있는 만큼 체제유지 시각으로 접근하게 된다. 국방안보에 관해서 국방부는 보수적 입장으로 1%의 위협이라도 철저히 대비하는 태세를 가져야 한다. 외교부는 국제관계에서 국익을 위한 정책결정을 하려면 '한·미동맹', '한·중전략적협력동반자관계' 등 우선적으로 고려해야 할 요인들이 있다.

통일부의 존재 이유는 남북한 간의 관계개선을 위한 꾸준한 대화 노력과 교류증진에 있다. 일관된 입장표명을 견지할 수 있어야 상대방에게 신뢰를 주고 남북관계가 경색되었을 때 이를 타개할 수 있는 퇴로 역할을 할 수 있다. 꽁꽁 얼어붙은 관계를 해빙시키기 위한 따뜻한 마중물이 필요한 경우도 있다. 부처 간의 역할 분담을 통해서 강-온 전략을 적절히 구사함으로써 상대방과의 협상력을 높여 나가야 한다.

최근 남과 북을 '2개의 적대국'으로 규정하며 북한에서 통일관련 부서를 폐지했다. 한국정부는 부서 명칭 변경을 고려하고 있지만 남한에서 보수와 진보정부를 거치면서 통일부의 역할이 무의미해지기도 하고 주목받기도 한다. 주요 주변국, 중국과 미국의 갈등이 깊어지고 대립이 첨예해질수록 교착상태의 남북한관계에서 돌파구를 찾기 위해서는 신뢰할 수 있는 한국의 역할이 필요하다.

김일성 주석이 김정일과의 역할분담에 대해 설명하는 것을 들으며 나는 한국 행정부처 간의 역할분담을 떠올리고 있었다. 국가 지도자를 평가할 때 국익을 최우선으로 합리적 선택을 한다고 가정한다.(Rationality model) 후계자 김정일에 대해서 괴팍한 성격이라거나 밤낮을 바꾸면서 파티나 좋아한다는 소문으로 판단하는 것은 편견이 개입된 시각이라는 주장도 있다. 아들 김정일은 세대를 아우르는 북한 엘리트들의 '충성경쟁'을 통한 보필을 받으면서 20년 가까이 준비된 후계자로서의 입지를 착실히 다지고 있었다. 그를 직접 만날 수 없어서 못내 아쉬웠다.

(2) 인권문제

북한 위안부와 만남을 통해서 우리 일행들은 여성 인권에 대해 깊은 토의를 할 수 있었다. 남북한 이산가족들이 하루 빨리 상봉해야 하는 이유도 이들의 기본적인 인권문제라는 인식에 기인한다.

2008년 남측 관광객 피살사건으로 금강산관광이 금지되었다. 2010년 3월 한국 해군이 기습적으로 당한 천안함 사태로 46명의 꽃다운 장병을 잃었다. 이에 이명박 정부에서 내린 5·24조치로 남북 교류가 거의 단절 되다시피 했다.

박근혜 정부는 '한반도 신뢰프로세스'를 내세우며 남북한관계의 활로를 찾고자 했다. 2014년 2월 20~25일 금강산에서 이산가족 상봉이 이뤄졌다. 남과 북 양측이 90여 명씩 금강산호텔과 해금강호텔을 이용했다. 남북합의로 1년전 추석에 만나기로 했던 설렘이 상봉 3일 전에 물거품이 되면서 얼마나 가슴 졸이며 이 만남을 기다려 왔을까. 그 누구 하나 구구절절한 사연을 담지 않은 가족이 없어서, 헤어질 때 3일이 3개월이 되고, 3년, 30년, 벌써 60년이 더 지나고 있었다. 애처롭고 안타까워서 서러움에 복받치는 그 눈물이 강이 되고 바다가 되어 가슴에 사무친다. 어린아이처럼 손가락을 꼽으며 달력에 동그라미를 그리기도 한다.

가족 중에 고향을 떠나 월남했거나 탈북자를 둔 이북의 친지들은 정치범 수용소나 강제수용소에서 한 많은 일생을 보내야 하는 기구한 운명에 처해지기도 한다. 채널A의 '이제 만나러 갑니다(이만갑)' 프로그램에서도 탈북 여성들의 생생한 증언을 들을 수 있다. 너무나도 가슴 저미는 체험을 풀어놓는 그들은 우리와 다를 바 없건만 그토록 모진 생활을 어떻게 견딜 수 있었을까. 탈북 과정에서 붙잡혀 북송되기를 거듭하면서도 무슨 연유로 목숨을 건 탈출을 시도했던 것일까. 이들을 결코 막을 수 없었던 힘은 무엇일까.

북한의 경제난이 지속되면서 가장 피해를 보는 집단은 여성들과 어린아이들이다. 약간의 보급을 받기 위해서라도 남성들은 직장을 계속 다녀야 하지만 부족한 가족들의 먹거리를 장만하기 위해서 여성들은 먼 곳의 친지들을 찾아다니거나 중국으로 월경한다는 것이다. 제대로 먹지 못하고 입지 못한 채 길거리를 배회하는 어린 꽃제비들의 모습은 처참하기까지 하다. 북한 어린이들은 장차 통일된 한반도를 짊어질 미래의 인권이다. 그들을 위한 인도적 지원과 인권 향상을 위한 노력이 일관성 있게 지속될 수 있도록 보장 장치가 필요하다.

미국에서 인권문제는 주로 진보집단에서 문제 제기를 한다. 여성 권리 증진을 비롯해서 인간의 기본권을 보장하고 인간다운 삶을 영위해야 한다고 목소리를 높인다. 진보적인 민주당이 미국내 뿐만 아니라 전 세계 인권 관련 문제에 더욱 관심을 표명하고 있다. 그렇다고 보수적인 공화당이 인권을 등한시하는 것은 아니다. 1989년 티엔안먼(天安門) 사태로 중국 인민들의 인권문제가 초미의 관심사가 되었다. 미국은 초당적으로 인권 신장을 위한 중국의 의미 있는 조치를 요구했다. 사회주의국가에서는 외부의 압력이 있을 때

부분적이나마 인권 신장을 위한 노력을 보였다.

'북한인권법'은 진정성을 가져야만 효력을 발휘할 수 있다. 국제적으로 인권문제는 진보진영에서 내세우는 아젠다이지만 북한 인권 관련 한국에서는 정반대의 현상이 벌어진다. 웬일인지 진보를 자처하는 민주당은 침묵한다. 보편타당한 가치로 생활기본권 보장을 위한 인권 향상을 요구할 권리에 대해 진보가 답할 차례다. 보수 정당인 새누리당이 북한인권법 제정에 앞장섰지만 북한 체제변화나 붕괴를 이끌려는 의도라는 의구심이 있다. 북한 주민들의 삶의 질을 높이기 위한 실질적인 노력을 기울여야 한다. 한국에서 진보진영이든 보수진영이든 북한 주민의 인권개선에서 진정성을 인정받지 못한 채 별다른 진전이 이뤄지지 않고 있다. 초당적 협조가 필요하다.

강제로 헤어질 수밖에 없었던 이산가족들의 상봉은 또 다른 인권 회복문제다. 자주 만나야 한다. 이산가족들은 짧은 상봉 기간이지만 부모 안부를 묻고 형제자매의 손을 움켜잡고 피를 토하듯 눈물을 쏟아 낸다. 가물가물한 기억 속에서도 그리움의 끈을 놓지 못해 회한에 사무치는 한 많은 영혼들이 조금이라도 위로 받을 수 있어야 한다. 지금까지와 마찬가지로 100명 내외로만 상봉한다면 2만년이 걸릴 것이라는 계산도 있다. 점점 고령화되는 이산가족들의 아픔을 함께 나누기 위해 더 자주 만나야 한다.

문재인 정부에서 2018년 8월 2박3일 일정으로 금강산에서 이뤄진 이산가족상봉 사연은 차마 눈물 없이 잠자코 들을 수 없다. 100세 최고령 할머니는 동생을 만나서, 유복자로 태어난 아들은 아버지를 만나서, 60년도 더 뛰어넘는 그리움을 쏟아 낸다. 남북한 교류에서 가장 시급히 다뤄져야 할 인권 사안이 이산가족 재회다.

(3) 체제목표, 수단, 성과

1992년 2월 덩샤오핑(鄧小平)은 '남순강화(南巡讲话)'를 통해서 중국 경제 성장을 위한 대담한 정책 시행을 재차 요구하며 이에 박차를 가했다. 북한이 중국모델을 답습한다면 성공할 수 있을까. 중국지도부는 마오쩌둥 사상-덩샤오핑 이론-(장쩌민) 3개 대표론-(후진타오) 과학발전관-시진핑 사상을 내세우며 5세대로 이어져 오고 있다.(장쩌민과 후진타오는 이름을 명기하지 못했다)

2013년 이후 5세대 주자인 시진핑(习近平) 국가주석은 중국공산당 중앙군사위원회 주석을 맡아서 막강한 권력 장악력으로 2017년 제19차 당 대회에서 연임되었다. 2022년 10월 제20차 당대회에서 3연임에 성공했다. '시진핑 신시대 중국 특색 사회주의 사상'을 헌법에 명기하면서 1인 지배체제를 구축할 수 있게 되었다. 중국은 전임자의 정책을 답습하기보다는 새로운 지도자의 이념과 정책지향성에 따라 끊임없이 진화하고 있다.

반면 북한에서 전임자에 대한 비판은 결코 허용되지 않는다. 혈육으로 이어지는 후계자가 바로 정통성을 가지기 때문이다. 그렇다면 중국과 북한의 후계자과정에 비추어 북한이 중국식 개혁·개방을 통해서 성공한 사회주의 체제를 정착시킬 수 있을까. 양측의 체제목표, 체제유지수단, 그리고 성과차이를 비교해 볼 수 있다.

우선 체제목표가 확연히 다르다. 중국은 '경제건설'을 목표로 역량을 집중한다. 이에 주변국의 평화와 안정을 원한다. 100년 간 지속적으로 추진하라는 덩샤오핑의 유훈에 따라 경제개발이 이뤄지고 있다. 개혁·개방을 수단으로 막대한 외자유치를 통해서 세계 제조업의 블랙홀로 자리매김했다. 매년 10%를 넘나드는 경제성장을 달성하며 명실상부한 G2로 미국과 대적할 수 있는 힘을 키워 왔다. 2019년 목표는 6%대로 내실을 다져왔다. 2024년은 5%대로 내수 진작에 힘썼다.

북한은 세습체제 확립이 당면목표다. 김일성 유훈정치를 통한 체제결속을 꾀하고 있다. 혁명세대의 대를 이은 자손들의 충성을 강요하며 무자비한 정적제거를 마다하지 않는다. 이를 위한 수단으로 통치자금이 필요하다. 남북정상회담, 금강산관광, 개성공단 노동자 임금 등으로 현금을 확보할 수 있다. 이러한 상황에서 불확실한 미래에 대한 불안감으로 북한에 투자하려는 외국자본은 많지 않다.

대비되는 중국과 북한의 상황에 따라 성과는 이미 비교할 수 없을 정도의 차이를 보인다. 중국의 발전전략은 점-선-면(点-线-面)으로의 확대를 추구하고 있다. 중국 4개의 경제 특구와 14개의 해안 도시를 거점으로 시작된 개혁·개방정책은 해안선을 따라 해안지방에 급속한 경제성장을 이루었다. 해안지방과 내륙지방의 빈부격차는 피할 수 없지만, 경제개발로 축적된 막대한 자본을 서부대개발(西部大开发)에 쏟아 넣고 있다. 중국 동부에서 서부로의 파급효과를 기대하며 성과를 거두고 있다.

북한 지도부가 개혁·개방의 경제개발 효과를 모를 까닭이 없다. 다만 나진·선봉, 개성, 신의주 등 일부 지역에 시험적으로 운영한다. 2002년 7월부터 실시된 '경제관리개선조치'의 결실이 북한 전체로 파급되는 것을 경계한다. 이는 북한의 세습체제 유지에 결코 도움이 되지 않는다고 판단하기 때문이다. 북한 주민들이 세상의 변화를 알고 김부자에 대한 우상화의 모순을 깨닫게 된다면, 손자 김정은 체제의 정통성이 도전받을 수 있다.

중국은 획기적인 발상의 전환을 통해 외국자본을 적극적으로 유치하고 경이적인 경제발전을 이뤄왔다. 이에 세계 제조업의 블랙홀이라고 일컬을 만큼 외자유치에 성공했다. 그러나 북한은 정책의 투명성과 일관성이 결여되어 외국자본유치를 제대로 시행할 수 없었다. 당장 눈앞에 보이는 이익을 추구하기보다 장기적으로 북한의 총생산을 향상시킬 수 있는 안목을 길러야 한다.

중국과 북한은 서로 다른 체제목표, 정책수단, 그리고 성과차이를 보인다는 점에서 북한이 '제2의 중국'으로서 개혁·개방 모델을 그대로 따라갈 것이라는 예측은 성급한 판단이 될 수 있다. 북한식의 신사고를 바탕으로 북한은 상하이(上海) 푸둥(浦东)지역과 선전(深圳)특구를 둘러보고 중국의 교훈을 되새겨야 한다. 김정일 위원장은 상하이를 방문하고 상전벽해(桑田碧海, 뽕밭이 변하여 바다가 되었다)로 표현할 만큼 중국의 경제 발전상을 놀라워 했다. 북한 주민들의 진정한 삶의 질을 향상시키기 위한 방안을 고안해야 한다.

미국의 닉슨 대통령과 레이건 대통령은 반공사상이 투철한 공화당원들이었지만 중국과 소련이라는 공산주의 정권에 대해서 확연히 다른 접근법을 적용했다. 닉슨의 대중국 화해정책과 레이건의 대소련 대결정책은 목표가 다른 만큼 중국과는 수교를 하고 소련과는 군비경쟁을 벌였다. 이에 나타난 결실로서 성과는 완전히 대비된다.

닉슨 대통령은 당시 소련을 공동의 위협으로 간주하고 견제하기 위해서 중국과의 데탕트를 통해 미국·일본·중국으로 이어지는 삼각관계를 형성했다. 이를 위해 베트남에서 중국과 맞대결하는 상황이 지속되는 것을 피하고자 사이공에서 철군했다고 키신저 박사는 회고했다. 오늘날 중국은 미국과 어깨를 나란히하며 경제성장을 추진해 오고 있다.

레이건 대통령은 소련을 '악의 제국'이라고 일컬을 만큼 적대감을 드러냈다. '스타워즈'로 명명된 전략방어구상(Strategic Defense Initiative, SDI)을 통해서 막강한 군비증강에 나섰다. 소련 고르바초프 서기장은 페레스트로이카(개혁)와 글라스노스트(개방)를 내세우며 국가 경제재건을 위한 노력을 기울였지만 실패했다. 지나친 군사비지출로 경제는 파탄나고 마침내 소련은 붕괴되고 말았다.

대북한정책의 비전이나 목표가 뚜렷해야 이를 위한 수단과 방안을 강구할 수 있다. '실용주의'를 앞세운다면, 이는 수단일 뿐이다. 이명박 정부는 '비핵·개방·3000'을 내걸고 북한이 국제사회에 책임 있는 일원으로서 참여한다면 적극적인 지원을 아끼지 않겠다고 공약했다. '비전 3000'은 대북한 정책 목표로 북한과 공존하며 경제번영을 추구할 것인지 북한정권 붕괴를 유도할 것인지 분명하지 않았다. 북한의 후견인이라고 할 수 있는 중국은 공식적으로나 비공식적으로나 이를 지지하지 않았다.

중국과 북한의 체제목표, 수단, 성과를 비교해보면, 한국의 대북한정책의 목표 및 수단에 대한 올바른 인식이 필요하다. 북한을 붕괴시키는 방안이 가져올 결과를 직시해서 통일 비용에 대한 손익계산을 해야 한다. 북한과의 공존공영을 추구한다면 어떤 적절한 수단을 강구해야 목표 달성에 유리한지 철저히 따져보아야 한다.

3

김정은 국무위원장

북한에서 김일성-김정일에 이은 세습체제 권력기반 공고화를 위한 김정은 우상화가 한창이다. 군경험이 전무한 김정은이 4성 장군으로 군사위원회 주석, 국무위원장 직책을 갖고 있다.

(1) 체제 패러독스

2010년 9월, 북한 노동당대표자대회가 44년 만에 개최되어 김일성-김정일-김정은으로 3대 세습체제가 이어지고 있다. 사회주의 역사상 유례를 찾아볼 수 없는 왕조에 가까운 세습으로 북한은 새로운 실험을 하고 있다. 김정은 국무위원장은 3대째 내려오는 세습체제의 정통성을 내세운다. 김일성 주석-김정일 국방위원장의 직위를 영구히 비워 두고 있다. 여동생 김여정도 최측근으로 전면에 나서며 '백두혈통'의 순수성을 앞세운다. 세습후계자의 지위로 권력을 유지하는 김정은이 그의 할아버지, 아버지를 결코 부정할 수 없다. 김일성 일가의 지속적인 우상화를 위해서 모든 대내외 정보를 철저히 통제하는 '폐쇄사회(closed society)'를 유지해야 한다.

다른 목표로는 당면한 경제난을 극복해야 한다. 북한은 아직도 '이밥에 고깃국'을 인민들에게 충분히 제공하지 못하고 식량난과 소비재 부족에 시달리고 있다. 풍부한 천연자원을 보유하고 있지만 산업화할 수 있는 기술과 자본이 턱없이 부족하다. 산업발전을 뒷받침하기 위한 사회간접자본은 미미하다. 외국자본 유치를 통한 경제발전을 위해서 투명한 '개방정책(open-door)'이 필수적이다.

이와 같이 김 위원장은 세습체제 유지를 위해 '폐쇄'로 통제해야 하지만, 경제난 타개를 위해서는 '개방'을 해야 하는 '체제 패러독스(system paradox)'를 안고 있다. 북한의 딜레마다. 하나의 돌로 다른 방향으로 날아가는 두 마리 새를 잡으려 한다(一石二鳥).

북한의 경제발전을 위한 대외경제협력의 상대국으로는 위험부담을 안아야 하는 남한이 가장 마지막 순서일 수 있다. 북한을 흡수 통일할 수 있는 유일한 국가인 대한민국을 배제하고 싶다는 의미다. 오히려 정권 붕괴의 직접적인 위협이 되지 않을 중국, 러시아 심지어 일본, 미국, 서방국가들과 무역을 하고 경제 원조를 받고자 한다. 남한과는 개성공단 확대와 금강산 관광 재개 등을 통해 북한 정권의 통치자금을 확보할 수 있다면 안전한 거래라고 여길 것이다. 북한은 2009년 말 실시된 화폐개혁이 실패하고 주민들이 심하게 동요하면서 경제난 심화에 따른 고통을 받아왔다. 남북한관계는 경색일변도를 치달았다.

가장 성공적인 경협모델로 주목받고 있는 개성공업지구의 남북한 협력사업은 그나마 명맥을 유지하고 있었다. 그러나 2016년 초 북한 4차 핵실험과 미사일발사 여파로 개성공단 가동이 완전히 중단되고 남한기업들은 모든 설비를 개성에 남겨둔 채 철수했다. 개성공단 폐쇄로 정부를 믿고 입주해 있던 남한기업들은 하루아침에 일터를 잃게 된 최대 피해자다. 북한식 맞춤형으로 개성공단 시설을 조성했다. 남측이 자본과 기술을 제공하고 북측이 부지와 저임금의 숙련된 노동력을 제공해서 남북경제협력이 이뤄졌지만 마침내 완전히 단절되고 말았다.

문재인 정부는 2018년 9월 개성에 남북공동연락사무소를 설치하고 공단 재가동을 위한 방안을 찾고 있었다. 북한이 완전 비핵화를 이루기 전까지 미국은 대북한 제재를 해제할 수 없다는 입장이었다. 남북경협은 이 범주에서 예외로 해달라는 한국의 요청이 받아들여지지 않았다. 2019년 2월 하노이 북·미정상회담이 결렬된후, 3월 북한이 일방적으로 개성연락사무소를 폐쇄해서 남북대화에 경고등이 켜졌지만 3일 후 재개되기도 했다. 2020년 6월 기어이 북한은 연락사무소를 폭파했다. 건물이 산산조각 나며 무너져 내리는 영상은 충격적이었다.

북한은 2017년 6차 핵실험 이후 유엔과 국제사회로부터 가해지는 경제제재로 더욱 극심한 경제난을 겪어 왔다. 북한에서 현 체제 유지를 위한 생존수단으로 핵무기를 개발한다면 김정은 체제에서 비핵화는 불가능하다. 핵능력 포기는 곧 김일성-김정일-김정은 세습정권의 붕괴를 가져온다고 믿는다.

북한은 이라크와 파키스탄의 핵개발 사례에서 교훈을 얻고 있다. 지난 날 이라크 사담 후세인 대통령이 권좌에서 쫓겨나 사형을 당한 이유는 정작 대량살상무기(Weapons of Mass Destruction, WMD)를 갖고 있지 않았기 때문이라고 여긴다. 러시아의 침공을 받고 교전 중인 우크라이나 사태는 옛 소련에서 분리될 때 우크라이나가 핵무기를 포기한 대가라고 북한은 간주할 것이다.

반면 파키스탄은 1998년 핵실험 이후 3년 동안 경제제재를 받았지만 2001년 9·11 테러사건 이후 미국의 반테러 캠페인에 동참했다. 조지 W. 부시(George W. Bush) 대통령은 테러국가 타도에 대한 입장에 따라 '친구와 적(friend or foe)'을 갈랐다. 파키스탄이 반테러 캠페인으로 미국에 협조하고 실질적인 핵보유국 지위로 인정받게 된 사실을 북한은 주시하고 있다.

김정은 체제는 헌법에 '경제·핵병진노선'을 명시했다. 핵보유국으로 인정받고 경제발전도 이루고자 한다. 북한이 핵을 포기하지 않는다면, 경제난이 심화될 가능성이 크다. 북한에 핵이 없더라도 체제가 안정되고 개방을 통한 외부자본 유입으로 경제가 발전할 수 있다는 인식 전환을 북한이 할 수 있어야 한다.

(2) 전시작전통제권

김정은 국무위원장은 미국까지 도달할 수 있는 대륙간탄도미사일 (Inter-Continental Ballistic Missile, ICBM) 발사 성공을 대대적으로 선전했다. 핵보유국 지위를 요구하는 북한은 스스로 핵을 포기하지 않는다. 건국 초기에 중국은 가장 가난한 국가 중의 하나였다. 1960년대 마오쩌둥 주석은 소련과의 갈등으로 대립하면서 핵무기 개발에 성공했다. 강대국으로 부상할 수 있는 방안에 착안한 북한은 핵능력에 주목했다. 김일성 주석은 핵 보유만이 유일지도체제와 세습체제를 지켜줄 수 있다는 믿음으로 '핵보유국'이 되라는 유훈을 남긴 것으로 알려졌다. 할아버지를 닮고 싶은 손자 김정은 위원장이 2017년 11월 '핵 무력완성'을 선언한 것은 예견되고 있었다.

북한의 6차 핵실험은 위력적이다. ICBM, 잠수함발사탄도미사일 (Submarine-Launched Ballistic Missile, SLBM) 기술도 거의 완성단계에 이르고 있다. 한반도 안보문제는 2017년 9월 3일 이전과 이후로 나눠진다. 북한이 주장하는 수소폭탄 융합 폭발력에 대한 핵 실험장으로 사용된 길주 일대에 여진이 이어졌다. 인정하고 싶지 않더라도 북한은 이미 이스라엘, 인도, 파키스탄과 함께 실질적인(de facto) 핵보유국으로 행세하고 있다. 대화와 협상을 원한다면, 첫걸음은 상대방을 사실대로 인식하는 단계부터 시작해야 한다. 북한을 핵보유국으로 인정할 수 없다는 수사(rhetoric)만을 내세운다면 현실성 있는 대책을 마련하기 어렵다. 유엔을 비롯해서 미국, 한국도 북한을 결코 핵보유국으로 인정하지 않겠다는 원칙을 내세운다. 중국과 러시아도 한반도 비핵화를 지지하고 있다.

한국 보수 정당을 중심으로 한반도 전술핵 배치를 주장하기도 한다. '억지력의 균형(Balance of deterrence)'을 위해서는 '핵에는 핵'만이 상대할 수 있다는 시각이다. 극단적으로 핵확산금지조약(Non Proliferation Treaty, NPT) 10조 1항을 들어 국난의 위기 속에서 NPT를 탈퇴하고 아예 핵무장을 하자는 의견도 있다.

김정은 정권이 생존전략으로 인식한다면 핵무장 고도화를 늦출 수 없을 것이다. 핵무기로 무장한 북한은 상수가 되고 있다. 북한은 미국과의 직접 대화를 고집해 왔다. 트럼프 대통령은 대화가 아니라 제재가 필요하다면서 실행해왔다. 북한에 대한 무력사용 가능성을 배제하지 않았다. 문재인 대통령은 한반도에서 결코 전쟁이 일어나서는 안 된다는 입장을 확고히 견지했다. 북한과 미국이 상대방에 던지는 '말폭탄'은 일촉즉발의 위기상황으로 몰아가고 있었다.

2017년 한반도는 전운이 감도는 상황을 맞고 있었다. 한국군도 참전했던 베트남전에서의 월남 패망을 떠올리게 된다. 북베트남과 남베트남의 전쟁비용은 차마 비교하기조차 민망하다. 북베트남군들은 땅바닥에서 잠자기도 하고 얇은 옷을 대충 걸치고 식량으로 야자 열매와 벌레도 먹는다. 남베트남을 돕는 미군들은 냉장고가 있어야 하고 찬바람이 나오는 시원한 방에서 코카콜라를 마시고 침대에서 자야 한다.

미국은 월남전에 천문학적인 예산을 퍼부었다. 그러나 오랫동안 반식민지운동으로 단련되고 민족주의로 무장한 사생결단의 베트남인들이 주권을 지킨다는 결기 앞에서 무너질 수밖에 없었다. 어떤 최신식 무기도 당해내지 못한다. 미국이 중국과의 데탕트를 위해서 월남에서 후퇴하고 공산화를 방치했다면 궁색한 변명일 뿐이다. 세계사에 패배하기 위해서 시작하는 전쟁은 없다. 승리하기 위한 전쟁이었다면 마땅히 승전의 깃발을 올렸어야 한다. 예상치 못한 게릴라전 복병을 만나 패전했을 뿐이다.

한·미동맹을 굳건히 하면서도 한국군이 전시작전통제권(이하 전작권)을 가져야 한다는 주장은 타당하다. 한·미동맹은 전쟁직후 폐허가 된 한국에서 다시는 전쟁이 일어나지 않도록 안전판이 되는 수단이다.

미국에서 보수주의자들은 자신의 안위는 자신이 지켜야 한다는 원칙이 확고하다. 나와 나의 가족, 나의 조국을 위해서 끝까지 목숨을 걸고 싸우겠다는 결기야말로 가장 무서운 무기다. 미국 공화당의 핵심 지지층은 미국총기협회(National Rifle Association, NRA) 약 450만 회원이다. NRA는 미국 건국이념과 전통적 가치관을 대변하면서 자유와 민주주의를 수호할 수 있다고 믿는다. 그들의 자금력과 로비력은 공화당 후보를 후원하는 데 결정적인 힘을 발휘하기도 한다. 자신을 방어하기 위해서 동맹은 물론이거니와 국가도 믿지 않는다. 궁극적으로 자신이 소유한 총기야말로 마지막까지 자신을 보호하는 방어막으로 여긴다.

한국은 2010년 3월 천안함 격침에 이어 11월 북한의 연평도 포격에 속수무책으로 당했다. 북한은 경험적으로 유엔 교전 수칙에 따라 한국의 즉각적인 대응이 가능하지 않다는 사실을 간파했다. 북한의 핵실험과 미사일 발사도 한국은 물론이거니와 미국도 이를 저지할 수 있는 의지와 힘이 미치지 못한다고 판단했기 때문에 가능했다. 이스라엘이 주변국의 핵시설에 공습한 경우와 같이 한국이 전작권을 휘두르며 초기에 즉각 공격할 수 있다고 북한이 인식한다면 달라질 수도 있었다. 어쩌면 주권문제로 전작권이 없는 한국은 무시당하고 있는지도 모른다.

한국의 보수는 전작권을 넘기면 한·미동맹에 균열이 올 수 있다고 우려한다. 반면 진보는 전작권 전환을 주장한다. 미국에서의 보수와 진보가 거꾸로 된 셈이다. 미국의 보수정권에게 한국의 보수주의자들이 미국으로부터 전작권을 요구해야 한다. 공산주의에 대항해서 나의 총기로, 나 스스로 지킨다는 결의야말로 보수주의 이념에 부합한다. 보수는 전쟁을 불사한다는 신념으로 전쟁을 막을 수 있다는 결기를 다진다. 한국 보수정부에서 한·미 동맹을 지키기 위한 단단한 조치들을 확실히 하고서 전작권을 반환받아야 한다.

한국의 진보진영에서 주장하는 전작권 전환이 만약에 미국의 일방적인 북한 공격을 막기 위한 목적이라면, 과연 누구를 위한 것인지 대답해야 한다. 북한 핵위협으로부터 무방비로 노출되는 우리 국민들의 기본적인 재산과 생명을 보호하겠다는 강력한 의지를 보여야 한다.

2018년 초, 마이크 펜스(Mike Pence) 미 부통령은 '전략적 인내(strategic patience)'의 시기가 끝났다고 선언했다. 북한 핵 관련 시설에 대한 정밀타격으로 알려진 '코피전략(bloody nose strike)' 군사작전을 미국이 배제하지 않는다는 보도가 있었다. 북한을 상대로 '제한적 공격'은 실패한다. 주한미국대사로 거론됐던 빅터 차(Victor Cha) 교수는 북한 핵에 대해 강경한 입장이지만 한반도에서의 무력사용이 가져올 폐해를 설파하며 이를 반대했다. 북한 핵무기를 무력으로 포기하게 하려면 전면전이 될 수 있다.

전쟁이 유일한 방법이라고 여기는 보수주의자를 자처한다면 목숨을 바쳐서 자유민주주의를 수호하겠다는 각오를 해야 한다. 동맹국은 전세가 불리해지면 베트남전쟁에서 그랬듯이 후퇴하게 될 것이다. '미국 우선주의(America First)'의 국익을 앞세우기 때문이다. 진보주의자들은 북한을 방어하고 남한을 보호하기 위해서 미국과 보조를 맞춰서 미국이 일관성 있게 신뢰할 수 있도록 말과 행동이 일치해야 한다.

한반도를 지키기 위해서 어떻게 할 것인가. 전국 방방곡곡에 퍼질 전운이 느껴지는가. 평창을 넘어 평화를 구상한다면 한·미 간의 긴밀한 소통으로 진정한 상호 신뢰관계를 구축해야 한다. 이를 바탕으로 북·미 간의 긴장완화에 기여할 수 있다.

(3) 평화올림픽

평창동계올림픽이 평화적으로 성황리에 개최되기를 바라는 우리 국민들의 염원은 한결같다. 오히려 평창 이후를 우려하게 된다. 2018년 신년사에서 김정은 국무위원장은 북한 선수들의 평창동계올림픽 참가를 알리면서 남북한관계에 대전환을 가져왔다. 김 위원장 특사 자격으로 온 여동생 김여정이 평창 올림픽 스타디움에서 진행된 2월 평창동계올림픽 개막식에 참석했다. 트럼프 대통령의 딸 이방카는 폐막식에 와서 성공적인 축제를 축하했다. 나도 평창에서 참관했는데 모두 한결같이 '평화올림픽'을 염원했다.

북한에서 현송월 단장이 유명한 삼지연관현악단을 이끌고 내한해서 강릉과 서울에서 공연을 했다. 평양을 떠나온 남편을 2년 전 여의고 모친 홀로 남은 것이 안쓰러웠는데, 실향민 자격으로 어머니와 삼지연관현악단 공연을 관람하고 싶다는 나의 소망이 모처럼 이뤄졌다.

2월 11일 서울 국립극장 공연에는 다양한 사연을 가진 관람객들이 함께 즐길 수 있었다. 마지막에 남북한 공연자들이 손에 손을 잡고 '또 만납시다'를 함께 부를 때는 가슴이 뭉클해졌다. 선친과 비슷한 연배인 북측 김영남 수반은 연신 눈물을 훔치며 감격해 하는 듯 보였다. 아마도 90세가 넘어서 언제 서울에서 이런 공연을 또 볼 수 있을까 감회에 젖었으리라.

평창동계올림픽에 북한 선수들과 응원단의 참가를 계기로 남북대화가 재개되었다. 여자아이스하키는 남북한 단일팀이 되어 함께 시합에 임했다. 북한 마식령 스키장에서는 남북한 선수들이 합동훈련을 하면서 금강산 길이 열리게 되었다.

북한 선수들이 참여하게 되면서 세계와 우리 국민들의 관심이 높아졌다. 남북한 선수들이 단기간에 한 팀으로 합세하면서 많은 어려움이 있었지만 한 마음 한 뜻으로 경기하고 응원하면서 하나가 되는 스포츠정신을 만끽하는 순간들이 있었다.

바로 이 평창동계올림픽을 계기로 남과 북이 관계개선의 물꼬를 트고, 이어서 김정은 위원장이 비핵화를 달성하겠다는 약속을 지킨다면, 한반도 평화를 위한 엄청난 행보가 되고 역사에 길이 남을 수 있게 될 것이다. 진심으로 그러한 날이 오기를 기다리게 된다.

한반도 정세는 일대 전환기를 맞고 있었다. 2018년 4월 27일 11년 만에 문재인-김정은 정상회담이 열리고 '판문점선언'에 서명했다. 6월 12일 싱가포르에서 최초의 북·미정상회담으로 트럼프 대통령과 김정은 위원장이 마주 앉았다. 김 위원장이 문 대통령을 초청하여 평양에서 남북정상회담이 열리고 9월 19일 '평양공동선언'에 합의했다. 남북 간 정상회담에 이어 북·중, 북·미정상회담 등이 숨가쁘게 이어져서 김 위원장의 행보에 세계의 시선이 쏠리고 있었다.

2019년 2월 28일 베트남 하노이에서 트럼프 대통령과 김정은 위원장은 2차 북·미정상회담으로 조우했다. 그러나, 북·미 간 하노이 선언이 나오지 않아 합의 결렬로 실망을 안겨주었다. 향후 북핵 협상의 길은 '고난의 행군'을 예고하는 듯 했다.

6월 30일 트럼프-김정은 3차 정상회담이 판문점에서 깜짝 열렸다. 상호 호의을 보이는 두 정상은 군사분계선에서 악수를 하고 김 위원장의 안내로 트럼프 대통령이 북측 땅으로 넘어갔다가 함께 돌아왔다. 판문점 남측 시설인 '자유의 집'에서 회담이 이어졌다. 이후 김 위원장은 북·미 간에 대화로 풀 수 있는 시한을 2019년 말까지로 설정하고 미국의 태도변화를 재촉해왔다. 한·미 양국은 연합군사훈련을 연기하기로 합의하고 북한이 협상 테이블로 나오기를 바라고 있었다.

이례적으로 2020년 김정은 국무위원장은 신년사를 발표하지 않고 지난해 12월말 중앙위원회 제7기 5차 전원회의 결정을 관철하기로 했다. 북한이 '새로운 길'을 걷겠다는 굳은 의지를 엿볼 수 있게 했다. 2021년에도 김 위원장은 신년사 대신 "새해에도 힘차게 싸울 것"이라며 친필 연하장을 전체 북한 주민들에게 보냈다.

2022년 남측에서 보수 윤석열 대통령이 당선되어 자유와 민주주의를 기치로 내걸면서 남북한관계는 단절된 채 지내왔다. 3년에 걸친 코로나 시기에 북측은 면역력 강화를 명분으로 모든 국경을 봉쇄하고 외부와 두절된 상태로 자급자족으로 해결하고자 했다. 북한에서 무슨 일이 일어나고 있는지 통계로나 현실로나 알려지지 않고 있어서 북한 내부 사정의 어려움을 추측할 수 있을 따름이었다.

북측은 판문점, 금강산 등 남측으로 내려올 수 있는 남하 루트를 폐쇄하고 높은 벽을 쌓거나 지뢰를 설치한 것으로 알려졌다. 남북대화와 소통창구가 완전히 막혀 있고 북한은 일체 무반응으로 대응했다. 계엄을 선포한 윤석열 대통령이 올해 4월 4일 탄핵으로 파면되자 북한 매체는 다음날 5일 보도했다.

한국 조기 대선으로 6월 4일 진보 이재명 정부가 출범해 국익 중심의 '실용외교'를 표방하고 있다. 보수와 진보를 아우르며 실용을 수단으로 삼아 경제성장의 성과를 내기 위한 여정이 되어야 한다. 남북한관계도 하루빨리 인도주의적 교류부터 정상적으로 이뤄져 남북대화를 통한 평화와 번영의 항해로 나아갈 수 있기를 기대한다.

1992년 9월 6일 오찬을 마치고 서울로 돌아오기 위해 주석궁을 떠날 즈음 김일성 주석은 금강산보다 묘향산의 풍광이 훨씬 더 아름답다고 했다. 다음에 꼭 묘향산으로 초대하겠다고 약속하면서 재회를 기약했지만 지켜지지 않았다. 당시 전혀 개발되지 않아서 자연 그대로인 금강산을 오르며 그 오묘함에 탄복했다. 구룡폭포를 왕래하는 길에 북한 주민을 거의 만날 수 없어서 남측에서 온 대표단의 독무대이다시피 했다.

우리 일행만이 즐기기에는 금강산 일만이천봉이 너무나 절묘하게 어우러져 있었다. 풍부한 관광자원을 개발하면 원산갈마지구와 연계해서 많은 관광객들이 즐길 수 있겠다는 생각이 저절로 떠올랐다. 금강산을 떠나는 아쉬움을 달래며 북측 황영준 공훈예술가의 화폭에 담긴 '가을의 금강'(1991년)을 품에 안고 돌아왔다.

2004년 베이징대학 국제관계학원에서 1년 동안 객좌교수로 머물고 있을 때 나는 북한 식당 '해당화'에 식사를 하러 간 적이 있는데, 당시 일화다. 일행 중 누군가 나를 소개하면서 김일성 주석과 사진을 함께 찍은 적이 있다고 놀랍다는 듯 얘기했다. 그러자 식당 종업원들이 자세를 고치는가 하면 반찬 가지 수가 달라진다고 느껴졌다. 이 사진 한 장이라면 북한 사람들 모두에게 통한다고 말했다. 김 주석과 함께 찍은 사진을 북한행을 위한 빌미로 사용해 본 적은 없지만 잘 간직하고 있다.

김정일 국방위원장은 '유훈정치'를 통해서 김일성 주석의 언행을 금과옥조로 지켜야 한다고 하지 않았는가. 아들이 묘향산 초대를 언약한 아버지의 유훈도 꼭 지켜야 하지 않을까 여겨졌는데 그도 약속을 지킬 수 없었다.

김정은 국무위원장은 생김새나 스타일이 영락없이 할아버지를 빼 닮았다. 김일성에 대한 향수를 불러 일으켜 세습체제 정당성을 공고히 하고자 한다. 스위스에 유학해서 자본주의를 이해하고 즐길 줄 아는 개방된 사고를 한다면 그는 북한주민들이 잘 살기 위한 간절한 소망을 반드시 이루고 싶을 것이다.

선대에 비해 젊은 나이에 백두혈통으로 북한 최고지도자가 된 김 위원장은 긴 안목으로 북한 경제발전계획을 구상할 것이다. 장기 집권을 위한 발판으로 경제성장을 이뤄야 한다. 핵 능력은 체제보장을 위해서 포기할 수 없지만 비핵화를 하지 않으면 경제난 타개는 요원하다.

한반도에서 전쟁이 아닌 평화를 원한다면 생존전략으로 버티는 북한의 핵보유 의지를 포기하게 만들 수 있을까. 경제적 제재를 통해서 정권이 붕괴된 국가는 없다. 오히려 이러한 상황을 외부의 '적'으로 삼아 내부적으로 단결시키는 효과를 가져오기도 한다. 체제안정을 위해서 북·미관계 개선을 목표로 하는 김 위원장은 미국이 신뢰하는 대화상대에 관심을 기울일 것이다. '빛샐 틈없는' 견고한 한·미동맹을 바탕으로 한국의 교량 역할로 '중개외교(bridging diplomacy)' 노력이 결실을 맺을 수 있어야 한다.

김일성-김정일-김정은 세습체제를 이어오면서 할아버지, 아버지는 이미 이 세상에 없다. 손자 김정은에게 할아버지의 유훈인 묘향산으로의 초대를 이행하라고 해야 할까나. 김일성 주석이 죽음을 맞이한 묘향산을 향하는 상상의 나래를 펼쳐보며 만남을 기약한다.

제2장

평양 문을 두드려야
(노태우 정부)

암중모색(暗中摸索)
어림짐작으로 알아내려 한다.

노태우 대통령은 사회주의국가인 소련과 중국을 넘어 평양으로 가겠다는 '북방정책'을 내세웠다. 1988년 '7·7선언'으로 경쟁·대결상대로 북한을 인식해 온 시각에서 탈피할 것을 주문했다. 남북 화해·협력시대를 개막해서 공동번영을 이룩하는 한민족공동체로서의 관계발전을 촉구했다. 8·15 광복절 경축사에서는 남북정상회담 개최의 필요성을 제안했다.

1988년 9월 분단국 수도인 서울에서 88올림픽이 개최되었는데 사회주의권인 소련, 동독, 중국, 등이 참여하면서 공산국가들과 수교할 수 있는 계기가 되었다. 10월 유엔 총회 연설에서 노 대통령은 '7·7선언' 의의를 강조하면서 남북정상회담 개최를 통한 '남북불가침 공동선언'을 제의했다.

한국 정부가 남북대화 노력을 기울이는 동안 독일에서 베를린 장벽이 무너지고 이듬해 1990년 통일을 달성했다. 1991년 9월에 남북 유엔동시가입이 이뤄졌다. 이러한 분위기 속에서 한·소수교에 이르렀지만 소련은 1991년 말 연방해체로 붕괴되었다. 한반도에서도 남북기본합의서에 서명하고 한반도비핵화선언으로 남한에 있던 미군의 모든 전술핵무기를 철수했다.(1992) 북한핵에 대한 주요 협상카드로 전술핵을 사용할 수 있었지만 노태우 정부의 일방적인 결정으로 '한반도 비핵화'가 아니라 '한국 비핵화'만 시행되는 결과를 초래했다.

마침내 북한이 반대했지만 한반도 주변 4개국 중 마지막으로 1992년 8월 24일 한·중수교를 달성했다. 북한의 대미, 대일 관계개선 노력에도 불구하고 수교에 이르지 않아서 교차승인에 따른 평화공존 구조는 숙원으로 남았다.

7.7선언과 북방정책

1988년 취임한지 다섯 달도 안 되는 시점에 발표한 '7.7선언(민족자존과 통일번영을 위한 대통령 특별선언)'으로 노태우 대통령은 '북방외교'에 시동을 걸었다. 이로써 북한에 대한 인식 전환을 통해서 통일외교정책의 기조를 변환시키고자 했다.

7.7선언의 내용은 '남북동포 해외동포의 남북자유왕래와 문호개방, 이산가족 생사확인 및 상호방문 적극추진, 남북간 교역의 민족내부교역 간주, 비군사적 물자에 대한 우방국-북한교역 용인, 남북간 대결외교 종결과 협력외교, 북한과 미국·일본, 남한과 소련·중국 관계개선 추진 등'을 담고 있다.

노태우 정부는 냉전시기 한·미·일 남방 3각관계를 기본축으로 북·중·소 북방 3각관계와 맞선다는 외교 전략에서 벗어나고자 했다. 북방정책은 적성 국가로 규정 지은 사회주의권 국가들과 경제교류를 확대하고 나아가 수교를 목표로 적극적으로 추진되었다.

7.7선언은 세계적인 탈냉전의 추세 속에서 이뤄졌다. 1986년 로

널드 레이건 미 대통령과 미하일 고르바초프(Mikhail Gorbachev) 소련공산당 서기장의 정상회담이 결렬되었지만, 미국과 소련은 지속적인 접촉을 통해 3차 정상회담에서 핵군축 합의에 이르렀다. 이러한 국제환경 변화 속에서 88 서울올림픽을 두 달 앞둔 시점에 7.7선언을 발표하게 되었다.

남과 북 관계개선에 획기적인 전환점이 된 7.7선언은 서독의 동방정책(Ostpolitik)을 염두에 두고 마련했다. 동서냉전의 최전선을 이루고 있던 동서독은 1969년 빌리 브란트 총리의 동방정책으로 통일 기반을 닦을 수 있었다. 이후 1974년 동독과 서독은 수교에 이어 지속적인 경제 교류를 기반으로 화해분위기가 조성될 수 있었다. 마침내 1989년 11월 베를린 장벽이 무너지면서 이듬해 10월 독일 통일을 달성했다.

7.7선언 석 달 뒤 '남북경제개방조치'로 남북교역이 허용되었고 '남북교류협력법' '남북협력기금법' 등을 제정했다. 남북교류는 전진하기도 하고 정체 혹은 후퇴하기도 했지만 확대되는 추세를 보였다. 초기에 인도적 지원으로 식량·비료 등을 보냈으며 점차 남북교역과 민간투자로 영역을 넓힐 수 있었다.

경제 분야에서 교류확대가 이뤄지면서 남과 북은 1990년 양측 총리를 수석대표로 하는 남북고위급회담을 개최했고, 드디어 이듬해 12월에 남북기본합의서를 채택하는 등 성과를 냈다. 당시 야당 지도자 김영삼과 김대중도 7.7선언에 적극적인 지지를 보냈다. 북한 관련 정보가 일반 시민들에게도 개방되면서 이에 대한 공개적인 연구활동이 가능해졌다. 중화인민공화국이 중공이란 명칭으로 사용되다가 중국으로 변경해서 부르게 되었다.

1990년 9월 12일 중국 선양(沈阳)에서 북·중정상회담이 열렸다. 덩샤오핑 위원장은 김 주석에게 남북한관계가 평화정착 단계에 이르면 북·미관계개선이 이뤄진다고 설득한 것으로 알려졌다. 덩은 미국이 한반도에서의 역할을 유지하기 위해서 결국 대북한 관계개선을 위한 대화에 나오게 된다고 예견했다.

7.7선언 직후 헝가리와 교류가 시작되어 일년 후 1989년 2월 1일 동유럽 사회주의 국가들 중에 처음으로 헝가리와 수교할 수 있었다. 1991년 9월에는 남북한이 동시에 유엔에 가입했다. 이어서 중국과 구소련 등 주요 공산권 국가와 교류를 확대하면서 마침내 노태우 정부가 1990년 9월 소련과, 1992년 8월 중국과 국교정상화를 이룰 수 있었던 것도 북방외교의 주요 성과다.

2

88 서울올림픽

"손에 손잡고 벽을 넘어서 우리 사는 세상 더욱 살기 좋도록, 손에 손잡고 벽을 넘어서 서로서로 사랑하는 한마음 되자 손잡고."
　-코리아나의 '손에 손잡고'

1988년은 서울 올림픽이 도시 전체를 지배하고 있는 것만 같은 나날들이었다. 4년 전 1984년 LA 올림픽을 보이콧했던 공산권 국가들인 소련과 동독, 중국 등도 기꺼이 참가한다는 소식으로 분단 국가 대한민국의 수도 서울이 전 세계의 주목을 받게 되었다.

그리스 헤라 신전에서 채화 된 성화가 서울 올림픽 주경기장 성화대로 옮겨지고 있었다. 최초로 올림픽 스포츠 축제가 펼쳐지는 역사적 현장을 함께할 수 있다는 사실에 서울은 들떠 있었다. 88 서울올림픽 공식 마스코트인 호돌이가 새겨진 동그란 올림픽 기념 주화로부터 호돌이 티셔츠나 노트, 인형 등이 엄청난 인기를 끌었다.

1988년 9월 17일 토요일 오전 일찍 개막식이 시작됐다. 미국 내 중계 방송 관계로 개막식이 저녁이 아니라 오전에 열렸다. 이 날은 임시 공휴일로 지정되어 거의 모든 국민이 TV를 시청하고 있었다. 화려한 매스게임과 기나긴 선수단 입장이 이어졌다. 그룹 코리아나뿐만 아니라 마치 전 세계인이 한 목소리로 열창하는 듯했던 88 서울올림픽 공식 주제가 '손에 손잡고(Hand in Hand)'가 울려 퍼졌다. 마지막 성화 봉송과 점화로 시작을 알렸다. 숨소리도 죽인 정적에 휩싸인 운동장을 가로지르던 굴렁쇠 소년의 등장은 뇌리에 또렷하게 남았다.

서울의 가을 하늘은 더없이 맑고 푸르게 빛나고 있었다. 올림픽 경기장에서 들려오는 환호성으로 가슴이 뜨거워지곤 했다. 88 서울올림픽은 단순한 스포츠 행사가 아니었다. 모두가 울고 웃으며 자랑스러운 대한민국 공동체의 힘을 느끼면서 열정과 감동을 함께 나눌 수 있었던 거대한 축제 한마당이었다.

대한민국이 국제사회로 도약하기 위한 시대적 도전이 시작되었다. 유치 과정을 돌아보면 국내외적으로 불안한 상황과 재정 문제 등으로 여러 차례 무산될 위기에 처하기도 했다. 결국 경쟁 도시인 일본 나고야와 사활을 건 외교전쟁을 치르고 나서야 한국 서울에서 올림픽이 개최될 수 있었다.

모두가 불가능하다고 포기하려는 순간에도 서울올림픽 유치만이 희망이고 미래로 나아가는 길이었다. 첫발을 내딛는 순간부터 험난한 여정이 반복되었지만 도전했고, 우리 국민들의 간절한 소망을 이룰 수 있었다. 마침내 7.7선언으로 알린 노태우 정부의 북방정책은 88 서울올림픽으로 꽃 피우며 공산권 국가들의 마음도 사로잡을 수 있었다.

서울올림픽을 전후로 일반 시민들의 생활문화에도 많은 변화를 가져왔다. 1980년대 중반 한국 경제는 고도 성장을 바탕으로 대량 소비생활의 시대가 열리게 되었다. 도로를 가득 채우는 차량 등록 대수가 급속히 증가했고, 컬러 TV 방송 송출이 가능해지면서 대중 매체가 발달하고, 가전제품 보급률 상승으로 새롭고 개성적인 대중 문화가 유행하고 있었다. 해외여행 자유화와 야간 통행 금지가 해제되었으며, 프로스포츠를 육성하고 교복 자율화와 근로시간 단축 등으로 시민 생활의 편익 증진을 위한 많은 정책들이 시행되었다.

88 서울올림픽은 표어로 '세계는 서울로, 서울은 세계로'를 내걸었다. 이로써 올림픽 헌장의 정신을 준수하고 스포츠 교류를 통해서 화합의 기틀을 다지면서 세계 평화의 새로운 계기를 마련하고자 했다. 서울올림픽 이후에 교류가 없던 공산 국가들과 수교를 하면서 문화교류 범위가 넓어졌다. 패션, 문화산업 등 많은 분야에 변화를 가져왔다. 대외 이미지 개선으로 대한민국의 위상이 높아졌을 뿐만 아니라, 서울올림픽을 계기로 세계적으로 인정받았다는 자부심이 있었다.

북방정책으로 태동한 7.7선언으로 국민들은 세계관의 지평을 넓힐 수 있었으며 88 서울올림픽을 통해서 한국의 경제발전 동력에 탄력이 붙었다. 오늘날 한국이 한류를 통해서 세계가 열광하고 기대하는 성취를 이룰 수 있게 된 출발점이라고도 할 수 있다.

똑같은 마음으로 2036년 하계올림픽이 한반도에 평화롭고 번영하는 미래를 가져올 것으로 염원하면서 대한민국 전주에 유치할 수 있기를 기원한다.

다시 손에 손잡고…

3

한·소수교와 소련붕괴

경제발전이 우선시되는 탈이데올로기 기류를 타고 냉전 구조가 타파되었다. 1980년대 말부터 1990년대 초에 이르러 냉전적 질서가 붕괴되고 탈냉전적 질서가 태동하게 되었다. 동북아에서도 냉전적 불안정기에서 탈냉전적 불안정기로의 전환을 의미했다.

소련 연방이 해체되고 준비없이 시장경제를 도입한 러시아가 혹독한 경제난을 겪으면서 대립의 기본 구조가 변경되고 미국 우위로 재편되었다. 한반도에서도 남한의 대북한 우위가 경제적 차원에 더해서 외교적 차원에서도 확립되었다. 남한이 소련 및 중국과의 수교를 선점하면서, 북한의 고립화가 심화되어 불안정기가 초래되었다.

1990년대 초반 이후 중국의 부상에 따른 동북아 질서재편 과정에서 미국이 미·러정상회담, 미·베트남수교, 미·일 '신안보선언' 등을 주도하면서 중국을 포위하는 형태로 봉쇄정책이 전개되었다. 중국은 중·러관계 강화로 이를 견제하고 균형적 안정기를 유지하고자 했다.

중국은 미국을 축으로 한 단일체계(혹은 단극체계)를 극복하기 위한 노력을 기울여 왔다. 동북아에서 유일한 유엔안전보장이사회 상임이사국인 중국이 명시적이거나 적어도 묵시적으로 승인해야 역내 안정과 평화가 위협받지 않을 수 있을 것이다. 이는 중국이 내정간섭배제 원칙과 함께 미국 유일주도의 신질서형성에서 반패권주의적 입장을 견지하게 된다는 의미다.

탈냉전기 동북아질서 속에서 한반도를 둘러싼 주요국의 구조적 변화에 따라 중국과 미국, 그리고 남북한의 관계변화에 대한 연관성을 유추해 볼 수 있다.

우선, 1991년 소련붕괴 이후 유일 초강대국으로서의 지위를 누리고 있는 미국에 대응해서 사회주의 종주국으로서 중국은 동북아에서의 영향력을 유지하면서 확대하고자 한다. 21세기 미국에 대적할 수 있는 잠재성을 인정받는 중국은 경제력에 상응하는 지구적 정치력을 확보하고자 한다.

중국의 입장은 전 지구적 영향력 확대를 추구하고 있는 미국의 이해와 정면으로 배치된다. 특히 막대한 대미 무역흑자를 누리는 중국에 대해 미국은 지적소유권, 무역수지적자 등을 제기함으로써 경제적 마찰을 빚어 왔다. 또한, 인권 및 타이완문제 등 정치적 현안에서도 중·미 간에 대립을 피할 수 없게 되었다. 양국은 상호 반패권을 추구하면서도 경제·안보 측면에서 보완적 협력관계를 유지해야 하는 딜레마를 안고 있다.

다음, 탈냉전기 중·미관계와 남북한관계는 어떻게 연계되는지 살펴본다. 중·미관계는 소원(estrangement)과 화해(reconciliation)를 반복적으로 되풀이하는 경향을 보인다. 남한과 북한은 교착

(stalemate)과 개선(improvement)의 싸이클 패턴(cyclical pattern)을 그리면서도 남북한관계는 답보 상태를 벗어나지 못하고 있다.

이에 따라 중·미관계가 소원하게 되면 남북한관계가 교착상태가 되고, 중·미관계가 화해 국면이 되면 남과 북에도 긍정적인 영향을 미치게 되어 관계개선을 위한 분위기가 만들어진다고 볼 수 있다. 남북한의 합의에 따라 공동성명이 발표된 시기에 중국과 미국의 관계변화를 추적해서 비교해 볼 수 있다.(10장 참조)

탈냉전기를 초래한 소련의 붕괴는 한반도를 둘러싼 구조적 역학관계의 불균형을 초래하였으며, 오히려 남과 북의 자주적 대화를 촉진하게 되었다. 결과적으로 남북한 고위급회담을 통해서 남북기본합의서를 도출할 수 있었다.

4

남북기본합의서

1989년 9월 11일 노태우 대통령은 대한민국 국회에서 특별선언으로 '한민족공동체통일방안'을 발표했다. 자주, 평화, 민주를 3대 원칙으로 '남북연합' 단계를 설정했다. 당시 이 방안은 조선민주주의인민공화국이 제안한 연방제통일안과 가장 근접했다는 평가를 받았다. 김영삼과 김대중의 통일안도 별다른 차이점이 없을 만큼 이홍구 국토통일원 장관이 합의를 이끌어 냈다.

이러한 분위기 속에서 1989년 2월부터 대화를 준비해 온 남측과 북측은 1990년 9월 서울에서 남북고위급회담을 개최했다. 5차에 걸친 회담으로 1991년 12월 남측 정원식 총리와 북측 연형묵 총리는 <남북기본합의서>를 채택하고, <한반도비핵화선언>에 합의했다. 이를 계기로 남북한관계는 급속한 긴장완화 단계에 접어들게 되었으며 1992년 1월 남측은 92팀스피리트훈련을 중단한다고 발표했다. 남북한 간의 해빙 분위기가 무르익으면서 상호물자교류도 급속히 증대했다. 그렇지만 양자관계 발전에도 불구하고 남한과 북한은 외교관계에서의 경쟁을 늦추지 않았다.

남북기본합의서는 준비단계에서부터 남북회담이 중단되는 협상 과정을 거치기도 하면서 상대방 의도 타진과 남북관계개선 기본방향에 대해 탐색전을 벌였다. 북측은 정치·군사문제 우선 해결과 불가침선언 채택을 주장했다. 반면 남측은 교류협력을 위해서 남북한 관계개선에 관한 기본합의서 채택을 우선시했다. 사실상 양측의 입장차이를 좁히기가 쉽지 않았다.

1991년 9월 남북유엔동시가입은 국제적 위상 및 체제인정에 관한 본질적인 문제로 성사되면서 우호적인 분위기가 형성되었다. 12월에 열린 기본합의 단계에서 '남북기본합의서'와 '한반도비핵화공동선언'이 채택되었고, 이어서 발효될 수 있었다.(1992.2.19)

남북기본합의서는 서문, ①남북화해, ②남북불가침, 남북교류협력, ④수정 및 발효 등 4장 25조로 구성되어 있다. 평화통일을 위해서 '7·4남북공동성명'의 통일 3원칙을 서문에 재확인하고 우선적으로 '자주'의 원칙을 서로 다짐했다. 남북한은 국가 간의 관계가 아니라 "통일을 지향하는 과정에서 잠정적으로 형성되는 특수 관계"로 규정했다.

남북기본합의서에 대한 남과 북의 입장은 다음과 같다. ①당사자 해결원칙에 입각해서 남북한의 자주적 노력에 따른다. ②남북한 간의 오랜 갈등과 적대적 관계에 종지부를 찍고 화해와 협력의 새 시대를 열고자 한다. ③남북한의 긴장상태해소와 평화정착을 위해 나아가자. ④경제를 비롯해서 각 분야 교류와 협력을 활성화하여 공존·공영으로 민족공동체를 건설하자. ⑤평화통일의 기초를 마련하여 평화통일을 앞당겨 달성하자. 김일성 주석은 기본합의서 발효는 평화와 통일을 지향하는 획기적인 '이정표' 로서 실천과정을 '통일의 첫 단계'로 강조했다.

통일 3원칙에 대해서 남북한은 현격한 입장 차이를 보인다. 양측은 7·4공동성명과 남북기본합의서를 관통하는 '자주'의 원칙에 대한 해석에서 충돌한다. 남측은 민족자결 정신을 내세워 당사자인 남과 북이 직접 해결하자고 주장한다. 북측은 주한미군 철수 및 외세 간섭 배제를 내세운다. 이에 따라 남북한 간의 군사력 수준을 상대방 침략이 가능하지 않을 정도로 대폭 축소하자는 것이다. 남측이 한미 팀스프리트 훈련 등, 불가침 약속에 위협이 되는 행동을 하지 말라는 주장이다.

기본합의서는 남북한이 공개적인 협의로 채택·발효된 최초의 공식 합의문이다. 남북한 쌍방 총리를 수석대표로 당국간 회담을 열고 한반도 분단 상황을 스스로 해결하려는 의지와 가능성을 내포하고 있다. 이는 형식과 절차, 내용면에서 7·4공동성명과 다른 형태다. 남한과 북한의 정식 국호와 서명자의 직책을 명시했고, 실천을 위해서 필요한 구체적 절차와 내용을 담았다. 현재까지도 유효한 기본합의서는 '화해·협력단계'의 기본규범이다. 남북통일은 단계적 접근으로 이뤄져야 하며 통일은 하나의 실천 과정이라고 의견일치를 보았다.

1970년대와 1990년대의 남북한 간 대화는 뚜렷한 차이점이 있다. 1970년대 남북대화는 중·미 간 데탕트 기류 속에서 한반도에서도 관계개선을 위해 추진되었다. 반면 1990년대 남북대화는 사회주의권이 몰락하면서 체제붕괴를 우려한 북한이 미국 및 일본과의 관계개선을 위한 방편으로 추진했다고 볼 수 있다.

1980년대 말과 1990년대 초에 이르는 탈냉전기에 한반도에서 엄청난 구조적 변화를 초래했다. 동구와 소련의 공산권이 붕괴되는 유리한 환경변화를 활용해서 한국은 북한의 동맹세력과 관계정상화를 이뤘고, 북한은 고립되는 상황이 되었다. 이와 같이 노태우 정부의 북방정책으로 평양문을 두드리려는 노력이 시작되었고, 남북기본합의서와 한반도 비핵화선언이 발효될 수 있었다.

동북아에서 세력불균형 시기에는 남한과 북한의 외교적 자율성이 증가했다. 남북한 간에 직접적으로 상대 국가를 접촉해서 의사를 타진했다. 한국이 북방외교를 추진하는 과정을 보면 이러한 성격이 반영되고 있었다. 한국과 소련 간 수교와 구소연방의 해체, 중국의 개혁·개방정책의 가속화와 한·중관계 진전, 남북한 유엔 동시가입 등 한반도 주변의 국제정세의 변화는 남북한 고위급회담에 긍정적 영향을 미치는 요인들이다.

돌이켜보면, 1992년 '한반도 비핵화선언'으로 노태우 정부는 일방적으로 한국에서 모든 전술핵무기 철수를 결정했다. 한국은 북한의 비핵화를 이끌 수 있는 주요한 전략적 카드를 일방적으로 포기했다. 반면 북한은 1993년 3월 NPT탈퇴선언으로 핵무장의 길을 걸었다. 김정일-김정은 정권은 핵무기보유를 생존전략으로 인식해서 핵능력 고도화를 추구해 왔다.

북한은 미사일 발사, 핵실험으로 도발하면서 정전협정 백지화, 남북한 체류 외국인 철수 요구 등으로 긴장을 고조시켜왔다. 그동안 북한 주민들은 극심한 경제난을 겪으며 최저생계를 걱정해야 하는 빈곤의 나락으로 떨어졌다. 남북한 간 정치, 경제, 군사적 격차가 돌이킬 수 없는 수준으로 벌어졌다.

5

한·중수교와 교차승인

한·중수교를 기점으로 동북아 국제질서와 남북한관계가 새롭게 형성되고 있었다. 1988년 7·7선언에 따라 노태우 정부에서 추진한 '북방정책'의 정점으로 인식되었던 한·소수교에 이어 마침내 한·중 간의 국교가 정상화되었다. 주요 4 개국(미·일·소·중)과 모두 수교를 이루려는 한국의 노력이 결실을 맺어 평양의 문을 두드리겠다는 구상에 다가가고 있었다.

반면 북한은 중국과 혈맹관계, 소련과 수교를 이어가고 있지만 미국, 일본과의 국교정상화를 달성하지 못한 상태다. 1991년 9월 남한과 북한이 동시에 유엔 회원으로 가입했지만 궁극적으로 남북한이 주변 4개국과 모두 수교한다면 상호 교차승인(cross recognition)에 따른 평화공존의 단계로 들어갈 수 있다.

북한과 일본이 국교 정상화에 이루지 못한 이유로 주요 쟁점에 대한 입장 차이를 들 수 있다. 하지만 그동안의 협상 과정을 살펴보면 양국 간에 상당한 수준의 합의가 이뤄졌다. 적대적 과거를 가진

국가들 사이에 서로 만족할 만한 협상으로 나아가지 않더라도 국교 수립에 합의한 사례가 많다. 일본이 소련, 한국, 중국 등과 수교할 당시 영토문제를 비롯해서 과거사 문제, 배상문제 등으로 난항을 겪었다. 다만 미해결 문제는 후일로 미루는 방법 등으로 협상을 마무리할 수 있었다.

북·일관계를 단순히 쟁점 사항에 대한 이견만으로 설명한다면 충분하지 않다. 북한과 일본, 양자관계는 단순히 협상과정에서의 쟁점 뿐만 아니라, 양국이 상호 접근하게 된 동인과 결별을 겪게 되는 과정에서 나타나는 한계 상황을 살펴보아야 한다.

1991년 1월 제1차 수교회담부터 북·일 간에 1992년 11월 제8차까지 이어졌다. 세계적인 탈냉전 상황에서 양국관계 정상화를 위해서 본격적으로 수교회담을 시작했다. 양측은 회담 초기 현격한 의견 차이에 대해 협상과정에서 쟁점을 상당 부분 해결했지만 제8차 수교회담에서 파국을 맞았다.

북·일 간 회담이 파행된 주요 쟁점은 제3차 회담에서부터 제기된 북한의 일본인 이은혜 납치문제로 모아진다. 그는 1987년 KAL기 폭파범 김현희를 가르친 일본어 선생이다. 일본은 이은혜가 납치된 일본인일 가능성을 제기하고 이에 대해 조사해 달라고 요청했다. 북한은 이 문제가 수교회담 의제에 포함되어 있지 않고, 국제적으로 신용할 수 없는 국가로 북한을 선전하는 음모라며 반발했다. 결국 일본인 납치문제가 제기되자 북한이 회담 결렬을 선언하고 퇴장해 버렸다. 이후 양국 간 수교회담은 2000년에 재개될 때까지 8년간 열리지 않았다.

북한과 미국은 수교 직전 단계까지 이르렀던 놀라운 경험을 했다. 클린턴 행정부 1기 말기였던 1994년도에 제네바 협상을 위해 전 국방부 장관 윌리엄 페리(William Perry)를 비롯해서 협상단의 미국 대표 로버트 갈루치(Robert Gallucci), 등이 북한을 방문했다. 이를 계기로 북·미관계가 개선될 수 있다는 기대가 있었지만 지속되지 않았다.

한국 외교부는 7.7선언이 나오기 이전부터 북방정책을 수립하고 남북한 간의 균형적인 접촉을 시작해서 차후에 교차승인으로 가야 된다는 논의를 했다. 그러나 한국만 북방외교가 성공하고, 북한은 성공할 수 없었던 이유는 북한이 계속된 테러행위로 유엔 제재를 받고 있었기 때문으로 알려졌다. 한국의 유연한 자세에도 불구하고, 북한이 '아웅산 테러', 'KAL기 폭파'와 같은 사건을 일으켜 유엔 제재를 받고 있었다. 이에 미국이나 일본, 다른 국가들이 북한과의 관계를 진전시킬 수 없는 상황이었다.

노태우 정부에서 북방정책을 추진할 때 지배하던 분위기가 민족자존이었다. 미국에 일일이 승인을 받고 추진할 것이 아니라는 판단에 따라 헝가리와 교섭을 시작하는 단계에서 미국에도 통보하지 않고 비밀외교를 하게 되었다. 차후 한국정부는 소련과의 관계개선에 나설 때는 직간접적으로 미국에 바로 통보하게 되었다.

1990년 5월 샌프란시스코에서 사상 처음으로 개최된 노태우-고르바쵸프 회담 시에 미국이 각종 외교 편익을 지원하면서 한국은 북방정책도 수립하고, 북방외교도 실행할 수 있었다. 노 대통령과 고르바초프 서기장의 샌프란시스코 회담은 물론 북방정책의 배경으로 미국의 대소련 정책과 긴밀한 연대를 갖고 이뤄졌다. 레이건 대통령은 서방 진영과의 긴밀한 경제협력을 통해서 소련을 해체한다는 대전략을 추진했다.

한국이 주로 교섭을 추진하던 1989년, 1990년에 소련 경제는 악화일로를 치닫고 있었다. 1989년도 1월경에 소련에서 생필품 지원을 요청했는데 서독에서 3주 만에 육류 수만 톤을 포함해서 10억 마르크 상당의 생필품을 보내주었다. 그렇지만 소련이 한국에게 동일한 요구를 한 적은 없었다.

서독의 안보 보좌관 텔칙(Teltschik)이 언급한 바에 의하면, 1991년 당시 소련이 경제적으로 어려운데도 다른 나라에서 소련에 차관 지원을 하지 않으려고 했다. 서독은 소련을 지원하고 고르바초프를 지지함으로써 독일의 국익과 합치한다고 인식하고 있었다.

당시 독일은 고르바초프의 어려운 사정을 해결해주면서 그의 집권을 연장할 수 있다면 서방의 중요한 이해관계에 부합한다고 간주했다. 그래서 한국도 소련에 경제 지원을 하면 한·소수교를 속히 달성할 수 있다는 언질을 받았다. 이에 소련이 한국에 요구하지 않았지만 샌프란시스코 한·소정상회담과 수교 교섭 시에 30억 불 차관을 밀어붙이게 되었다고 알려졌다.

소련 학자들에 의하면, 한·소수교에 대해 북한이 조금만 기다려달라고 하면서 소련의 입장을 따라갈 수도 있다고 했다는 것이다. 그럼에도 불구하고 고르바초프 서기장과 셰바르드나제 외교장관이 추진해서 한·소수교가 성립되었다.

북한은 개방을 하면 체제유지가 위험해질 수 있다는 인식을 하고 있었지만 미국과 일본과의 수교가 어쩔 수 없이 불가피하다는 판단을 했다. 이를 위해서 북한도 내부적으로 준비가 필요했다. 다만 한국이 먼저 북한의 우방국인 소련과 중국과의 수교를 이룬 후에라도 지속적으로 워싱턴과 도쿄를 설득해서 교차승인을 달성할 수 있었지만 유일한 기회를 지나쳐 버렸다는 아쉬움이 있었다.

한국이 북한을 설득하고, 그리고 소련과 중국도 이해한다면 북한으로 하여금 미국과 일본과의 수교를 맺도록 밀어붙일 수 있었다. 북한이 반대하던 유엔동시가입도 북한이 먼저 승인한 사례로 미루어 짐작할 수 있었다. 그때만 해도 핵문제가 없었고 구체적으로 핵이 의제화 되지 않았다. 남북한에 대한 주변국의 교차승인이 이뤄질 수도 있었는데 노태우 정부로 제6공화국이 끝나면서 동력을 잃어버리게 되었다.

한국에서 북·미수교와 북·일수교에 대해 받아들이지 않으려고 하면서 엄청난 인식의 차이를 보였다. 우선 북·미수교가 성립되려면 협상과정을 거쳐야 하는데 미국 측에서 제시하는 조건을 북한이 받아들여야 했다. 예를 들면, 남북한 관계개선을 비롯해서 핵능력 포기, IAEA 사찰복귀가 이뤄져야 하며, 군사 전진배치 이동 등 미국이 협상에서 제시하는 사항들을 충족해야 했다. 미국은 일관된 요구사항을 내걸었으므로 국교정상화를 반대하지는 않지만 이에 대한 수용여부를 미국이 판단하는 것이므로 수교협상이 난항을 겪게 되었다. 이와 같이 남과 북은 주변국과 교차승인에 이르지 못하고 남북한관계도 개선되지 않았으며 불안정한 상황이 이어졌다.

제3장

민족이 우선인데
(김영삼 정부)

순망치한(脣亡齒寒)
입술이 없으면 이가 시리다.

　김영삼 대통령은 임기 초반에 민족우선주의를 내세우며 북한 '포용'을 위한 적극적인 의지를 보였지만 북한핵이라는 외적 변수에 따라 대북 강경책으로 급선회할 수밖에 없었다.

　김영삼 정부는 전임 정부의 북방정책에 이은 '한민족공동체통일방안'을 발전시킨 '민족공동체통일방안'으로 단계적 통일접근 방식을 제창했다. 북한의 '고려연방제'와 차별화되면서 현재까지 유효한 남한의 통일방안이다. 만약 김일성 주석과 김영삼 대통령의 최초 남북정상회담이 성사되었다면 한반도 역사는 다시 써야 했을 것이다. 역사에 가정은 없다지만 갑작스러운 북측 대화 파트너 부재 상황에서 여당 주도의 조문 논쟁으로 북한이 철저히 외면하게 되었다.

　북한은 핵개발 의혹을 증폭시킴으로써 국제적 질서에 위협이 되는 방식으로 오히려 미국과 직접 협상의 계기로 삼았다. 북한이 미국과 직접대화로 핵고리를 풀 수 있게 된다면, 대일본 접근도 용이해질 수 있었다. 북한은 대일청구권을 포함해서 경제적 보상을 기대하며 일본과의 관계정상화에 관심을 가지고 있었다.

　1993년 3월 북한의 NPT탈퇴 선언에 따른 핵문제를 해결할 수 있는 방안이 필요했다. 북·미 간에 제네바합의로 직접 대화가 이뤄지고 한반도에너지개발기구(KEDO) 설립에 합의했다. 남한은 소외되는 상황에서 재정적 부담을 질 수밖에 없는 구도로 내몰리고 있었다. 미국 클린턴 행정부 2기에 한·미 공동으로 4자회담(남한, 북한, 미국, 중국)을 제안했지만 북·미 직접 대화를 원하는 북한과 서로 동상이몽으로 성과를 낼 수 없었다. 결과적으로 한반도 평화구축을 위한 절호의 기회를 놓친 셈이다.

1

민족우선주의와 조문논쟁

문민정부 출범을 알린 김영삼 정부는 군정종식에 대한 자부심이
대단했다. 노태우-김영삼-김종필 합의에 따라 3당 합당으로 민주자
유당(민자당)을 창당해서 공동정부를 구성했다. 김영삼 대통령은
특유의 추진력으로 개혁정책을 실시하면서 남북한관계의 물꼬를
트고자 했다.

1992년 취임 후 김 대통령은 "어떤 무엇도 민족보다 더 중요한
것은 없다"며 북한과 적극적인 대화를 추진할 뜻을 밝혀 국내외에
서 주목받았다. 급진적 재야인사로 알려졌던 한완상 서울대 교수
를 부총리 겸 통일부 장관에 임명하고, 한승주 고려대 교수를 외무
부 장관에 기용했다. 사상 처음으로 민간인 학자 출신인 김덕 외국
어대 교수를 안기부장에 임명해서 파격적인 인사 조치가 이뤄졌다.
과거 신군부 중심의 5, 6공화국 정권과는 차별화되는 대북한정책이
추진될 것임을 암시하는 행보를 펼쳤다.

김영삼 정부는 박애주의(인도주의) 입장에서 비전향 장기수 이

근모 노인을 아무 조건 없이 북한으로 돌아가도록 배려했다. 그가 판문점을 통해 이북으로 가는 모습이 TV로 생중계되면서 많은 관심을 모았다. 그러나, 북한에서 남북한 교류를 위한 별 다른 조치가 없어서 아무런 진전을 보지 못했다.

오히려 북한은 1993년 3월 핵확산금지조약(Non Proliferation Treaty, NPT) 탈퇴 선언을 했다. 한반도 문제는 온통 북핵문제로 귀결되고 있었다. 미국은 NPT를 유지하는 것이 급선무였다. 북한을 대화상대로 인정하고 협상테이블에 앉게 하려면 북한의 요구 조건을 알아야 했다. 북한 핵문제에 대해 미국은 북·미 직접대화와 북·미수교를 위한 협상용 카드로 간주하는 분위기였다.

북한의 NPT 탈퇴 선언으로 한반도의 위기가 고조되고 있었다. 페리 윌리엄 전 미 국방부 장관은 1994년 초반에 미국이 영변 핵시설에 대한 제한적 정밀 타격을 실제로 고려했던 사실을 털어놓았다. 그러나, 무력행사에 따르는 미국과 한국이 입을 희생이 너무나 크고 모험적이어서 이 계획은 실행되지 않았다. 김영삼 대통령을 비롯한 한국측의 무력사용불가 입장도 반영해야 했다. 당시 북·미간에 극한 대립으로 치달을 위험이 도사리고 있을 때 지미 카터(Jimmy Carter) 전 미 대통령 부부가 1994년 6월 북한을 방문해서 평화적 해결책을 모색하게 되었다.

미국의 중재에 의해서 남북정상회담 실무협상이 한창 진행 중이던 7월 8일 북한에서 김일성 주석의 서거 소식이 갑자기 날아들었다. 김 대통령과 김 주석이 남북정상회담을 개최하기로 합의해서 추진하고 있던 상황에 남한 사회는 충격에 빠졌다. 뉴욕 타임즈(NYT)는 김일성 사망이 최악의 시점에 발생했다고 보도했다. 제네바에서 개최하기로 예정된 북·미 대화가 연기되었을 뿐만 아니라 새로 들어서는 북한 정권이 대화국면으로의 정책 선회를 그대로 이어 갈지도 미지수라고 전망했다.

7월 11일, 한완상 부총리는 북한 김용순 대남담당 비서가 정상회담 연기를 통보해 왔다는 보고를 했다. 북한이 한국정부에 조문할 의사가 있는지 타진했는데 4개 전제조건이 있었다. ①북한체제와 대화를 하고자 한다면, ②김정일 후계체제의 안정이 대화와 협상을 위해 필요하다고 정부가 인식한다면, ③남북정상회담이 계속 추진되어야 한다면, ④우리 국민의 양해가 설립된다면, 등이 제시되었다.

7월 12일 여당인 민자당은 "수백만 명을 죽인 전범은 조문해야 하고, 광주사태에 대해 끝까지 책임지라는 것은 논리적인 모순"으로 비판하고 "김일성은 실정법상 여전히 반국가 단체의 수괴"로 결론을 내렸다. 또한, 동아일보는 "김일성의 반민족 범죄는 결코 용납할 수 없으며, 정서상 논리상 김일성 조문은 절대 불가하다."라는 내용의 사설을 실었다.

김영삼 정부는 신공안정국을 조성하고 조문논쟁에 개입했다. 이영덕 총리는 7월 18일 국무회의에서 김일성을 "동족상잔의 전쟁을 비롯한 불행한 사건들의 책임자"로 규정하며 정치권의 조문 움직임에 '유감'을 표명했다. 보수언론들은 대한민국 정통성에 의문을 제기하는 의식상의 문제라며 일제히 반박했다. 이와 같은 논란 때문에 국제적 외교관례에 따라 야당 이부영 의원이 제기한 이른바 '조문외교'가 사라진 채 북한은 외면하고 국내에서는 소모적인 색깔 논쟁만 무성했다.

반면 클린턴 행정부는 김일성 사망 직후 "미국 국민을 대신해 북한 주민에게 심심한 애도를 전한다"는 내용의 성명을 발표했다. 동시에 제네바에서 북한과 핵 협상을 벌이던 로버트 갈루치(Robert Gallucci) 차관보가 제네바 현지 북한 대사관에 가서 조문했다.

한국 조문대표단의 방북은 끝내 이뤄지지 않았다. 오히려 휴전선을 비롯해서 국방태세를 강화하라는 훈령이 내려졌다. 김 대통령은 김 주석 사망으로 남북정상회담의 첫 상대가 될 수 있는 기회를 놓쳐버렸다. 이미 한국정부는 김 주석을 대화의 상대로 실체를 인정하고 남북정상회담의 파트너로 대접했는데도 불구하고 조문 논쟁은 너무나 미숙한 외교적 실패로 남았다. 북한 당국이 분을 참지 못하고 다시는 김영삼 정부를 상대하지 않는다는 강경 자세를 보이는 바람에 남북대화는 중단되었다.

2

민족공동체통일방안

　한반도에서의 통일방안은 남측이 주장하는 '한민족공동체통일방안'(1989)과 북측이 주장하는 '고려민주연방공화국'(1980, 이하 고려연방제)이다.

　1989년 9월 11일 노태우 대통령은 국회 특별연설에서 '한민족공동체통일방안'을 다음과 같이 제안했다. 분단된 남한과 북한은 '자주, 평화, 민주'의 3원칙을 바탕으로 남북연합의 중간과정을 거쳐 통일민주공화국을 실현하고자 한다. 통일은 무력행사를 배격하는 평화적 방법으로 민족대단결을 도모하여 민주적으로 실현되어야 한다. 남과 북은 상호 다른 두 체제로서 존재를 인정하고 공존하면서 민족 사회의 동질화를 통한 통합을 촉진시키고자 한다. 이를 위해서 양측이 연합하는 기구를 설치한다.

　남북연합단계에서 통일의 과정으로 남과 북이 공존공영을 이루기 위해서 단일민족사회를 지향한다. 단일민족국가로서 통일민주공화국 건설을 목표로 한다. 최고결정기구인 남북정상회의에서 남북한 간의 모든 현안과 민족문제에 대한 협의를 한다. 주요기구로는 쌍방을 대표하는 100명 내외로 남북 동수의 남북평의회를 구성하고 주요 안건에 대한 결의가 가능하다. 비무장지대(DMZ) 내에 평화구역을 설정해서 남북연합기구 시설 등을 설치하고 통일평화시(Unification peace city)로 발전시킬 수 있다. 한민족공동체통일방안은 중간단계로서 남북연합체제를 구체화시켜 남북대화→남북연합→평화통일의 3단계를 제시한다. 이전 통일방안과의 차이점이다. 그러나 북한은 즉각적인 반응을 보이지 않았다.

한민족공동체통일방안은 한국정부가 일관되게 견지해 온 '통일원칙'으로 자주·평화·민주에 따라 추진한다. 7·4공동성명에서도 명시된 '자주·평화·민족대단결'의 원칙과 합치한다. 이 방안은 이전의 통일원칙을 수용하면서 내용면에서는 시대 상황을 반영하여 보완·발전시키고 있다.

고려연방제를 주장해 온 김일성 주석은 노태우 대통령의 "'한민족공동체통일방안'이 연방제와 비슷하다는 소리를 계속하고 있다"고 평가하고 이를 일축했다. 연방제통일방안은 사상과 이념, 제도의 차이를 초월하는 통일이라고 주장했다. 남한이 제기하는 내용은 '민족분열의 고정화'를 위한 제도통일론이라고 지적했다. 북한은 한민족공동체통일방안이 '두 개의 조선을 추구하는 방안'이며 법적으로 "서로 우리끼리 살자"는 것이라고 비난했다.

남북연합 구상은 김영삼 대통령이 1994년 8월 15일 발표한 '한민족공동체 건설을 위한 3단계 통일방안'으로 계승되었다. '화해협력단계→남북연합단계→통일국가완성단계'로서 3단계 통일과정으로 구체화했다. 북한이 주장하는 고려연방제를 의식해서 남북연합

이라는 과도기를 설정해서 대안으로 제시한 측면이 있다.

북한은 남북연합의 중간단계는 통일로 접근해가는 것이 아니라 분단 현상을 고착하고 분열을 심화시킬 뿐이라고 지적한다. 남북통일을 위해서는 주한미군 철수가 선행되어야 하며 연방제를 실시해야 한다는 주장이다.

독일통일은 동독이 붕괴하면서 서독에 의한 흡수 통합형이라고 전제했다. 1989년 베를린 장벽이 무너지고 동독인들의 탈 동독이 시작되었으며 동독인들의 선택에 따라 우발적으로 달성된 측면이 있었다. 독일은 동독 주민들에 대한 충분하고 구체적인 대안이 마련되기 전에 통일이 이뤄져서 장기간 동서독 통합에 따른 부작용으로 어려움을 겪기도 했다. 그렇지만 유럽이 경제위기를 겪는 상황에서도 통일 후 축적된 경제력을 바탕으로 독일은 유럽경제부흥을 위한 리더로서의 역할을 자임하고 있다.

서독인과 동독인 간에는 심리적 이질감을 해소하고 치유하기 위한 대책이 중요하다고 지적된다. 분단국 통일은 정치·법 등 제도적 문제뿐만 아니라 주민들의 심리상태도 고려하는 접근이 필요하다. 독일의 통일과정을 교훈 삼아서 한반도 통일방안에 반영해야 한다.

독일과 한반도의 통일은 근본적으로 다른 형태로 분석할 수 있다. 제2차세계대전 후 소련과 미국 주둔군이 패망국이 된 독일을 동독과 서독으로 양분했다. 그 과정에서 동독은 소련 마르크스-레닌주의에 편승한 사회주의 국가로서 소련의 동구 위성국 중의 하나가 되었다. 서독은 미군의 통치를 받으며 자유민주주의와 시장경제를 받아들이게 되었다. 수도 베를린도 분할되어 장벽이 세워지고 내전을 겪지 않은 상태에서 두 개의 국가로 동떨어져 살게 되었다.

[표 3-1] 남북 통일방안 비교

구분	민족공동체 통일방안	고려연방제 통일방안
통일철학	자유민주주의	주체사상
통일원칙	자유, 평화, 민주	자주, 평화, 민족대단결 (남조선 혁명, 연공합작, 통일 후 교류협력)
통일주체	민족 구성원 모두	프롤레타리아 계급
전제조건	—	국가보안법 폐지, 공산주의 활동 합법화, 주한미군 철수
통일과정	화해협력 → 남북연합 → 통일국가 완성 (3단계)	즉각적인 1연방 구성 2자치정부 ※연방국가의 점진적 완성(1990년대)
과도통일 체제	남북연합 - 정상회담에서 「남북연합헌장」을 채택, 남북연합 기구 구성·운영 ※남북합의로 통일헌법 초안 작성 → 국민투표로 확정	—
통일국가 실현절차	통일헌법에 의한 민주적 남북한 총선거	연석회의 방식에 의한 정치협상
통일국가의 형태	1민족 1국가의 통일국가	1민족 1국가 2제도 2정부의 연방국가
통일국가의 기구	통일정부, 통일국회(양원제)	최고민족연방회의, 연방상설위원회
통일국가의 미래상	자유·복지·인간존엄성이 보장되는 선진 민주국가	—

출처 : 국립통일교육원, 2024. 2024 통일문제 이해. p.95.

동독과 서독 주민들은 자유로운 서신왕래와 방송수신으로 상호 생활상을 충분히 알 수 있었다. 당시 동독의 1인당 GNP는 1만불에 이를 만큼 동구권에서 가장 부유한 삶을 누리고 있었다.

반면 한반도는 1945년 광복을 맞아 소련과 미국에 의한 신탁통치로 38선을 중심으로 분단되었다. 1950년 1월 미국 애치슨 라인 선언(Acheson Line Declaration)에 따라 극동방위선에서 한반도가 제외된 것으로 오판한 김일성의 남침으로 6.25전쟁이 발발했다. 3년에 걸친 격렬한 내전을 겪으며 1953년 7월에 정전협정이 체결되어 휴전하게 되었다. 이로 인해서 한반도에 천만 이산가족이 생길 정도로 깊은 내상을 입었다.

격전지를 따라 휴전선이 만들어지고 신탁을 인정하지 않는 이승만 대통령의 반대로 정전협정에 남한 대표는 참여하지 않았다. 16개국 유엔군을 대표해서 미국, 그리고 북한, 중국 대표들만 서명해서 전쟁중지 상태로 대치하고 있다. 동서로 238km에 이르는 휴전선을 따라 남과 북에서 각각 2km씩 떨어져 4km에 이르는 비무장지대에 아직도 수많은 지뢰밭이 그대로 남아있고 철책이 둘러져 있다. 양측 주민들은 서로 왕래할 수 없을 뿐만 아니라 서신 교환도 허락받지 못하고 있다. 라디오와 TV 송수신도 할 수 없어서 북측에서 USB에 담긴 남측 드라마를 시청하다 들키면 엄한 형벌을 각오해야 한다. 남쪽에서 통용되는 언어, '오빠' 등을 사용할 수 없도록 할 만큼 남측 '반동사상문화' 침투에 대해 경계를 한다.

오늘날 북한은 남과 북을 '적대적 2 국가'로 규정하며 통일은 필요없으며 일절 상대하지 않겠다는 입장이다.

3

NPT탈퇴 선언

1992년 2월 남북기본합의서가 발효되면서 남북한관계가 개선되고 한반도에서 긴장완화의 기운이 감돌고 있었지만 북한은 한·러수교와 한·중수교에 따른 외교적 열세를 확인할 수밖에 없었다. 또한 핵개발에 대한 국제적 의혹이 강화되면서 북한은 국가 안보를 위한 최후의 수단을 상실할지도 모른다는 불안감에 빠졌다. 한편으로 북한은 일본 및 미국과의 관계개선을 통해 한반도에서의 외교적 균형을 달성하고, 다른 한편으로 확실한 안보보장을 위해서 남북한 간의 관계개선에만 의존할 수 없다고 판단했다. 북한은 극단적 방안을 모색하지 않을 수 없는 상황에 처하게 되었다.

1993년 3월 12일 북한이 NPT 탈퇴를 선언하여 한반도에서 긴장이 조성되고 북한의 핵개발 사실은 국제 문제화되고 있었다. 북한은 핵문제가 남북핵통제공동위원회(South-North Joint Nuclear Control Commission)나 국제원자력기구(IAEA)에 의해서 해결될 수 없으며, 북·미 간 직접 접촉에 의해서만 해결할 수 있다고 주장했다.

북·미대화를 통해서 핵문제를 논의하자는 북한의 주장을 미국이 수용해서 고위급 회담이 6월 2일 뉴욕에서 열렸다. 공식적으로 북·미회담의 틀 내에서 핵문제를 포함한 북·미 관계개선 및 한반도 안보와 관련한 내용을 포괄적으로 협의하게 되면서 북한은 남한과의 직접대화에 비중을 두지 않았다. 남과 북의 관계개선만으로는 북한체제와 세습정권의 실질적인 안정을 얻을 수 없다고 판단했다.

오히려 북한은 미국과의 접촉에서 더 많은 것을 얻어내기 위해 한반도 긴장을 조장하는 강경전술을 구사하기도 했다. 북한은 사회주의권 붕괴에 따른 체제불안정을 타파하기 위해서 서방과의 관계개선을 서두르고 남북대화를 수단으로 삼고자 했다.

남과 북은 때로는 직접적으로 관계를 맺지만, 때로는 적대적 대립으로 '관계없는 관계'를 지속해 온 경우가 대부분이다. 북한의 심각한 경제난을 극복할만한 경제적 지원과 계기도 마련할 수 없었다. 이러한 정황들로 미뤄볼 때, 북한이 극단적 외교수단, '벼랑끝전술(Brinkmanship)' 등을 통해서 열세를 타파하려는 전략을 선택하지 않았을까 추측할 수 있다. 직접 접촉이 없는 상태에서 남한과 북한은 주변국들과 연계해서 한반도 질서를 변경시키려는 일종의 외교적 경쟁 형태를 보였다. 이는 남한과 북한이 각자 미국과 중국을 중재자로 삼으려는 간접외교의 방식으로 전개되기도 했다.

동북아에서 미국과 중국이 중요 행위자로서 상호 협력과 견제를 통한 균형 질서를 형성하려는 움직임이 있었다. 반면 남북한관계는 경색되면서 교착상태에 이르고 오히려 미국과 중국과의 관계 강화를 위한 간접외교에 치중하는 형태를 띠고 있었다. 남북한의 간접

외교를 통한 중국과 미국과의 상호 연계정책을 살펴본다.

한편으로 중·미관계, 다른 한편으로 한반도를 둘러싼 남북한관계와 더불어 북핵문제를 중심으로 북·미 간 직접대화가 새로운 동북아질서를 형성하는 주요 변수로 등장한다. 동북아에서의 새로운 흐름을 조명하기 위한 분석틀을 재구성해볼 수 있다.

(1) 중국과 남북한관계

동구 및 소련의 몰락과 함께 중국은 탈냉전기에 사회주의 종주국으로서의 역할을 담당하게 되었다. 중국과 유일한 혈맹관계를 맺은 북한은 한·중수교를 고비로 중대한 전환점을 맞았다. 군사적 측면에서 중국은 '긴장유발가능세력'인 북한을 '현상유지세력'으로 끌어안으려는 구도로 대한반도정책을 추구하고 있었다. 중국이 북한 체제유지와 체제변화에 가장 큰 영향력을 미칠 수 있을 것으로 인식되었다.

중국은 경제건설을 통한 현대화라는 목표 달성을 위해 국내정세 및 대외환경 안정의 필요성에 따라 주변국과 '선린우호관계' 강화를 우선적으로 추구해 왔다. 이념과 체제상의 상이성보다 공통이익 존재 여부가 대외관계의 초점이 되고 있었다. 따라서, 중국은 자주독립외교 원칙에 입각해서 북한의 반대에도 불구하고 남북한과 동시에 수교를 맺게 되었다.

중국은 '전방위적 평화외교'의 일환으로 북·미대화를 통한 관계 개선을 권장하면서 북한이 '현상유지세력'으로 남기를 기대했다. 그러나 북한이 중국의 영향권에서 벗어나는 것을 경계했다. 중국은 러시아와의 정상회담을 통해 중·러 변경문제가 포함된 안보협력 약속으로 관계 안정화를 도모하고 있었다. 또한, 중·일 간의 정치·경제 협력강화를 모색하면서, 과거 갈등관계에 있던 인도 및 베트남 등과의 국교정상화도 추구했다.

티엔안먼 사태 이후 중국은 유럽 국가들과 미국의 제재정책에 실망해서 아시아 중심외교에 역점을 두게 되었다. 이러한 중국의 외교활동은 주변국과의 선린관계 강화를 통해 자국의 경제 건설을 목표로 안정적이고 평화로운 대외환경을 조성하기 위한 노력의 일환이다.

중국은 탈진영, 탈이데올로기를 통한 실리추구 정책을 바탕으로 자주독립외교를 주장해왔다. 중국이 한반도에서 남북한과의 관계를 개선하고 현상유지를 꾀하고자 하는 의도도 같은 맥락에서 이해할 수 있다. 중국은 북한과는 정치·안보적 측면에서, 남한과는 경제적 측면에서 밀접한 관계를 맺고 한반도에서의 영향력을 유지·확대해 오고 있다.

(2) 미국과 남북한관계

북한 핵이 국제적 사안이 되면서 북한은 미국과의 직접 협상을 통해서만 핵문제를 논의하겠다고 주장했다. 미국은 유엔을 통한 대북한 압박보다는 북한과의 직접대화를 통해 문제를 해결하겠다는 입장으로 전환했다. 이에 따라 남북한 간의 비핵화공동선언 및 핵통제공동위원회는 유명무실해졌다.

북한이 미국과 직접 접촉해서 북·미관계가 개선됨에 따라, 한반도에서 미국에 의한 분단관리질서의 형태가 정착되기 시작했다. 미국주도의 한반도 질서, 나아가 동북아 질서가 형성되는 조짐이 나타났다. 한국은 북한과 관련된 주요 사안에 대해서 한·미 공조를 기본 정책기조로 삼으면서도, 미국의 대북한 정책에 대해서 일정한 견제를 하게 되었다. 남한을 통해서만 북한을 인식하던 미국과는 확고한 한·미 공조체제가 가능했으나, 북한과 직접대화를 하면서 오히려 한국의 요구를 중재하는 입장이 된 미국과는 대북한 정책을 둘러싸고 미묘한 갈등이 표출되기도 했다.

　이러한 상황에서 북·미 대화는 평화협정체결문제와 연계하지 않아도 기능해졌다. 북한은 북·미 간의 연락사무소 설치문제를 비롯한 미군 유해송환문제, 미사일 수출 지속 여부 등에 대한 협상을 통해서 경제제재 완화조치를 획득한다는 전략을 세우고 있었다. 미국과 직접 대화로 북한은 한반도에서의 입지 강화를 꾀하고 일본과의 협상에서도 유리한 고지를 점하려는 노력을 기울여 왔다. 북한이 미국, 일본과 교차승인을 통해서 동북아에서 균형을 이룰 수 있다면 한반도 평화체제 구축에 기여할 수 있을 것이다.

북·미제네바합의

　한반도 정세가 급박하게 돌아가면서 위기 상황으로 치닫게 되자 북한과 미국은 협상테이블에 마주 앉아 합의를 이끌어냈다. 1994년 10월 북·미제네바합의는 과거 핵 활동을 해체하지 않고 핵개발이 이뤄진 현재 상태로 동결하기로 했다. 이에 따라 미래에도 북한에서 더 이상 핵물질이 생산되지 않아야 하므로 북한은 국제원자력기구(IAEA) 사찰을 받게 되었다. 한반도에너지개발기구(KEDO)를 설립해서 북한이 핵시설을 동결한다면 2003년까지 100만Kw급 경수로 2기를 제공하고 완공 전까지 대체에너지로 중유를 제공하기로 북·미 간 합의를 했다.

　북·미제네바합의 과정에 북핵문제해결이라는 대의와 미국의 압력으로 한국은 경수로 건설비를 부담하면서도 대북한 영향력은 행사하지 못하는 상황이 발생했다. 사업비용 문제에 대한 협상의 결과로서 KEDO이사회는 1998년 11월 한국이 총공사비 46억 달러의 70%, 일본은 22%를 각각 부담하고, 미국이 중유공급과 나머지

부족분 조달에 지도적 역할을 수행하기로 비용분담 결의안에 합의했다.

미국이 1991년 북한에 대한 경제제재가 핵개발을 무력화시킬 수단으로 적합하지 않다고 판단해서 결과적으로 1994년 북미제네바합의가 이뤄졌다는 분석이 나왔다. 대북한 경제제재가 충격을 줄 수 있지만 오히려 북한 핵개발을 정당화하고 가속화시킬 수 있다고 우려했다.

1991년 12월 미국 국가정보위원회(NIC) 보고서에 따르면, "미 정보 당국이 1990년대 초반 이미 조선(북한)에 대해 경제제재가 이뤄져도 핵개발을 포기하지 않을 것"으로 결론지었다. 북한은 약속에 따라 미국이 제공하는 중유를 받고 핵동결을 선언했는데 미국이 북한을 불신해서 약속을 지키지 않았다고 지적했다.

이는 양측이 합의한 '북·미평화협정', '한·미연합훈련 영구적 중단', '북한에 대한 핵무기사용(핵우산) 중단 선언' 등이 이행되지 않았고 약속을 위반했다는 것이다. 따라서 북·미제네바합의가 궁극적으로 비핵화로 연결되지 못한 원인을 제공했고, 북한은 미국의 합의 위반을 빌미로 공개적인 핵무기 개발에 나서게 되었다는 분석이었다. NIC 보고서는 1994년 합의를 파기한 것이야말로 미국측의 실책이라는 자성을 담고 있었다.

1994년부터 2003년까지 이행하기로 한 북·미제네바합의를 북한은 그대로 이행하고 영변 핵시설도 봉인을 한 상태로 국제원자력기구(IAEA) 사찰단 입회 아래 감시도 받아왔었다. 하지만 미국이 합의이행 완료를 앞두고 2002년 당선된 부시 대통령이 북한을 '악의 축(Exis of Evil)'으로 지칭하며 불량배국가로서 상대하지 않았다. 2002년 10월 북한의 고농축우라늄(HEU) 프로그램이 알려지자 2003년 1월 북한은 NPT 탈퇴를 선언하고 IAEA 사찰단을 영변에서 내보냈다. 북한 핵개발이 공개적으로 알려지면서 2006년 10월 첫 번째 핵실험을 하기에 이르렀다.

KEDO는 이미 선적한 11월분 중유만 북한에 보내고 2002년 12월 이후에 중단하기로 결정했다. 북한의 연간 가용전력 생산능력은 200만Kw(남한은 4200만Kw)로 석탄과 중유로 화력발전소를 가동하면서 소모되는 총 중유량이 약 100만t 정도였다. 이를 감안하면 지난 8년 동안 미국이 1년에 50만t을 공급한 분량은 매년 총 소비량의 거의 50%에 이르렀다. 이 물량이 중단된다면 극심한 에너지난을 겪고 있는 북한 경제활동에 직접적인 악영향을 미칠 수 있었다.

한·미 양국은 핵문제의 근원적 해결을 위해서 북한 핵활동에 대한 과거, 현재, 미래의 핵 투명성 확보가 필수적이라고 판단했다. 미국은 KEDO의 활동과 관련해서 북한이 IAEA 핵사찰을 받아들이지 않으면 경수로 지원을 할 수 없다는 입장을 견지했다. 이에 북한은 북·미 간의 최대관심사는 핵사찰문제가 아니라 북·미기본합의문 유지라고 주장했다. 합의문 핵심사항은 '북한 핵동결' 대 '미국 경수로 제공'이었다. 이는 미국 측의 경수로 제공 지연으로 인한 북한의 전력손실 보상 문제를 우선적으로 논의해야 하며 핵사찰 문제는 경수로 건설이 진척됨에 따라 자연히 해결된다고 피력했다.

미국은 제네바합의를 위반한 북한이 명시적으로 조건 없이 HEU를 포기하라고 요구했다. 북한은 핵사찰에 대한 입장을 바꾸지 않았다. 미국이 이라크와의 전쟁을 준비하고 있고, 일본은 북·일 수교를 원하며, 한국은 대선을 앞두고 정권교체가 이뤄지는 시점이라서 북한에 대한 섣부른 군사행동은 불가능하다고 판단할 수 있었다. 북한은 일단 시간을 끌면 협상에 유리한 환경이 조성될 수 있을 것으로 생각했을지 모른다.

북한은 유엔 대표부 대사를 통해 HEU 개발 계획을 폐기할 준비가 되어 있다는 입장을 표명했다. 북·미불가침협정이 체결되면 북한의 안보문제가 해결되므로 가장 현실적인 방안이라고 주장했다. 2002년 12월 12일, 한국 대통령선거 일주일 전 북한이 갑자기 영변 핵시설에 대한 봉인을 제거하겠다고 선언했다. 1994년 제네바합의에 따라 미국이 연간 50만톤씩 공급하던 중유가 12월부터 중단된 것에 대한 북한의 대응이었다. 북한은 미국이 제네바합의를 위반했다고 비난하면서, 미국의 북한에 대한 중유 제공은 북한이 핵 에너지 개발을 포기하는 데 대한 보상의 차원이지, 원조의 성격은 아니라고 항변했다.

그렇다면 당시 협상에 참여하고 북한과 합의한 미국 전문가들의 판단은 어떠했는지 복기해 볼 필요가 있다. 90년대 초 사회주의권이 붕괴하면서 고립무원의 처지가 된 북한에 제재와 압박을 가하게 되면 10년 이내 북한도 붕괴될 것으로 예상했다고 로버트 갈루치 제네바합의 협상대표가 회고한 적이 있었다.

미국 대표단은 향후 10년을 기한으로 합의사항을 이행하기로 기대하며 합의에 서명했다. 먼저 중유를 제공하고 경수로 원전 초기 공사까지 진행하면서도 실질적인 진전이 이뤄지지 않았던 배경을 짐작할 수 있었다. 북한에 제재를 가하면 바로 북한이 핵개발에 돌입할 우려가 있으므로 제네바합의에 서명은 했지만 실제 이행할 의지가 애초 없었다는 의구심이 있었다. 1990년대 후반 고난의 행군 시기에도 자립경제체제로 버티며 세습체제를 이어간 북한의 생존전략에 대해 제대로 이해하지 못한 측면으로 볼 수 있었다.

북한 핵문제가 본격화되자 김영삼 대통령은 "핵을 가진 자와 악수할 수 없다"며 대북강경입장으로 선회했다. 심지어 클린턴 행정부와 북한의 일괄타결 협상도 반대한다는 입장을 표명했다. 김일성 주석의 급서로 인해서 김정일 후계체제의 취약성이 부각되면서 붕괴 가능성마저 제기되는 상황이었다. 이를 기회로 한국의 외교안보팀은 대북한 정책에서 주도권을 가질 수 있다고 오판을 하고 있었던 셈이다. 그러나, 북·미제네바합의에 따른 경수로 지원 계획은 결실을 맺지 못하게 되었다. 결과적으로 한국은 재정적으로 엄청난 손실을 감내해야만 했다.

5

동상이몽(4자회담)

1996년 4월 김영삼-클린턴 대통령은 제주도에서 정상회담을 갖고 '4자회담'(남·북·미·중) 개최를 공동으로 제안했다. 한반도 평화 정착을 위해서 한국과 미국이 4자회담에서 마주앉게 된다면 중요한 의미를 지녔다. 한·미 양국이 공동으로 제안한 것에 주목했다. 북·미 관계개선으로 북한과 미국이 주도적으로 참여하는 새로운 동북아 질서 형성 과정에 한국은 미국과 공동으로 목소리를 낼 수 있는 계기가 되었다.

중국이 차지하는 한반도에서의 영향력을 고려할 때 당사국으로 포함된 중국은 4자회담 성사를 위해서 적극적인 노력을 했다. 중국의 북한 입장 지지 여부는 북한의 대미국 정책에 상당한 영향을 미칠 수 있었다. 4자회담 제의에 대하여 신중한 자세로 일관하면서 중국은 한반도 문제는 일차적으로 당사국인 남북한 간에 논의해야 한다고 밝혔다. 이러한 중국의 태도는 북·미 간 평화협정 체결을 통해 한반도 평화체제로의 전환을 모색하려는 북한의 입장과는 차이를 보였다. 따라서 중국의 4자회담 참여 문제와 관련 북·중 간에 갈등이 표출될 가능성도 배제할 수 없었다.

4자회담에 참석하지 않으려는 북한은 중국이 설득에 나선 이후에야 1997년 협상테이블에 마주 앉게 되었다. 이후 2년 동안 열린 회의에서 4개국은 한반도 평화협정 체결을 위한 협의에 집중했다. 협상을 통해서 협정에 담기게 될 내용(신뢰구축 등)에는 북한이 별로 관심을 보이지 않았다. 2년 내내 참석한 회의마다 북한은 미군을 철수하고 북·미 평화협정에 사인하자고 주장했다. 1998년 3월 제네바 4자회담 2차 본회담에서도 북한은 주한미군철수 외에는 관심이 없었다고 이 회담에 참석했던 데이비드 스트라우브(David Straub) 전 미 국무부 한국과장은 회고했다.

중국은 북한에 대한 지원을 지속함으로써 북한과 타이완 관계개선에 제동을 걸고 북·미 간 관계개선을 통한 미국의 동북아 영향력 확대를 견제하고자 했다. 중국과 북한이 우호관계를 유지해야 유리하다는 입장이었다. 중국은 미·일 '신안보선언'(1996.4.17)에 따라 21세기 잠재적 적대국으로 부상하게 된 일본을 의식해서라도 한반도에서의 교두보 확대가 필요하며 대북한 지원도 지속하고 있었다.

북·미 간 평화협정 체결을 고집한 북한은 당시 4자회담 제의에 대해서 거부, 수용, 수정제의, 수용지연 등 다양한 반응을 보일 수 있었다. 북한이 연방제 수정, 유엔 가입을 통한 '하나의 조선' 논리 포기, 반미주의 수정 등 이미 많은 정책 전환을 실행해 왔으므로 4자회담을 수용할 가능성도 있었다. 그러나, 북한은 4자회담을 형식적으로 참가하면서 실제로 미국과 직접협상을 요구했다. 북한은 각국의 이해관계가 일치하지 않는 상황에서 북한의 요구가 관철되지 않으면 4자회담을 결렬시키는 행태를 보이기도 했다.

북한은 대미관계개선을 통해서 경제지원을 확보하고 북·미간 평화협정을 체결하기 위한 노력을 기울이고 있었다. 미국의 대북한 연착륙정책에 따라 북한이 이를 받아들인다면 북·미관계는 더 진전될 것으로 전망되었다. 북·중관계는 이데올로기적 유대관계보다는 국가 대 국가의 일반적 관계로 전환되고 있었다. 북한은 경제적 지원이 필요하고 중국은 대북한 영향력을 유지하기 위해서 북·중관계는 한·중수교 직후보다 더 긴밀해졌다.

4자회담은 2년간 지속되었지만 별 성과가 없었다. 미국과 함께 이를 제안한 한국은 2+2=4 형식을 선호했다. 남과 북이 대화의 주체로서 2가 되고, 미국과 중국이 이를 지원하는 +2의 역할을 맡아서 결과적으로 4자회담이 되어야 한다는 구상이었다. 반면 북한은 4-2=2 형식을 내세웠다. 4개국이 회담을 시작하지만 -2, 한국과 중국이 빠져야 하며 궁극적으로 2, 북한과 미국 간에 직접 평화협정을 체결하자고 주장했다. '동상이몽'일 수밖에 없었다.

김영삼 정부는 남북정상회담을 열기로 한 김일성 주석 사망 후 조문외교 실패로 북한에 외면당하게 되자 미국과 중국의 중재 역할에 기대를 걸었다. 하지만 4자회담이 열렸어도 북·미 간에 직접 접촉을 원하는 북한이 남한과 중국을 배제하려는 의도를 드러냈다.

남과 북은 각각 '남한의 이해'와 '북한의 이해'를 앞세우고 향후 통일 한국을 기약하면서도 남북한이 함께 통일을 향한 '한반도의 이해'를 간과해 온 측면이 있다. 남과 북의 직접대화를 통한 관계개선은 주변국과의 관계에서 지렛대 역할을 할 수 있다.

제4장

햇볕으로 따뜻하게
(김대중 정부)

회사후소(繪事後素)
먼저 본질이 있은 연후에 꾸밈이 있다.

남북평화통일을 향한 집념으로 김대중 대통령은 '햇볕정책'으로 명명되는 대북한 포용정책을 표방하며 교류에 물꼬를 텄다. 1998년초 IMF위기 상황에서 취임한 김 대통령은 북한에 대한 투자 규모 제한을 완전히 폐지했다. 남북한이 투자제한 업종을 최소화하는 '경제협력 활성화 조치'를 택하기도 했다.

재임에 성공한 빌 클린턴 미 대통령은 중국을 '전략적 동반자'로 대접하면서 우호적 분위기가 형성되었다. 미국은 윌리엄 페리 대북 조정관을 북한에 파견해서 '페리 프로세스'로 대북 포용정책에 호응했다. 한국과 미국에 진보 민주당이 집권하면서 정책적으로 같은 방향으로 나아갈 수 있었고 긍정적인 성과를 기대하게 되었다.

2000년 3월 김 대통령은 통일이후 번영을 구가하고 있는 독일에서 '베를린 선언'으로 남북교류에 적극적인 의지를 나타냈다. 남북한 당국의 물밑 접촉을 통해 김정일 위원장은 3개월 후 김 대통령 부부를 평양으로 초청해서 최초의 남북정상회담이 성사되었다.

양측 정상들은 '6.15공동선언'에 합의하고 서명함으로써 역사적인 첫 발걸음을 내딛게 되었다. 한국은 흡수통일을 지양하며 북한 경제발전의 동반자가 되고자 했다. 이에 한국에서 대북한 정책에 대한 남남갈등이 표출되기도 했다.

김 위원장은 북한식 사회주의 체제 하에서도 과학기술육성과 정보기술IT산업을 발전시켜 '단번도약'을 이루기 위한 신사고를 내세웠다. 2002년 7월 '경제관리개선조치'를 시행했지만 북한은 자연재해와 정책실패에 따른 경제난 악화로 현실적 어려움을 벗어나기에는 역부족이었다.

1

중·미 전략적 동반자

"바보야, 경제야!"(It's economy, Stupid!)

빌 클린턴(Bill Clinton) 미국 대통령이 당선되었다. 1993년 1월에 시작된 그의 첫 번째 임기 동안 경제회복에 중점을 두어 미국 경제가 활황을 이뤘다. 1989년 티엔안먼(天安門)사태 이후 중국의 인권문제를 빌미로 경제제재가 지속되고 타이완과의 관계를 중시하는 발언이 이어졌다.

클린턴 대통령은 여러 스캔들에도 불구하고 1996년 재선에 성공하면서 미국의 일국체제 전성기를 이끈 대통령으로 기억된다. 미국 대통령의 경우 일단 재선되면 다음 선거를 의식하지 않고 소신껏 정책추진을 하면서도 역사적 평가에 더 신경을 쓰는 경향이 있다. 대외정책에서도 유연성을 보이며 대범한 제안을 하기도 한다.

중·미 간의 상호 현안에 대한 긴밀한 협력이 필요한 시점에 양국관계가 한반도 안보에 미치는 영향을 사려 깊게 살펴보아야 한다. 중국의 부상이 예견되는 상황에서 중·미관계의 중요성을 간파한 클린턴 대통령은 재임한 후 중국을 '전략적 동반자(strategic partner)'로 대접하면서 상호 보완적 관계로 상생하고자 했다.

클린턴 대통령 재선 이후, 미국과 중국은 관계개선을 위한 접점을 찾고자 부단히 노력했다. 그러나 타이완해협을 둘러싼 긴장이 가시지 않고 양국 간의 구조적 문제들이 얽혀 있어서 부분적인 봉합에 그칠 것이라는 전망도 있었다. 중국은 북한 핵보다 타이완 독립을 동북아 평화와 안정을 깨뜨릴 수 있는 더 큰 위협요인으로 받아들였다.

미국도 중국과의 관계개선을 위한 행보를 내디뎠다. 1997년 10월 워싱턴에서 개최된 양국 정상회담은 클린턴 대통령이 장쩌민(江澤民) 주석에게 직접 전화를 걸어 성사시킨 성과였다. 여전히 타이완해협 문제가 중·미 간에 풀어야 할 가장 큰 걸림돌이었다. 중국은 클린턴 대통령에게 3불(不)정책 ①'하나의 중국', ②타이완독립 불인정, ③타이완의 국제기구 가입 불인정을 확인했다. 타이완의 양국론을 용납하지 않겠다는 입장이었다. 장 주석은 타이완해협 문제에 외세개입을 경고하고 중국이 무력사용을 포기하지 않는다고 천명했다. 미국은 일단 이를 포용하지만 중국의 무력행사는 용인할 수 없다고 밝혔다. 미국은 중·러 밀착을 사전에 봉쇄하고 WTO 협상에서 중국의 관세인하와 시장개방 계획을 확실하게 보장받겠다는 속셈을 내보였다.

중국과 미국은 상호 견제하면서도 클린턴 대통령이 제안한 '전략적 동반자'로서 호혜적인 분위기 속에서 다양한 화해의 조치들을 시행했다. 미국은 전 세계에서 가장 많은 인구가 살고 있는 중국이라는 거대한 잠재적 시장을 놓치고 싶지 않았다. '하나의 중국'을 상호 견지한다는 원칙이 지켜진다면 중국도 자본과 기술을 받아들이고 엄청난 무역흑자를 기록하는 미국과의 관계가 가장 중요했다.

클린턴 대통령은 중국이 WTO에 가입하면 미국 제품을 더 많이 수입하고, 중국 인민들이 자본주의를 알게 되면 중국도 미국처럼 변화할 것으로 믿었다. 이로써 중국이 2001년 WTO의 회원이 될 수 있는 기반이 만들어졌고 세계경제대국이 될 수 있는 전환점이 되었다. 중국은 세계 공장 역할을 하면서 엄청난 인구를 활용해서 전 세계의 자본을 블랙홀처럼 흡수할 수 있게 되었다. WTO에 가입해서 개발도상국의 지위가 되면 선진국과 무역할 때 많은 관세 인하 혜택을 받을 수 있게 될 것으로 간주했다.

2

페리 프로세스

1998년 8월 북한이 대포동 미사일을 발사하고 금창리 지하 시설에 대한 의혹이 퍼지고 있었다. 이에 북·미 간 갈등이 고조되면서 11월 클린턴 대통령이 공화당이 지배하는 미국 의회가 바라는 윌리엄 페리(William R. Perry)를 대북정책조정관에 임명했다. 그는 미국방부 장관 시절인 1994년 봄 제1차 북한 핵위기가 터지자 전면전을 감수하더라도 영변 핵시설을 공격하자고 주장했다. 처음부터 페리는 대북한 포용 정책을 지지하지 않는 강경론자인데 미국의 대북한정책을 총괄하게 되었다. 김대중 정부로서는 곤혹스러워서 여간 고심하지 않을 수 없었다.

당시 임동원 청와대 외교안보수석은 '한반도 냉전구조해체를 위한 포괄적 접근전략'을 김 대통령에게 보고했다. 이 전략의 핵심은, "북한의 핵 미사일 개발의 동기는 한반도 냉전 구조에 기인한다. 한반도 냉전 구조를 해체하려면 남과 북이 화해해야 하며 미국 일본이 북한과 적대관계를 해소하고 관계 정상화를 이뤄야 한다. 미국이 북한을 적대시하고 북한이 위협을 느끼는 한 북한은 대량파괴무기 개발의 유혹에서 헤어나기 어렵다."는 내용을 포함했다. 김 대통령은 임동원이 자신과 생각이 일치되어 마치 자신의 속으로 들어온 것 같았다는 느낌을 회고한 적이 있었다.

한달 후 12월 7일 페리가 청와대를 방문했다. 김 대통령이 한 시간 넘게 페리를 설득했지만 아무런 반응도 없이 그가 미국으로 돌아가자 속마음을 알 길이 없었다. 김 대통령은 임동원을 특사로 임명해서 미국으로 보냈다. 다음해 1999년 1월 페리를 만난 임 특사는 대북한 포용정책을 설명했다. 이후 페리는 자신의 관점과 너무나 다른 임동원의 구상에 대해서 "어안이 벙벙하다"고 표현할 정도였다. 하지만 페리는 김대중 정부의 대북한 정책을 받아들이게 되었다.

3월 초 김대중 대통령은 페리 특별조정관의 방문을 받았다. 1시간 30분에 걸쳐 그는 '포용정책을 위한 포괄적 접근방안'으로 명명된 자신의 대북한 정책의 전반적인 구도를 내보였다. 3가지 방안을 담은 '페리 프로세스'를 설명했다. '현상유지', '체제전복', 그리고 '상호위협감소를 위한 협상'을 내세운 방안 중에 '협상'을 가장 현실적인 대안으로 제시했다. 이 구상을 통해서 포괄적 대화의 필요성을 지적하면서 북한이 주장하는 적대관계를 해소할 수 있다고 제안하기에 이르렀다. 이로써 북한 핵 미사일 위협이 감소할 수 있으며 대북 경제제재를 풀어야 한다는 내용이었다.

1999년 5월 북한을 방문하고 돌아온 페리는 10월에 보고서를 미국 의회에 제출하고 공개했다. '페리 프로세스'로 불리는 이 로드맵은 내용면에서 사실상 '임동원 프로세스'로 볼 수 있었다. 이 보고서는 북한을 있는 그대로 보자는 전제로 3단계 접근방식을 제시하고 있었다. 1단계로 북한 미사일 발사 중지 및 미국 대북 경제제재 해제, 2단계로 북한 핵과 미사일 개발 중단, 3단계로 북·미, 북·일 관계 정상화가 이뤄져서 한반도 평화체제가 구축될 수 있다고 권고했다.

남과 북의 긴장관계를 완화하고 북한을 개혁·개방으로 유도하기 위해서 남한은 대북한 포용정책을 추진했다. 김대중 정부는 나그네의 옷을 벗기는데 바람보다 햇볕이 더 유효하다는 이솝 우화의 가르침을 활용했다. 북측과 남측에서 '햇볕정책'이라는 용어에 모두 반발하기도 했다. 북은 햇볕을 개방과 동의어로 받아들여 체제 붕괴를 이끌려는 의도로 의구심을 나타냈다. 남에서는 햇볕을 북한에 '퍼주기'로 받아들여 비난받기도 했다.

햇볕정책이 마냥 따사로울 수만은 없었다. 조심스레 쌓아 올린 대북 '포용'이 난관에 부딪치기도 하고, 개선될 것만 같았던 남북한 관계가 정체되기도 했다. 6·15 정상회담 이전인 1999년 6월, 북한 경비정이 어선을 보호한다는 미명 하에 해상의 NLL을 무시하면서 이를 침범했다가 철수하기를 반복했다. 북한의 침범이 계속되자 한국 해군은 자위권 차원에서 즉각적으로 대응사격에 나서서 쌍방 간 교전이 약 14분간 진행되었다. 6월 15일 제1차 연평해전이 발발했고 북한 경비정이 침몰했다.

김대중 정부의 햇볕정책과 남북정상회담으로 북한의 무력시위는 없을 것으로 예상했다. 그러나 2002년 6월 29일, 한·일 월드컵이 막바지에 다다른 시점에 북한은 NLL을 다시 침범해서 무력 충돌이 발생했다. 남측 고속정이 침몰되고 6명의 전사자와 18명의 부상자가 발생하는 비극을 겪어야 했다. 제2차 연평해전도 햇볕정책의 실효성을 의심케 하는 사건이었다.

햇볕정책에 대한 평가는 엇갈리지만, 분단 이후 50여년 대부분의 세월을 적대적 대립관계로 일관했던 상황에서 벗어나 처음으로 체계적인 남북교류가 지속되었다. 김대중 정부에서 포용정책이 일관되게 추진될 수 있었는데 외교안보부처를 섭렵한 임동원 통일부장관의 컨트롤 타워 역할이 주목을 받았다. 김정일 위원장과의 귀엣말로 주목받으며 신임을 얻었다. 북한과의 주된 교류협력 사업으로는 남북한 비료협상을 비롯해서 1998년 현대그룹 정주영 명예회장의 두 차례에 걸친 1001마리 소떼와 북한방문, 금강산 관광개발사업, 2000년 개성공단조성 합의를 대표적 성과물로 내세웠다. 육로와 해상을 통해서 금강산 관광객이 비약적으로 증가하면서 이를 남북한관계 개선의 척도로 삼았다. 이 사업은 일반 민간인을 대상으로 한 남북문화교류로서 의의가 있었다. 개성공단은 남측 자본과 기술, 북측 토지와 인력을 동원해서 남북교류협력의 새로운 장을 마련한 진일보한 협력방식이었다.

김대중 정부는 포용정책을 실현시키기 위해서 미국에 이를 제안하고 한·미동맹의 중요성을 강조하면서 미국과 보조를 맞추어 대북한정책을 추진하고자 했다. 페리 조정관의 방북에 대한 답방을 기대하며 북한 고위관료가 1999년 가을경에 워싱턴을 방문해서 북·미관계개선에 대해 논의할 것으로 예상하고 있었다. '페리 프로세스'는 미 행정부와 의회를 비롯해서 평양에도 전달돼서 북측의 긍정적 반응을 기다리고 있었다. 김대중 정부와 클린턴 정부의 진보성향이 서로 호응하면서 '페리 프로세스'가 권고되었고 북한에 대한 포용정책으로 남북한 화해무드를 이끌었다.

3

베를린 선언

2000년 3월 9일 김대중 대통령은 '베를린 선언'에 획기적인 내용을 담아 세계적으로 주목을 끌었다. 베를린자유대학이 제정한 '자유상' 수상 소감 연설에서 한반도 평화정착과 남북통일을 위한 제안을 했다. 민간 경협차원에 머무른 남북협력의 범위를 정부 차원으로 확대한 4개항을 발표했다. 남북한 간의 화해 및 협력을 본격화하고, 이산가족상봉, 남북기본합의서 이행을 위한 당국자 간 대화 등으로 세부적인 내용은 아래와 같다.

첫째, 본격적인 남북경협 실현을 위해서 도로, 항만, 철도, 전력, 통신 등 사회간접자본을 확충해야 하며, 당국 간 '투자보장협정'과 '이중과세방지협정' 등을 마련해야 한다. 북한 식량난 해결을 위한 비료, 농기구 개량, 관개시설개선 등의 근본적인 농업구조 개혁이 필요하다. 정부는 북한 당국의 요청이 있다면 이를 적극적으로 검토할 준비가 되어 있다.

둘째, 당면 목표는 통일보다 냉전종식과 평화정착이다. 남측 정부는 화해와 협력의 정신으로 힘이 닿는 대로 북측을 도와주고자 한다. 북측은 남측의 참뜻을 의심하지 말고 남측의 제안에 적극 호응하기 바란다.

셋째, 북측은 인도적 차원의 이산가족 문제해결에 적극적으로 응해야 한다.

넷째, 이 모든 문제를 효과적으로 해결하기 위해 남북한 당국 간의 대화가 필요하다. 북한은 2년 전 제안한 '특사교환' 제의를 수락할 것을 촉구한다.

김 대통령은 이미 1998년 취임사에서 남북기본합의서의 이행을 위해서 특사교환을 제의했는데 이를 북한이 수락하라는 것이다. 지구상에서 유일한 냉전 상태로 남아있는 한반도에서 냉전질서 종식과 더불어 남북한이 화해와 협력을 통한 공동번영을 추구하자는 내용이다. 당장 통일을 추구하기보다는 남북한이 상호 위협을 감소시키고 화해 협력을 바탕으로 평화공존을 달성하고자 한다. 상호이익이 되고 도움이 되는 상생관계로 남북한관계를 전환시키자고 한 것이다.

전쟁이 아닌 평화, 대결이 아닌 협력, 불신이 아닌 화해를 추구해서 상호안전을 보장하자는 '대북포용정책'의 기본입장이 반영되었다. 이 선언은 3개월 후 역사적인 첫번째 남북정상회담과 6·15 공동선언의 밑거름이 되었다.

4

6·15 공동선언

김대중 정부는 박재규 통일부 장관 주도로 남북정상회담 추진을 위한 행보를 서둘렀다. 베를린 선언 이후 3개월도 채 안 되는 기간 동안 남북한관계는 빠르게 호전되어 남북정상회담과 6·15 공동선언까지 이뤄냈다. 역사상 전례가 없는 우호적인 대북한 정책을 함축한 베를린 선언으로 남북교류를 위한 북한과의 만남에 물꼬가 트이는 계기가 되었다.

6·15 공동선언서에 서명한 김대중 대통령과 김정일 국방위원장은 한반도 통일을 위한 새 역사의 장을 열고 있었다. 근본문제와 실천문제에 이르기까지 두 정상은 21세기 한반도가 나아가야 할 이정표를 마련했다는데 의미를 부여했다. 이로써 남과 북은 최고 당국자 간에 신뢰를 구축하고, 화해와 협력, 평화와 통일문제에 관해 솔직한 의견 교환으로 상호 합의에 이르고자 했다. ①민족화해와 통일문제, ②긴장 완화와 평화정착 문제, ③남북한 간 교류·협력 활성화 문제, ④이산가족문제 등 4가지 과제에 대해서 김 대통령과 김

위원장이 서명했다. 2002년 통일백서에 실린 남북공동선언의 요지는 다음과 같다.

첫째, 나라의 통일문제는 서로 힘을 합쳐 자주적으로 해결한다.

둘째, 남측 연합제 안과 북측 낮은 단계의 연방제 안이 서로 공통성이 있다고 인정해서 앞으로 이 방향에서 통일을 지향한다.

셋째, 8·15에 즈음하여 흩어진 가족, 친척 방문단을 교환하며 비전향장기수 문제를 해결하는 등 인도적 문제를 조속히 해결한다.

넷째, 경제협력을 통해 민족경제를 균형적으로 발전시키며 사회, 문화, 체육, 보건, 환경 등 제반 분야의 협력과 교류를 활성화한다.

다섯째, 이와 같은 합의사항을 조속히 실천에 옮기기 위해 빠른 시일 안에 당국사이의 대화를 개최한다.

한반도가 처한 역사적 특수성과 지정학적 위치는 주변국과의 조화로운 관계 속에 남북한이 자주적 입장을 취하기가 얼마나 어려운가를 실감나게 한다.

5개 항목 중에서 제1항 한반도 문제의 자주적 해결은 양측의 첨예한 이해관계에 따라 서로 다르게 해석할 수 있는 여지를 남겨 놓았다.

첫째, 7·4 공동성명에 이어 남북기본합의서에서도 재확인한 만큼, 남북대화의 기본정신을 승계한다는 의미로 한반도 문제의 자주적 해결에 합의했다. '자주' 정신에 대해 남측은 당사자 해결원칙으로, 북측은 '반외세자주'를 주장했다. 상호 간 해석의 차이는 대화 단절의 불씨를 안고 있었다. 양측의 합의에 따라 상호 불신이 완전히 걷히고 같은 의미를 지닌 용어로 '자주'를 공유하게 되었는지 의문이었다. 김 대통령이 파격적인 김 위원장의 제스처 뒤에 가려진

냉철한 계산을 제대로 읽어서 '반외세자주'를 포기하는 단서를 포착했는지 관심이 모아졌다. 그렇지 않다면 북측의 근본적인 정책전환이 이루어졌다고 판단하기 어렵다.

둘째, 남북한 간의 통일을 위한 자주적 문제 해결의지에 따라 주변 주요국들이 동북아정책을 재검토할 수 있다는 사실을 직시해야 한다. 남북한의 자주적 의지에 따라 평화체제가 구축된다면 오히려 주변 국가들이 국방정책 수립 시에 딜레마에 빠질 수 있다. 미국은 불량배국가(rogue state)로 규정한 북한 등의 탄도탄 미사일을 격추하기 위해서 국가미사일방위(National Missile Defense, NMD) 체제 개발의 정당성 확보가 어려울 수 있다. 일본은 남북한 간의 긴장완화가 이루어진다면 과연 중국 미사일 위협에 대처한다는 명분만으로 자체방위력 증강이 필요한지 검토해야 한다. 중국은 일본 국방력 강화라는 원하지 않는 결과를 감수하면서까지 미군 철수주장에 동참할 것인지 고심해야 한다.

셋째, 남북한 간에 자주적 관계개선은 주변국들과 윈-윈할 수 있는 방향으로 추진되어야 시너지 효과를 낼 수 있다. 중국은 만주지방을 포함한 동북3성을 중심으로 남북한과의 환황해경제권을 활성화해서 자국의 경제적 이익을 도모할 수 있다. 또한 일본은 비교적 낙후된 관서지방을 중심으로 남북한과의 환동해경제권을 활성화해서 경제적 목적을 이룰 수 있다. 러시아는 남북한을 잇는 철도가 시베리아를 관통한다면 물류비용절감 효과를 동시에 누릴 수 있다.

남측과 북측은 남북한 문제의 자주적 해결이 주변 국가에 대해 지렛대로 작용할 수 있다는 인식을 공유해야 한다. 한반도 문제의 자주적 해결의지를 천명함으로써 주변국들의 안보전략 변화를 가져올 수 있다. 주변국들과도 경제적 이익을 함께 향유할 수 있어야 한다. 이와 같은 근본적인 주변정세 변화는 외세를 배척하는 '반외세자주'로 이루어지는 것이 아니라는 사실을 북측은 깨달아야 한다. 오히려 외세를 적절히 활용하는 자주적 자세를 견지하면서 주변국과의 공존공영을 누릴 수 있다는 실사구시가 필요하다.

한반도 문제의 자주적 해결을 언급한다면 가장 먼저 떠올리게 되는 것은 역시 주한미군이다. 미국의 NMD 전략과 함께 북측의 위협에 대처한다는 명분을 앞세우고 있지만 한반도에서 평화체제가 보장된다면 외국 군대 주둔은 그 정당성을 상실할 수 있다. 남북정상회담 이후 주한미군의 지위를 평화유지군으로 변경해야 한다거나 NMD 전략을 수정해야 한다는 주장들이 제기되고 있다.

한반도에서 남북한이 공영하려면 평화체제 구축을 통한 안정이 절실하다. 이러한 구도가 형성돼야 비로소 주변국들은 남북한과 화합하기 위해 경쟁적으로 노력하게 될 것이다. 한반도 문제의 궁극적인 해결을 위해서 평화체제에 기반을 둔 남북한의 자주적 입지가 바탕이 되어 주변국 활용을 위한 상호 윈-윈 전략이 필요하다. 이에 따라 한반도의 미래는 '用외세'의 성공 여부에 직결된다고 해도 과언이 아니라는 주장이다.

제2항에서 '낮은 단계의 연방제'와 '남북연합제' 유사성에 합의했다. "남과 북은 나라의 통일을 위한 남측의 연합제 안과 북측의 낮은 단계의 연방제 안이 서로 공통성이 있다고 인정하고 앞으로 이 방향에서 통일을 지향해 나가기로 하였다"고 명기하고 있다. 이처럼 양측 통일방안의 공통성에 대해서 『통일백서 2002』에 다음과 같이 열거하고 있다.

첫째, 두 방안은 통일의 형태가 아니라 통일 준비과정 단계를 일컫는다. 통일과 통합을 준비해 나가는 과정에서 접근 방법을 의미한다.

둘째, 두 방안은 공통적으로 2체제 2정부를 유지하고 두 정부 간에 필요한 협력 체제를 인정한다. 남북한 정부가 정치·군사·외교권을 각각 보유하고 상호 협력기구를 운영한다는 공통점을 명시했다.

셋째, 우선적으로 정치, 군사, 경제, 사회 등 각 분야에 걸쳐서 대화와 교류협력을 통해서 통일기반을 확대하는 방안이다. 학술적으로 '기능주의적 접근'으로 볼 수 있다.

제2항은 남북정상회담 합의사항 중에 가장 많은 논란을 불러일으켰다. 북한이 주장하는 연방제(federation)와 남한의 연합제(confederation)에 대한 차이점을 명확하게 이해해야 한다. 미국은 50개 주(state)로 이뤄진 연방제를 채택하는 국가다. 각 주마다 독립성이 있고 자주적인 의사결정을 할 수 있다. 각 주를 대표하는 선거인단이 대통령 1인을 선출해서 통합된 국방 및 외교권을 행사한다. 남북한이 선거를 통해서 1인의 최고지도자를 뽑는다면 남과 북, 어느 한쪽은 이를 포기해야 연방으로서 존재할 수 있다.

연합제는 영국 여왕을 중심으로 이를 인정하는 캐나다, 호주, 뉴질랜드 등의 국가들과 비교할 수 있다. 각국은 총리를 중심으로 국방 및 외교를 독립적으로 행사하지만 상징적으로 영국 여왕이 최고 수반이다. 남한과 북한이 상당히 오랜 기간 동안 각각 최고 지도자를 중심으로 자주적인 정책결정을 하는 독립정부를 보존할 수 있다. 양측은 동질성을 회복해서 하나의 공동체를 지향해 나아갈 수 있다. 상호 연합제를 유지하는 것이 하나의 국가로 통합되는 연방제보다 상호 반목을 감소시키는 방안이 될 수 있다.

북한은 '반외세자주'를 강조하면서 미군철수를 주장한다. 북한식 고려연방제를 관철하기 위해서 적화통일을 목표로 한다고 의구심을 받기도 한다. 아직도 남과 북은 상호 불신에 사로잡혀 통일을 향한 접근방식에 대한 논의는 엄두도 내지 못하고 있다. 그 외에 이산가족상봉, 남북경제협력과 이를 실천하기 위한 당국 간의 대화는 빠른 진척으로 실현되었다.

6·15 공동선언 마지막에 명기된 '적절한 시기'에 김정일 위원장이 답방을 약속한 문구도 모호했다. 한국 방문 시에 경호문제를 비롯한 신변안전에 대한 보장이 확실하지 않다는 우려가 있었다. 그는 한국에 올 계획이 아예 없는 듯 보였다.

김대중 정부의 햇볕정책으로 2000년 최초의 남북정상회담에 이어서 9월 매들린 올브라이트(Madeleine Albright) 미 국무장관이 평양을 방문했다. 이에 대한 답방으로 10월에는 김정일 국방위원장의 특사로 조명록 국방위원회 부위원장이 정복 차림으로 워싱턴 백악관에서 미 대통령을 만나는 등, 북·미관계가 급격히 개선되고 있었다.

클린턴 대통령도 북한을 방문해서 김 위원장을 만날 용의가 있었지만 후임으로 공화당 진영의 부시 후보가 당선되면서 그의 행보에 제동이 걸려 성사되지 못했다. 만약 당시 북·미정상회담이 이뤄졌다면 수교교섭이 진행될 수도 있었다. 그러나 공화당 부시 행정부는 클린턴 행정부에서 추진했던 북·미 간의 약속을 모두 백지화해서 상호 관계개선은 물거품이 되고 말았다.

5

신사고(단번도약)

2001년을 맞이하면서 북한은 신사고의 필요성을 새롭게 주장했다. 그동안 고수해 온 체제유지전략의 오류를 부분적으로 인정한 것이다. 북한이 중국이나 러시아처럼 사회주의체제의 근간을 수정하는 체제개혁의 방식을 도입한다고 볼 수는 없었다. 오히려 북한식 사회주의 체제를 고수하면서도 북한 경제정책방향의 핵심은 과학 기술을 육성하고 정보기술IT산업을 발전시켜서 '단번도약'을 하겠다는 변화를 의미했다.

김 위원장을 중심으로 신사고를 내세우며 김정일 우상화에 활용하고 있었다. 북한은 정보기술산업을 주력산업으로 특화함으로써 북한경제를 회생시켜 선진국으로 올라서고 경제적으로 강성대국을 건설하겠다는 목표를 내세웠다. 김 위원장은 이러한 마스터플랜을 고안하고 실천하는 지도자로 부각되었다.

신사고의 핵심 내용은 4가지로 나눠 볼 수 있다.

첫째, 경제회생정책을 중시한다. 2000년 김 위원장의 경제부문 현지지도 횟수가 1998년 이래 처음으로 군사부문을 앞섰다. 2000년에는 총 71회 현지지도 중 26회 경제부문 현지지도를 수행했다.

둘째, 첨단산업을 주력산업으로 육성해서 단번에 도약하고자 한다. 북한은 과거와 상이할 뿐만 아니라 다른 사회주의 국가 개혁·개방과도 다른 '우리식'이라고 강조했다. 2001년 1월 《노동신문》에 따르면 '우리식'의 의미를 '단번도약'이라고 해석하며 스스로를 정치강국, 군사강국이라 칭하고 이 전략이 향후 희망의 길로 인도해 주리라고 굳게 믿었다.

셋째, 정보기술산업에 주력하라고 요구한다. 북한이 단번도약할 것이라고 굳게 믿었던 근거는 정보기술을 통해서 선진국을 추격할 수 있다는 자신감 때문이었다. 2000년 5월 김 위원장은 18년 만에 중국을 방문해서 중국의 실리콘 밸리에 해당하는 베이징 소재 중관춘(中关村)을 둘러봤다. 이후 정책 방향이 점차 구체성을 띄고 있었다.

넷째, 자본과 기술을 유치하기 위해서 대외개방을 가속화하자는 의미다. 북한의 새로운 경제발전 전략을 살펴보면 국제사회와 외국 기업과의 협력 없이는 불가능했다. 북한이 외국 자본과 기술 유치를 위해 이전과 다르게 적극적으로 개방하기를 원했다.

(1) 경제관리개선조치

김대중 정부의 햇볕정책은 북한체제의 개혁·개방을 이끌겠다는 의미를 담고 있었다. 하지만 북한에 대한 체제개방 요구는 체제붕괴를 바라는 의도로 받아들여져서 부정적이었다. 북한은 중국이 사용하는 개혁·개방이라는 용어로 표현하지 않았다. 나름대로 북한 경제의 특색을 반영한 '경제관리개선조치'를 공식 용어로 사용해서 시행한 것으로 알려졌지만 정식으로 공표되지 않았다.

중국은 개혁·개방 초창기에 농촌을 대상으로 경작능률 향상을 위한 동기부여를 위해서 농가책임제를 실시하여 괄목할만한 성공을 거뒀다. 대지는 정직해서 뿌린 만큼 거둬들일 수 있다. 열심히 경작하면 일정한 세수를 납입하고 나머지는 개인이 소유할 수 있었다. 개인 소유권을 인정하게 되자 노동에 대한 동기부여로 농산물 생산량이 빠르게 늘어났다.

북한도 '텃밭'을 통해서 일부 개인 소유를 인정하면서 경작효율성을 높이는 조치를 취했다. 그러나 산비탈까지 모두 경작지로 만들어서 비가 오면 쓸려버리거나 나무가 없어서 홍수가 나는 구조가 되어 버렸다. 북한이 만성적인 식량부족에 시달리고 있는데 산지형인 특성도 있지만 텃밭을 무리하게 조성해서 경작할 수 없게 된 원인도 있었다.

2001년 1월 중순 상하이를 방문한 김정일 위원장은 '천지개벽'이라며 놀라움을 금치 못했다. 대규모 북한 경제사절단과 둘러본 푸동경제특구(浦东经济特区)는 그야말로 신천지를 이루고 있었다. 인민들의 얼굴에 활기가 넘쳐나고 하루가 다르게 고층빌딩이 즐비하게 늘어서는 발전상에 김 위원장은 몹시도 부럽고 감회가 남달랐을 것이다.

김일성-김정일 부자가 중국을 방문해서 경험하고 온 중국식 개혁·개방의 달콤한 결실을 몰랐을 리 없었다. 두 눈으로 직접 확인하면서 북한의 경제발전을 위한 구상에 몰두했을 것이다. 그러나, 김 위원장의 진정한 관심은 북한에서 개혁·개방을 일정한 구역에 제한하고 그 효과가 다른 지역에 미치지 못하도록 파급효과를 최소화하는 방안이었다.

북한은 2002년 7월 1일 '경제개선관리조치'를 발효하고 나름대로 변화를 시도했다. 북한 당국은 경제관리의 개선 명목으로 다섯 가지 사항을 중심으로 경제정책 변화를 시도했다. 물자·임금·환율 등 가격 현실화와 함께 배급제 부분 수정, 국가계획 분권화와 기업 부문 자율성 확대 등이 포함된 내부 개혁적 조치를 담았다.

'경제관리개선조치'의 의도는 크게 세 가지로 볼 수 있다.

첫째, 노동에 따른 보수체계를 개선해서 이를 동원하기 위한 수단으로 변화시키고자 한다. 이러한 조치는 사회주의 사회보장제에서 임금노동제로의 변화를 가져온다.

둘째, 임금제도 개선을 통해 암시장으로 유출된 노동력을 공식 경제영역으로 복귀시키며 동시에 중앙계획경제를 복원한다.

셋째, 국가가 무료나 저렴한 가격으로 제공해온 재화와 서비스 종류를 최소화해서 국가의 재정확충에 기여한다.

2002년 7월 중순경 통일부에서 회의가 열렸다. 7월 1일부터 시작된 북한의 경제관리개선조치에 대한 내용을 입수해서 평가하는 자리였다. 중국이 십수년에 걸쳐 시행한 조치들을 북한은 경제관리개선조치로 일시에 적용하고자 서두르는 듯 보였다. 북한이 한꺼번에 너무 많은 개혁적 조치를 취하면 이에 대한 반발로 인해서 부적응 현상이 반드시 따를 것이다. 그렇기에 북한이 성공할 가능성이 오히려 희박해 보였다.

북한이 경제발전을 위해서 관리를 개선시키려는 노력을 기울였지만 경제상황은 크게 나아지지 않았다. 시장경제체제를 부분적으로 수용하면서도 국가의 가격제정권을 비롯해서 계획경제의 근간을 이루는 제도들을 그대로 두고 시장의 원리를 근본적으로 인정하지 않았다. 일련의 개선조치를 통해서 경제난을 해소하고 성장을 도모하고자 했지만 많은 현실적 제약에 맞닥뜨릴 수밖에 없었다.

가령 만성적인 물자 공급부족 상태에서 가격과 임금을 급속도로 인상한다면 엄청난 인플레이션을 유발하는 함정에 빠져 버린다. 결과적으로 북한은 근본적인 개혁과 대외개방정책을 추구하지 않고 기존의 계획경제체제를 답습하면서 단순하게 경제관리에 대한 개선조치를 시도한 셈이다. 이는 북한이 직면한 만성적 경제난과 식량부족에 따른 기근으로부터 헤어날 수 없다는 반증이다.

북한의 사정에 비추어 볼 때 남북경제협력이 절실한 상황이었다. 이를 활성화하기 위해서 남북한 간에 남북경협추진위원회와 장관급 회담 등 고위급 회담이 지속적으로 추진되었다. 평양은 경제재건을 위한 남한의 일정한 역할을 인정하고 대규모 고위급 경제시찰단을 파견하는 등 보다 적극적인 자세로 임했다.

2002년 10월 북한은 장성택 단장을 앞세워 남한의 대규모 산업단지를 시찰했다. 울산공업단지에 들어선 현대자동차, 중공업시설, 거제도 조선단지 등을 돌아보며 그들은 무슨 생각이 떠올랐을까. 북한 대표단들이 한국에서 산업시찰을 하고 떠나면서 말했다는 소문이 농담처럼 널리 알려졌다.

통일만 되면 남한의 모든 산업시설을 북한이 차지할 수 있다는 것이다. 마치 남한의 일부에서 통일만 되면 북한의 핵능력이 모두 우리(한국)의 것이 된다는 생각과 마찬가지다. 물이 반쯤 담긴 컵을 보고 누구는 반만 부으면 물이 가득 차게 된다고 보지만, 또 누구는 반을 마셔버리면 아무것도 남지 않게 될 것으로 생각한다. 똑같은 컵을 보면서도 서로 상반되는 현상을 떠올리는 것이 남과 북, 똑같이 닮았다.

(2) 김정일은 오지 않는다

평양에서 열린 남북정상회담에서 약속한 대로 김정일 국방위원장의 서울 답방을 기다리는 김대중 대통령의 호소가 헛된 노력이 되고 있었다. 2001년의 한국의 모든 대외정책이 김 위원장의 방한에 맞춰져 있었지만 6·15공동선언에 명시한 대로 '적절한 시기'가 아니기 때문에 김 위원장이 답방하지 않았다.

2001년 6월 6일 부시 대통령이 북한과의 전제조건 없는 대화를 내세워 3개 의제를 제의했다. 북·미대화 의제로 ①북한 핵 활동 동결과 관련된 1994년 제네바합의 이행 개선, ②북한 미사일 개발에 대한 검증 가능한 규제 및 수출 금지, ③재래식 군비 태세 등이다. 북한은 김 위원장의 중국·러시아 방문과 장쩌민 주석의 방북을 통해 대미협상력 강화를 위한 신동맹 삼각관계를 모색하기도 했다.

그러나, 뉴욕 세계무역센터 9·11 테러사건으로 북·미관계개선 노력이 수포로 돌아가면서 북한은 중대한 결정의 기로에 서게 됐다. 미국과 협력할 것인가, 아니면 테러국으로 남아 보복을 당할 것인가를 선택해야 했다.

북한은 테러에 반대한다는 성명을 발표하고 테러반대협약을 체결하겠다는 의지를 밝혔다. 미국은 이에 만족하지 않았다. 북한이 아프가니스탄에 있는 테러 캠프나 다른 테러 활동과 전혀 무관하다고 주장하기에는 지난날들의 행적을 감추기가 쉽지 않았다. 이미 미국이 북한의 테러 관련 정보를 파악하고 북한을 압박할 수 있는 수단을 확보하고 있다면 오히려 북한은 더욱 어려운 처지에 빠질 수 있었다. 더구나 오사마 빈 라덴을 보호하고 있는 아프가니스탄과 테러와의 전쟁을 수행 중이던 미국이 북한과 이른 시일 내에 관계개선을 시도할 가능성은 없었다.

북·미관계 진전의 기미가 전혀 보이지 않는 상황에서 남북한관계도 답보상태에 빠졌다. 햇볕정책을 통해 북한이 개혁·개방정책을 추진한다면 경제발전을 이룰 수 있고, 이를 바탕으로 평화공존의 발판을 마련하려는 한국 대통령의 노력을 과소평가할 필요는 없었다. 분단 이후 적대적 관계에 있던 북한에게 김대중 대통령은 가장 호의적인 대화 상대였다.

미국에서 전임 클린턴을 이은 부시 대통령과의 대화가 얼마나 어려운가를 절감하고 있던 경험에 비춰볼 때, 김 위원장으로서는 김 대통령 이후 다음 정권과의 대화가 더욱 힘겨울 수 있었다. 당시 한국 정치권의 분열상이나 경제사정으로 김정일 위원장을 위한 거국적인 환영분위기를 기대할 수 없었다. 그렇기에 김 위원장이 별다른 성과도 없이 답방카드를 써버린다면 오히려 다음을 기약할 수 없게 될 것이라는 계산을 할 수도 있었다.

김정일은 오지 않았다. 김 위원장이 답방하지 않더라도 장관급 회담 등을 통해 북한이 실리를 취할 수 있다면 굳이 한국 대통령의 임기 말을 적절한 시기로 선택할 필요가 없었다. 김대중 대통령도 이미 벌려 놓은 대북한 추진 업무를 마무리하고 다음 정권에 임무를 넘겼어도 김 위원장은 남북한관계를 포기하지 않았을 것이다.

제5장

평화와 번영으로
(노무현 정부)

연목구어(緣木求魚)
나무에 올라가서 물고기를 구하듯 한다.

미국 부시 행정부는 미·일 동맹을 우선시하면서 중국을 '전략적 경쟁자'로 규정했다. 북한이 '악의 축'으로 불리면서 9·11 테러사건 이후 북·미관계도 악화일로를 치닫고 있었다. 노무현 정부는 '햇볕정책'의 계승자로서 '평화번영정책'으로 북한과의 공존공영을 내세웠다. 2004년 개성공업지구는 가장 성공한 남북경제협력모델로서 본격적으로 생산가동에 들어갔다.

임기초반에 반미정서에 편승했지만 노무현 대통령은 굳건한 한·미동맹이 중심축이 되어야 한다는 현실을 이해하고 있었고, '균형자'로 자처했지만 대미관계개선을 위한 과감한 정책을 시행했다. 이라크 파병, 한·미 FTA 체결, 제주도 해군기지건설 결정 등 보수정권에서 채택될 수 있는 정책들을 추진했다. 오히려 노무현 정부는 진보진영의 격렬한 반대에 부딪혀 혼란을 겪기도 했다.

북·미제네바합의를 지키지 않고 북한이 HEU프로그램을 개발하는 증후가 드러나면서 2003년 1월 북한은 NPT 탈퇴를 선언했다. 이에 중국이 건설적 역할을 자처하며 6자회담을 통한 북한핵 해결을 모색하게 되었다. 그러나 2006년 10월 북한이 첫번째 핵실험을 하고, 미국 중간선거에서도 공화당이 다수석을 잃게 되었다. 부시 대통령은 북한핵 문제를 해결하기 위해서 중국의 역할과 영향력을 인정해서 중국을 '이해상관자'로 지칭했다.

이러한 긍정적 분위기 속에서 2007년 10월 평양에서 남북정상회담으로 '10.4 선언'을 발표했다. 남북한관계의 '대못박기'로 일컬어질 만큼 교류협력을 위한 적극적인 조치들이 포함되었다. 하지만 진보에서 보수정부로 정권교체 되어 무위로 돌아갔다.

1

중·미 전략적 경쟁자

(1) '악의 축'

부시 대통령은 백성을 굶주려 사망에 이르게 하는 집단을 경시하면서 '악의 축(Axis of Evil)' 북한 정권을 상대조차 하고 싶지 않았다. 클린턴 행정부의 모든 정책을 부정하면서 부시는 ABC (Anything but Clinton)로 일컬어질 만큼 전임자와는 반대로 갔다. 북한에 대한 유화정책을 일절 취하지 않았다.

김대중 대통령은 최초의 남북정상회담에 이은 노벨평화상 수상으로 한반도 평화구도에 기여했다는 자부심이 있었다. 진보에서 보수로 정권교체를 한 부시 대통령에게 김 대통령은 남북한관계와 미국의 대한반도 정책에 영향력을 미치고 싶은 나름대로 복안을 가지고 있었다. 2001년 1월에 취임한 부시 대통령과 김 대통령은 그해 3월 가장 먼저 한·미정상회담에 임했다.

부시 대통령이 김 대통령을 "this man" 이라고 언급한 것을 두고 한국에서 논란이 되기도 했지만 오히려 내용이 문제였다. 두 정상의 한반도 평화에 대한 인식의 간극이 워낙 컸다. 결과적으로 성공적인 한·미정상회담으로 평가받을 수 없었다. 미국의 보수적 대통령과 한국의 진보적 대통령이 서로 어긋나는 대북한 정책을 조율하기가 쉽지 않았다. 햇볕정책으로 북한에 대한 포용정책을 일관되게 시행하고자 하는 김 대통령이지만 미국 최고 지도자가 교체되면서 정책 변화가 불가피해졌다.

미국의 대북한 정책에 대한 태도 변화를 유도하고 결실을 맺도록 하자면 한·미관계가 공고함을 확인하면서 상호 신뢰가 형성되어야 한다. 북한은 북·미관계 개선을 최우선 과제로 삼고 있으므로 한국이 굳건한 한·미동맹을 통해서 미국이 북한에 대해 호의를 가질 수 있게 도움이 되는 조언자가 될 수 있어야 한다. 한·미동맹과 민족공조는 대립하는 개념이 아니다. 민족공조를 위해서 확고한 한·미동맹을 활용할 수 있으며, 이는 대중국 관계에서도 지렛대가 될 수 있다는 전략적 사고가 필요하다.

(2) 9·11 테러

2001년 9월 11일 오사마 빈 라덴의 지원을 받은 알카에다 대원들이 비행기를 납치하고 미국의 심장부인 뉴욕 무역센터 쌍둥이 건물에 충돌했다. 당일 CNN을 통해서 110층 건물이 잿더미로 무너져 내리는 장면을 목격했다면 누구라도 분노를 터뜨렸을 것이다. 영화보다 더 현실감 있는 드라마라고 생각하며 눈을 의심해야 했다. 화면 속에서 이리저리 날뛰는 군상은 아수라장을 이뤘고 화재진압을 하던 소방수를 포함해서 수 천명이 희생되었으며 부상자도 헤아릴 수 없을 정도다. 지금도 그 끔찍했던 현장을 기억하기 위해 영원히

'그라운드 제로'로 남아 세상을 향해 참상을 일깨워주고 있다.

9·11 테러 사건으로 미국의 대외정책은 일대 전환기를 맞았다. 자본주의과 공산주의로 나누는 국제정치학적 구분은 별 의미가 없어졌다. 테러집단에 맞서는 반테러 캠페인에 참여 여부가 미국의 친구와 적(friend or foe)을 가르는 기준이 되었다. 중국은 즉시 알카에다의 테러를 비난하는 성명을 발표하며 반테러 캠페인에 동참했다. 1998년 핵실험으로 서방으로부터 제재를 받고 있던 파키스탄도 미국에 협조했다. 저명한 핵물리학자인 압둘 카디르 칸 박사는 고농축우라늄(Highly Enriched Uranium, HEU) 추출용 원심분리기를 북한에 제공한 사실을 미국에 알려줬다. 적에서 친구가 되는 경계를 넘는 행보였다. 파키스탄은 알카에다를 비롯한 테러집단에 대한 정보를 제공함으로써 미국의 반테러 캠페인에 동참했다.

북한은 테러요원 훈련에 참여하는 등 여러 정황이 드러났지만 반테러 캠페인을 외면했다. 소위 불량배국가로 불리는 테러국가 오명에서 북한이 벗어날 수 없었으며 북·미관계 개선은 멀어져만 갔다. 부시 대통령 출범 이후 대북한 강경 발언이 잇따르면서 북·미관계는 한 발자국도 나아갈 수 없었다. 북한 주장을 요약하면 다음과 같다.

첫째, 부시 행정부가 먼저 북한의 완전무장해제를 요구하는데 미국이야 말로 북한의 안전을 위협하므로 우선적으로 북한의 완전한 안전보장이 필요하다.

둘째, 미국은 경수로건설 지연으로 인한 피해와 중유 제공일정을 제시하지 않고 있는데 미국의 약속불이행에 따른 보상과 북·미 기본합의문을 철저히 이행할 것을 촉구한다.

셋째, 미 콜린 파월(Colin Powell) 국무장관이 북한의 미사일 문제와 재래식 군사력 감축 문제를 토의해야 하고 검증이 필요하다고 언급했는데 이는 북한에 대한 미국의 '압살정책'이며 조건이 있는 대화에는 응하지 않겠다.

넷째, 미국이 의욕적으로 추진하는 미사일방어(Missile Defence, MD)는 평화를 파괴하는 행위이며 MD체제 수립은 우주 미사일 동맹전략이다. 부시 행정부의 매파 세력들이 중국과 러시아가 정면대결로 도전해 오는 것을 피하기 위해서 북한을 불량배국가로 규정하고 MD를 추진하고 있다.

미국 세계무역센터에 대한 9·11 사태 이후 북·미 대화가 순조롭게 진행될 가능성이 더 희박해 졌다. 미국은 대테러전쟁으로 북한과 대화를 할 수 있는 여유가 없었다. 북·미관계 개선을 위한 규제를 완화하기 위한 대내적 명분이 없는 상황에서 북한과의 접촉은 사실상 중단되었다.

9·11 테러사건을 계기로 중국이 미국주도의 반테러 캠페인에 가담하면서 국제테러리즘에 대항하는 군사협력문제를 포함해서 중·미 관계개선을 위한 계기가 마련되었다. 미국은 '테러와의 전쟁'을 치르며 협조국가와 테러국가로 분류하고 협조한다면 어떤 국가와도 손을 잡을 수 있다는 입장이었다. 중국과 러시아는 미국의 대테러전쟁에 공조를 약속하고 미국과 긴밀한 관계를 유지하고자 했다. 중국은 MD계획이 반테러 대처에 별로 효과적이지 못하므로 미국이 MD에만 초점을 두지 않는다면 워싱턴과 협력할 의사가 충분히 있다고 밝혔다.

부시 대통령은 전통적 미·일 동맹을 앞세워 일본을 중시하고 고

이즈미 준이치로 총리와 친밀한 관계를 유지했다. 두 정상은 엘비스 프레슬리의 멤피스 고향에 들러 노래를 부르기도 하면서 깊은 우정을 과시했다.

고이즈미 총리는 치밀한 전략가다. 북·일관계개선은 일본의 중요한 외교적 전략카드다. 그는 직접 북한을 방문해서 김정일 위원장과 2번에 걸친 북·일정상회담에서 마주했다. 미·일동맹이 확고하다는 확신을 주고, 부시 대통령의 확실한 지지를 얻을 수 있어서 그의 방북이 가능했다. 북·미관계개선을 원하는 북한은 미국이 신뢰하는 일본과의 관계개선에 관심을 가졌다. 굳건한 미·일동맹을 바탕에 둔 미국의 신뢰는 일본의 대외정책에 중요한 지렛대가 될 수 있었다. 하지만 북한의 일본인 납치문제로 일본 내 여론이 악화되어 더 이상 진전할 수 없었다.

이와 같이 9·11 이후 중국이 반테러 캠페인에 동참하면서 중·미관계개선에도 불구하고 북·미관계나 남북한관계는 별다른 진전이 없었고 제한적으로 대화를 이어 나갔다.

6·15정상회담 이후 후속 조치가 제대로 이뤄지지 않았지만 2002년 4월 임동원 특사 방북을 계기로 남북대화의 물꼬가 트이게 되었다. 그러나 6월 29일 한·일 월드컵 행사 진행 중에 발생한 서해 교전사태로 양측의 사상자가 생기면서 상황이 급랭 되었다. 이 사건은 한국 내 격렬한 반발을 야기했고, 국제사회의 비난을 샀다. 북한이 오랫동안 기다려온 미국과의 대화는 즉각 취소되었다. 평양이 호전적인 행동을 취하지 않도록 유도하기 위해서 추진되고 있던 경제지원 지속 여부에 의문을 갖게 되었다.

남북한관계를 화해, 협력, 통일을 향한 궤도에 올려놓기 위해서 북한은 6·15공동선언문 정신을 부활시켜야 한다고 제안했다. 임동원 특사의 4월 평양 방문 시 합의한 공동합의문이 계획대로 진행되어야 한다는 주장이었다. 이에 6·15 공동선언문의 구체적인 실천방안을 협의하기 위해 제7차 장관급 회담이 서울에서 개최되었다.

김대중 정부를 계승한 노무현 정부에서 햇볕정책에 따른 대북한 송금여부에 대해 법적인 잣대를 들이대겠다는 판단에 대해 실로 북한은 실망하지 않을 수 없었다. 북한은 대북송금 관련 특검제 도입은 남북한 협력에 걸림돌이라며 남한 정부의 태도에 부정적 반응을 보였다. 한국에서 정권이양이 이뤄졌지만 대북한관계에서는 교착상태에 빠진 채 관계개선의 획기적인 기회가 마련되지 않았다.

(3) 균형자

한국의 노무현 정부는 동북아에서 '균형자' 역할을 내세웠다. 국제정치학 시각에서 정의하는 균형자는 어떠한 경우에 해당하는지 관심의 대상이다. 이론적으로 19세기 프랑스-독일 분쟁 시 영국의 역할을 '균형자(balancer)'로 규정할 수 있다. 영국이 프랑스 편을 들면 프랑스가 이기고, 독일 손을 들어주면 독일이 이기는 형국에서 영국은 국력을 바탕으로 '균형자'로 자리매김할 수 있었다.

프랑스와 독일은 이웃이다. 화해와 협력의 동반자이지만 20세기 이전까지는 숙적이었다. 당시 프랑스와 독일 양국 간 균형자 역할을 감당했던 영국의 위상을 통해 중국과 일본 사이에서 과연 한국이 동북아 지역권 내에서 균형자 역할을 감당할 수 있을 것인지 가늠해 볼 수 있다.

동북아에서 중국과 일본이 대립할 때 한국이 균형자로서의 역할을 할 수 있을까. 영국의 사례에서 볼 수 있듯이, '세력균형자' 역할을 감당하기 위해서는 동맹관계에 적극 가담해서도, 지역권 문제를 둘러싼 이해관계가 지나쳐서도 안 된다. 역외 균형자로서 미국이 대두되지만, 역시 진정한 균형자가 될 수 있을지 의문이다. 중국이 고도의 경제성장을 달성하고 군사력을 증강시킴에 따라 세계 패권국인 미국은 경제적, 안보적 측면에서 중국을 더욱 견제할 수밖에 없다. 이러한 상황에서, 미국은 오랜 기간 친밀한 관계를 유지해 온 한국과 일본의 편에 서고 결국 중국과는 대립 구도를 이루게 된다.

중국은 2002년 2월부터 '东北边疆史与现状系列研究工程 (이하 '동북공정')'을 추진하면서 고구려사에 대한 연고권을 내세웠다. 중국은 고구려가 평양으로 천도하는 시점을 기준으로 이전은 중국사, 이후는 한국사로 인정해 왔다. 하지만 '동북공정'을 통해서 고구려사는 모두 중국사라고 주장한다.

우선 남한과 북한이 함께 한마음으로 공조할 수 있는 분야를 발굴하고 쉬운 것부터 풀어나가는 것이 중요하다. 한반도 역사문제에 대한 공동연구가 이뤄져야 한다. 남북한이 긴밀한 협조로 북한에 산재해 있는 고구려 유물에 대한 공동연구가 시행되어 중국의 공세에 철저히 대비해야 한다. 북한이 먼저 2002년 유네스코에 등재하고자 신청한 고구려 유물에 대한 판정이 보류되었다. 이에 중국도 고구려 유물을 유네스코에 등재하기 위해서 신청함으로써 2004년 6월 중국의 쑤저우(苏州)에서 이에 대한 결정이 내려졌다. 제28차 세계유산위원회(World Heritage Committee, WHC) 총회에서 중국과 북한의 공동등재가 결정되었다. 중국의 고구려사 연고권이 공인되어 향후 이 문제에 대한 불씨를 그대로 안고 있는 셈이다.

역사왜곡이 주로 일본과의 문제로만 생각해 왔으나 중국의 '동북공정'은 한반도의 고대사를 전면 부인함으로써 오히려 더 위협적일 수 있다. 중국의 주장이 그대로 받아들여진다면 한반도 역사는 2000년으로 줄어들게 된다. 단군 이래 5000년 역사로 알고 있는 한반도 근간이 흔들릴 수 있다. 역사문제에 대한 남북한 협력이야 말로 민족공조의 참다운 의미다. 조속한 시일 내에 고구려사 공동 연구에 합의할 수 있어야 한다.

중국과 일본의 움직임에도 민감하게 대비해야 한다. 중·일 간에 훈풍이 불고 있었다. 후쿠다 야스오 총리 등장으로 '정치도 경제도 뜨거운(政热经热)' 시기가 양국 간에 도래했다. 중국은 최대 수입국인 일본에 대해 엄청난 무역적자를 기록하고 있었다. 경제발전을 위한 자본 설비와 기술을 일본에서 제공받아왔다. 일본은 대중국 수출 증대에 힘입어 그동안의 불황을 극복했다. 양국은 서로의 경제발전을 위해 없어서는 안 될 상대국으로 인정했다.

급변하는 동북아 정세 속에서 한국은 중국과 일본에 신뢰할 수 있는 우방이 되기 위한 전략을 세우고 차분히 대응해야 한다. 한국이 '균형자'로서의 역할을 자처하기에는 복합적 구조다. 어느 국가와의 '균형'을 취할 것인가에 대한 의구심을 갖지 않게 해야 한다.

한국은 동북아에서 '균형'잡힌 외교를 할 수 있으려면 한·미동맹과 '한·중 전략적협력동반자관계'에서 양측에 고도의 '전략적 신뢰성'이 '일관성' 있게 쌓여야 외교적 지렛대로 삼을 수 있을 것이다.(10장 참조)

강대국에 둘러싸인 한국은 '코끼리가 싸우든 사랑하든 풀이 짓밟힌다.'고 하는 외국 격언을 떠올리며 공생 방안을 마련해야 한다.

2

6자회담

경제난이 심화되고 있는 상황에서 외부세계와 거래가 차단되면 북한체제는 결정적 타격을 받을 수 있다. 중국은 북한 식량 부족분의 절반 이상과 에너지 부족분의 대부분을 공급하고 있다. 미국은 중국이 대북한 경제제재에 동참하기만 한다면 군사제재는 필요하지 않으며 반드시 평화적으로 북한핵 문제를 해결할 수 있다고 믿는다. 중국의 입장이 주목받고 있는 이유다. 대화를 강조하는 중국은 북한이 크게 반발하지 않을 방식으로 압박 수위를 조절한다.

북한이 핵을 포기하지 않을 때 치러야 할 대가는 이미 나타나고 있었다. 북한은 미사일, 마약, 위조지폐 수출 등으로 연간 10억 달러 상당의 외화벌이를 한다고 알려졌다. 2003년 6월 10일 미국은 호주, 일본과 함께 북한 선박에 대한 검색 감독을 강화하는 방안을 논의했다. 12일에는 대량살상무기 확산방지구상(Proliferation Security Initiative, PSI)의 실천 방안을 놓고 스페인 마드리드에서 10개국과 머리를 맞댔다. 미국 주도로 북한에 대한 다양한 봉쇄 가능성과 대비책이 논의되었다. 일본은 북한 선박에 대한 철저한 검색을 시작했고 만경봉호 등이 일본 입항을 포기했다. 1년에 북한 선박 1,500척가량이 일본에 입항하고 있는 상황에서 상당한 경제제재 효과를 기대할 수 있었다.

2003년 시작된 6자회담(중국, 미국, 일본, 러시아, 북한, 남한)은 북핵 문제 해결을 위한 첫걸음으로 길고도 험난한 협상 과정을 예고했다. 중국과 미국이 깊숙이 개입하고 있는 상황에서 한국측의 입장을 반영하려는 노력이 절실해 보였다. 베이징에서 개최된 회담에서 6개국이 합의에 이르기도 했지만 제대로 이행되지 않고 있었다. 한반도 운명이 또다시 남의 손에서 결정되는 일이 없도록 반드시 남북한이 함께 참여하고 주도적으로 해결해 나가야 할 것이다.

(1) 고농축우라늄

북한의 핵동결 약속은 지켜지지 않았다. 2002년 10월 북한을 방문한 제임스 켈리(James Kelly) 미 차관보는 북한 핵활동에 대해서 위성사진을 비롯한 증거물을 제시했다. 강석주 부부장이 핵 재처리를 통한 플루토늄 방식과는 별개로 HEU 핵생산을 계획하고 있다고 시인했다.

북한은 HEU를 포기하라는 압력을 받았다. 북한은 두 가지 해법 중 하나를 선택해야 한다. 하나는 대외원조를 포기하면서 핵무기 보유를 공식화하고 핵 국가 지위를 획득하는 것이다. 다른 하나는 HEU를 포기하고 미국의 인정을 받아 대외원조를 기대할 수 있는 희망을 저버리지 않는 것이다.

북한에는 첫 번째 선택이 더 매력적일 수 있다. 국제정치 현실은 우방인 러시아와 중국마저도 체제보장을 해줄 수 없을 만큼 냉혹하다. 김정일 체제유지를 위한 유일한 억지력은 핵 보유를 통한 자위력만이 가장 안전하다고 판단한다. 두 번째 선택은 전략적 시각에서 보면 별로 당기지 않는다. 체제생존의 마지막 카드인 HEU를 적절한 보상도 없이 무조건 포기하기에는 너무나 아깝다. 미국과 군사 대결을 하겠다는 자살행위를 각오해야 할지 모른다. 혹은 '핵국가'를 선언할 수 있을 때까지 끊임없이 핵실험과 미사일 발사로 도발을 하면서도 이를 바라보는 세계의 눈을 속이고 감추면서 소위 '파키스탄모델'이라고 할 수 있는 '사실상 핵국가(de facto nuclear state)'의 길을 가는 것이다.

북한 내부 경제 상황은 이미 2002년 7·1 경제관리개선조치에 따른 가격개혁으로 물가상승과 물자부족의 악순환이 나타날 조짐을 보였다. 농산물과 일상용품 등 원자재가 절대적으로 부족한 상황을 감안하면 외자유치를 통한 경제 활성화가 시급하다. 이를 위한 국제금융기관으로부터의 자본 유입은 미국의 승인 없이는 이뤄질 수 없다. 남북한 경협도 남한 내부의 여론악화로 적극적으로 추진되기 어렵다. 일본이 식민지 보상을 하지 않으면 미사일 발사실험을 하겠다는 발상은 그만큼 북한에 외부자금이 절실하기 때문이다.

중국은 북한에 대한 일방적 요구를 하지 말라는 입장을 견지한다. 중국은 러시아가 북한에 대한 영향력을 상실한 것은 러시아의 대북한 정책이 한국의 정책과 별반 다르지 않기 때문이라고 지적한다. 중국으로서는 한국의 입장 뿐만 아니라 북한의 입장도 감안하지 않을 수 없으며, 남북한 양측에 대한 협상력이 있어야 한반도에서 영향력을 행사할 수 있다고 주장한다.

6자회담이 성립되는 과정에 중국의 능동적 역할이 모색되는 시기를 살펴보면 일정한 패턴을 보였다.

첫째, 대화의 장이 깨어지고 한반도 위기가 예상되면 적극적으로 개입한다.

둘째, 일단 대화를 위한 환경이 조성되고 상호 만남이 이뤄지면 형식에 구애 받지 않고 당사자들끼리 타협하도록 실질적 조건을 요구한다.

셋째, 만약 북한이나 미국이 대량살상무기를 보유하거나 제거하기 위해 핵무기를 내세워 군사조치를 취한다면 단호한 입장으로 이에 반대한다.

중국은 북한을 설득해서 3자회담을 통해 6자회담을 이끌어 냈다. 이 과정에서 2003년 초 중국이 북한에 대해 3일간 송유를 중단했다고 알려졌다. 이 시기에 중국 해관을 통과해서 북한에 수출한 물자가 없다는 관측도 있었다. 중국이 공식적으로 경제제재를 언급하지 않지만 노후된 송유관 수리나 도로 및 철도시설에 대한 재보수를 구실로 막게 되면 자연스럽게 중단되었다. 중국이 가하는 압박수단은 엄청난 효과를 낼 수 있었다.

그러나 중국이 북한을 완전히 고사 시킬 수 있는 능력이 있어도 집행할 의지가 없다면, 중국을 설득해서 북한에 대한 압박조치를 취하기가 쉽지 않다. 만약 극단적 방법에 의한 북한의 변고가 중국의 국익에 상응하지 않는다고 판단되면 중국은 따르지 않을 것이다.

(2) NPT 탈퇴

IAEA가 미국의 입장만을 대변하는 결의안을 채택해서 신뢰성을 상실했으며, IAEA는 더 이상 북한에서 할 일이 없어졌다고 북한이 주장했다. 2003년 1월 10일 북한은 IAEA에 NPT 탈퇴를 통지했다. 북한의 핵 억지력은 방위적 성격을 지닌 자주권수호 수단이며 미국에 대한 위협은 논리에 맞지 않다고 했다. 만일 미국이 북한을 공격할 의사가 없다면 불가침협정체결을 거부할 이유가 없다고 지적했다. 이는 북한이 미국을 협상테이블로 이끌기 위해 긴장을 유발할 수 있다는 강력한 시사로 볼 수 있었다.

부시 행정부는 협박과 압력에 굴복해 북한과 협상하지 않겠다고 반복해서 강조했다. 북한이 HEU 프로그램을 완전하고, 검증가능하며, 거역할 수 없는 방법으로 폐기(Complete, Verifiable, Irreversible, Dismantlement, CVID)하지 않으면 북한과 협상하지 않겠다고 밝혔다.

중국은 각각의 문제에 대해 국가 이익을 우선적으로 고려해서 전략적으로 유연하게 대응하고자 했다. 역내 평화와 안정을 수호하고 경제를 발전시키기 위한 중국의 국익에 북핵이 밀접하게 연관된 문제라고 강조했다. 2003년 11월 중국 왕이 부부장이 워싱턴을 방문해서 켈리 차관보를 비롯한 콜린 파월(Colin L. Powell) 국무장관, 콘돌리자 라이스 (Condoleezza Rice) 안보보좌관, 폴 울포위츠 (Paul Wolfwitz) 국방부 부장관 등과 북핵 문제를 논의했다. 미국은 북한핵 문제 해결을 위해서 중국의 적극적인 역할을 요청했다.

(3) 5:1 성패

북한과 양자 합의가 실효성이 없다는 사실이 밝혀지자 북한핵 문제는 다자회담으로 새로운 전기를 맞게 되었다. 북·미 평화협정

체결을 주장하는 북한과 선 핵포기를 주장하는 미국의 입장이 평행선을 달리고 있었다. 이에 중국의 중재로 6자회담이 구성되어 북한 핵 문제의 평화적 해결을 위한 방안을 모색하게 되었다.

중국이 건설적 역할을 자임하면서 베이징에서 8월에 첫 번째 6자회담이 열렸다. 북한이 핵을 포기할 의도가 없다면, 핵무기가 곧 김정일의 목숨이요 정권의 생존을 의미한다면, 6자회담이든, 북·미 양자회담이든, 종전 선언이든 아무 소용없는 일이었다. 강석주 부부장이 표현한 대로 북한은 핵무기를 포기하려고 만든 것이 아니다.

남측 통일부 장관 정동영 특사의 중국 방문(2004.12.21~24) 이후 중국 고위급 인사의 방북이 이뤄졌다. 미국과 한국의 6자회담 대표들이 방북 직전의 왕자루이(王家瑞) 중국공산당 대외연락부장을 만났다.(2005.2.17~18) 북한에 영향력을 행사할 수 있는 카드를 가진 중국이 북한을 설득해 달라는 주문이 있었다. 미국과 일본은 외교·국방 2+2 연석회의(2.19)를 열고 북한이 무조건 6자회담에 복귀하라고 요구했다. 북한을 방문한 왕 부장은 김영남 상임위원장을 비롯한 외무성의 핵 관련 고위 관계자들과 회담을 가졌다.(2.20) 그러나 북한이 6자회담에 나오기를 기대할 수 없었다.

북한 식량 부족분의 절반 가량과 에너지 부족분의 대부분을 중국이 제공하고 있어서 북한에 지원을 중단한다면 확실한 영향력을 확보할 수 있다. 그렇지만 북한에 대한 영향력을 행사하려는 능력과 의지는 차이를 보인다. 북한체제의 붕괴를 원하지 않는 중국이 경제 제재에 동참하려는 의지가 있는지는 미지수다.

북한의 핵 보유선언으로 관련국들의 행보가 빨라졌다. 북한을 6자회담 틀로 끌어들이기 위한 협상과 압박이 지속되었다. 북한에 정통한 인사는 중국 측 6자회담 대표에 우다웨이(武大伟) 전 주한 국 및 주일본 중국대사가 임명되어 북한이 호의적이지 않아서 6자 회담 성공을 위해서 협조하지 않을 가능성이 크다고 했다. 북측은 우호적인 다이빙궈(戴秉国)가 수석대표를 맡기를 원했는데 뜻대로 되지 않아서 북한이 실망하고 있다는 전언이었다. 결과적으로 6자 회담은 북한핵 문제를 해결하는 기구로서의 기능을 하지 못했다.

중국의 건설적인 역할로 베이징에서 2003년에 이어 2004년, 2005년에도 6자회담이 이어졌다. 북한 핵문제를 해결하기 위해서 6자회담은 낙관적 측면과 비관적 측면을 동시에 지녔다.

낙관적 전망을 낮게 하는 이유는 첫째, 북한이 다자구도 해결방 식을 받아들였다는 사실이다. 미국을 포함해서 주변국이 평화적 해 결을 위한 의지를 갖고 한자리에 모였다는 의미는 중요하다.

둘째, 미국은 북한이 핵무기를 포기하고 핵시설을 폐기할 때까 지 협상할 수 없다는 강경 입장에서 단계적 방법으로 논의할 수 있 다는 유연한 입장을 보였다. 북한이 핵을 포기하도록 유인책을 논 의할 수 있고 핵 폐기가 시작되면 대북 인센티브가 가능하다는 단 계적 접근의 가능성을 열어 놓았다.

셋째, 중국은 북한핵 문제에 대해 협상력을 발휘하여 2005년 4 차 6자 회담에서 9·19공동성명 합의에 결정적 역할을 했다. 회담 장 소를 제공하고 적극적인 중재로 이전과 다른 협상 행태를 보였다.

반면, 비관적 측면을 동시에 내포했다. 북한은 근본적인 태도 변 화를 보이지 않았다. 북한이 체제안전보장을 확신할 수 있어야 핵 을 포기할 수 있다는 입장이 명확해서 합의점을 찾기가 쉽지 않았 다. 9·19공동성명에 병립할 수 없는 미국과 북한의 주장이 담겨있었다.

1항에 '적절한 시기'에 '경수로 제공문제'를 논의한다고 되어 있다. 향후 이를 시행할 절차와 방법을 합의하는 과정에서 많은 논란을 불러일으킬 가능성이 높았다. 5항 '말 대 말'과 '행동 대 행동'을 실천하는 과정에서도 사사건건 부딪칠 수 있었다. 5차 6자회담에 참가한 북한의 김계관 외무성 부상도 11월 11일 '행동 대 행동' 원칙에 따라 동시행동이행과 미국의 금융제재해제를 요구했다.

6자회담에서 미국과 나머지 4개국이 북한에게 5대1로 핵포기를 압박했다. 북한이 핵을 고집하면 미국은 북한의 '정권교체(regime change)' 혹은 '정권변환(regime transformation)'이거나 어떤 형태로든 '지도자 교체(leadership change)'를 추구할 수 있다. 이 과정에서 미국은 북한에 핵이 없다면 부득이 친중국 정권이 들어서는 것을 묵인할 수도 있다. 중국의 경우 북한체제 붕괴가 아닌, 핵을 원하지 않는 지도자로의 교체가 이뤄진다면 굳이 이를 반대하지 않을 수 있다. 미국과 중국의 이해가 맞아떨어진다면 김정일 정권의 미래는 담보할 수 없다.

6자회담을 통한 외교적 해결에 기대는 안이한 낙관론으로 북한의 생존전략에 맞설 수 없다. 북한 세습정권의 핵보유 의지와 능력에 대한 정확한 평가를 바탕으로 일관성 있는 정책 수립이 필요하다. 6자회담은 구조적으로 북한에게 5:1의 불리한 대면이다. 6자회담이 북한에게 핵을 포기하라고 5개국이 압력을 넣는 구도로 인식한다면 북한은 내키지 않을 수밖에 없다. 2003년에 시작된 6자회담은 비로소 2005년에 6개국이 9·19공동성명에 합의할 수 있었다. 북한의 선 핵포기인가, 혹은 미국의 선 체제보장인가를 둘러싸고 양측 의견 차이가 좁혀지지 않았다.

북한이 왜 6자회담에 복귀했는지 짚어본다. 미국 6자회담 대표 크리스토퍼 힐(Christopher R. Hill) 차관보는 북한이 아무런 조건 없이 회담 테이블에 나와 2005년 12월 중에 6차 회담이 열릴 수 있을 것으로 희망했다. 반면 북한 김계관 대표는 미국이 델타 아시아 은행(Bank of Delta Asia, BDA)의 금융제재 문제를 6자회담에서 논의한다는 전제로 회담장에 나가겠다는 입장차이를 드러냈다. 미국 재무부는 BDA에 김정일 비자금이 있다고 의심하고 미국과의 금융거래를 정지시켜서 북한은 이를 해제하라고 요구해 왔다.

남북한과 주변 4개국이 참여한 베이징 6자회담에 대한 북한의 실망감이 역력했다. 북한은 미국의 태도가 바뀌지 않는다면 차기 회담에 응하지 않겠다고 불만을 터뜨렸다. 미국이 대북한 적대시 정책을 포기하지 않는다면 북한이 자위적 조치로 '핵 억제력'을 강화해 나가는 선택 이외에 다른 방도가 없다고 항변했다.

콘돌리자 라이스 미 국무장관과 로버트 졸릭(Robert Zoellick) 부장관이 중국 지도자들과 한반도의 경제와 정치적 미래에 대해 탐구한다(explore)는 보도가 있었다. 한반도 현상유지(status quo)가 더 이상 가능하지 않은 상황에 대한 중국의 입장을 감안해서 미국이 대비하고 있다고 했다. 한반도 통일이 이뤄진다면 미군의 압록강-두만강 전진배치를 막아주는 완충지대가 사라지는 중국의 '걱정(anxiety)'을 미국이 배려하는 모습이었다. 남과북 분단의 현상유지가 아닌 새로운 상황에 대해 당사자인 남한과 북한이 소외된 채 중·미 간에 논의될 수 있다는 의미다. 한반도 평화체제구축을 위해서 이러한 상황을 가장 경계해야 한다.

3

개성공업지구

개성공업지구는 남북경제협력 모델에서 가장 성공한 사례로 평가된다. 북한은 군사시설이 밀집한 개성근교에 군부의 반대를 무릅쓰고 대규모 공단조성에 동의하고 이를 실행했다. 군사시설을 철수하고 100만 평에 널찍하게 자리 잡은 개성공단은 1차로 본래 계획보다 5%정도에 해당하는 5만 평 대지에 조성되었다.

2004년 12월부터 정동영 통일부 장관 시기에 개성공단사업은 본격적으로 생산가동에 들어가기 시작했다. 개성공단의 실적을 살펴보면 상업적 거래액이 전체 남북경협에서 차지하는 비중이 50%대를 돌파해서 2005년 말에는 65.4%에 이르게 되었다. 2005년도 전체 상업적 거래액에서 위탁가공 교역과 개성공단 사업이 합계 55.4%를 차지했다.

2005년 18개 가동기업을 시작으로 2011년 8월말 기준, 개성공단에는 총 123개 남한 기업이 입주해 있었다. 북한 근로자 고용 추세를 보면 2005년 6,013명에서 매년 지속적으로 증가해 2011년 8

월 기준 총 47,734명이 근무했다. 여기에 소수 남측 근로자 792명을 더하면 약 50,000명 근로자들이 개성공단에 참여했다.

남한과 북한은 산업생산을 위한 상호 보완성으로 상생하는 방안을 찾아야 한다. 남한은 수출주도 정책으로 경제성장을 이룩해서 자금력이 있고 높은 기술력을 보유하고 있어서 투자할 수 있다. 북한은 풍부한 지하자원을 비롯해서 산업시설에 적합한 토지를 제공할 수 있다. 또한, 저렴한 임금을 받고 숙련된 북한 노동자들은 같은 언어를 사용하므로 효율성을 높일 수 있다. 개성공단 북한 근로자들의 첫 봉급은 1인당 50달러에 보험료 7달러를 더해서 57달러로 정해졌다. 높은 임금과 노조들의 임금인상에 시달려온 남한 기업들에게 가뭄에 물줄기와 같은 돌파구가 아닐 수 없었다.

개성에서 일할 수 있는 북한 근로자들은 엄격한 자격 제한을 통과한 유능한 숙련공들이다. 남북한 근로자들이 함께 어울리며 그들은 남한 자본주의 사회의 선진적 문물과 자유스러운 분위기를 엿볼 수 있다. 남한에서 생산되는 초코파이는 북한 암시장에서 거래될 정도로 인기를 끌고 북한에서 짝퉁이 생산될 정도라고 했다.

개성공단에 진출했던 중소 기업체들은 상당한 수익을 내며 성공적인 운영실적을 보였다. 초반에 미비했던 생산노무관리 등 제반여건이 안정되면서 입주 기업들 역시 좋은 성과를 낼 수 있었다. 대표적으로 100억원 이상을 투자해서 기능성 매디컬 신발을 생산하는 (주)삼덕통상은 종업원 1,500여명이 고부가 가치의 신발을 생산해서 유럽 등지로 활발한 판매망을 구축했다. 의류브랜드인 (주)신원 에벤에셀은 개성공장에서 5개 브랜드의 의류를 생산하여 남쪽으로 들여와 'Made in Korea'로 원산지 표기를 해서 판매했다.

회사 관계자들에 따르면, 잔업수당을 포함해 평균임금이 67달러로 중국의 절반에도 못 미친다고 했다. 남측 식사제공금지로 북측 근로자들이 도시락을 가져오므로 생산원가가 현저히 낮아서 베트남, 중국 등에 비해 여건이 상당히 좋다며 만족해했다. 개성공단에는 낮은 인건비로 섬유, 신발 등의 노동집약적 업종이 최적인 반면 전자 등의 첨단업종은 특별히 진출할 장점이 없다는 반응이었다. 개성공단에서 근무하는 근로자들은 북한 주민들에게 남한을 비롯한 외부의 상황을 있는 그대로 알리는 역할을 할 수 있다.

개성공업지구 모델은 북한의 경제적 회생을 위해서도 상승 작용을 할 수 있다. 개성공단 생산품으로 직접 외화를 벌어들이고 공장을 건축하고 필요한 시설들이 세워진다면 사회간접자본이 확충되는 효과를 누릴 수 있다. 이는 실로 직·간접적인 경제적 효과를 불러일으킬 수 있는 기대를 갖게 한다.

이라크 파병

노무현 대통령은 대외정책에서 오히려 파격적이라고 할 만한 변신을 꾀하고 있었다. 노 대통령은 후보 시절 '사진 찍으러 미국에 가지는 않겠다'고 공언했다. '미국 안 가보면 어때'라고 할 만큼 정서적으로 반미성향을 보였다. 대통령 선거에서 노무현 후보는 한국에 광범위하게 펴져 있는 반미정서를 꿰뚫고 있었다. 이를 선거 전략에 활용해서 소위 '재미 좀 봤다'로 대통령에 당선되었다.

당시 훈련 중이던 미군이 두 여중생들을 미처 발견하지 못해 장갑차에 깔려 사망하는 불행한 사건이 발생했다. 미군은 장갑차 운전자가 훈련에 따랐다는 이유로 아무런 책임을 묻지 않고 미국으로 이송했고 한국 내 비난 여론이 들끓으면서 반미감정이 확산되었다.

일본 고이즈미 총리는 친미적 제스처에 능하고 부시 대통령과는 매우 긴밀한 관계를 유지했다. 그는 미·일동맹이 굳건하다는 사실을 만천하에 공개하면서 이를 북·일정상회담을 비롯하여 외교의 기본 축으로 활용했는데 한국이 반면교사로 삼아야 하는 교훈이다.

2003년 10월 한국 내에서 노무현 대통령의 재신임 발언으로 정국이 소용돌이에 휩싸였다. 이런 사태가 초래된 원인과 책임 소재를 놓고 의견이 분분했다. 노 대통령의 적절치 못한 언행 때문이라는 주장에서부터 거대 야당의 횡포 때문이라는 주장도 나왔다. 국론이 여러 갈래로 분열되는 양상을 보였다.

　노 대통령의 재신임 선언에 이어 대통령비서진과 내각 전원이 일괄 사의를 표명했다가 대통령에 의해 반려됐다. 이 파문으로 국정 공백을 초래하고 국민 불안을 가중시켰다는 비판을 피할 수 없었다. 노 대통령은 고건 국무총리를 중심으로 내각이 국정 중심에 서서 책임지고 이끌어 달라고 주문했다. 내치(內治)는 총리가 총괄하지만 국익을 우선시하는 외교안보문제는 대통령이 중심이 되어 리더십을 발휘해야 했다. 대통령 자신이 재신임 문제를 제기한 초유의 사태로 외치(外治)의 중심이 흔들리고 있었다. 2004년 3월 노 대통령 탄핵소추안이 국회를 통과했으나 헌법재판소에서 기각되었다.

　한국 국내 상황은 안보 현실에 적지 않은 부담이 되었다. 당장 발등에 불이 떨어진 이라크 파병 문제에 대해 지도력을 발휘해서 국론을 이끌어 나갈 수 있을지 걱정이었다. 적절한 파병 규모, 파병 지역, 비용 분담에 이르기까지 민감한 사안들로 국론이 양분되었고 합의점을 찾기가 어려워 이라크시찰단을 재파견하자고도 했다.

　북한 핵문제를 다루기 위한 2차 6자회담이 순탄치 않아 국내에서는 북한핵 재처리 여부에 신경을 곤두세우고 있었다. 미군 재배치문제에 따른 용산 기지 이전 협상도 지연되었다. 재독일 송두율 씨 문제는 이념논쟁까지 불러일으키며 논란이 가열되었다. 제주도 해군기지건설 문제도 진척에 어려움을 겪고 있었다. 이 기간은 주변 정세에 비춰볼 때 안보의 불확실성이 가장 고조될 수 있었다. 국가적으로 내우외환이 겹치게 되면 안보 불안으로 갈등을 통합으로 이끄는 지혜가 절실했지만 오히려 대립의 골이 깊어 갔다.

이라크 파병문제는 이념논쟁까지 내포하고 있어 엄청난 파문을 불러일으킬 기세로 분열이 가중되고 있었다. 2003년 9월 미국이 독자적 작전 수행 능력을 갖춘 상당한 규모의 경보병 부대를 한국에서 파견해 달라고 요청했다. 이미 전국에서 찬반양론이 뜨겁게 달아올랐다. 그 해 5월 비전투병을 파견했던 결정보다 훨씬 민감한 사항들을 담았기에 해법을 도출하기가 쉽지 않았다.

노 대통령은 마치 파병이 확정된 듯한 언론 보도는 잘못이라며 여론 수렴을 통해 신중하게 결정하겠다고 다짐했다. 얼핏 듣기엔 민주적 자세로 보여 수긍하는 쪽으로 기우는 국민도 없지 않을 것이다. 이러한 대통령의 태도는 오히려 국론분열을 부채질할 수 있다.

외교안보 문제는 국가이익을 가장 앞세워야 하는 고도의 전문적 정책 결정을 요구한다. 국가의 장래에 큰 영향을 미칠 수 있는 외교안보 문제의 경우 지도자가 여론을 무시해서는 안 되지만 여론을 선도하는 것이 더 중요하다. 지도자는 여론을 이끌어야(lead) 한다. 여론에 이끌려서는(led) 안 된다. 여론에 끌려 다니면 이미 '리더(lead-er)'가 아니라 '레더(led-er)'일뿐이다.

이라크전쟁 발발 직전에 서방세계의 지도자들이 내린 정책 결정을 보면 리더가 취해야 할 행동 양식이 어떠해야 하는지 알 수 있다. 부시 미 대통령은 거센 반전론에도 불구하고 개전을 결심해 승전으로 이끌었다. 물론 미군 사상자가 늘어남에 따른 여론의 역풍으로 2004년 대선에서 재선을 장담할 수 없었지만 리더로서 소신을 바꾸지는 않았다. 영국의 토니 블레어 총리는 미국에 전폭적인 지지를 보내는 정책 결정으로 전쟁의 승리에 기여했다.

반면 전쟁에 반대한다는 소신을 처음부터 당당히 밝힌 리더들도 있었다. 독일의 게르하르트 슈뢰더 총리와 프랑스의 자크 시라크 대통령은 유엔의 역할을 내세우며 미국 일방주의에 반대한다는 명분으로 자국의 반전 여론을 주도적으로 이끌었다.

리더는 일단 정책 결정을 내리고 나면 비전을 제시하면서 여론을 형성하고 설득하는 노력을 기울이고, 이에 따른 최종적인 책임을 져야 한다. 국민의 인식 수렴이 필요한 절차일 수는 있지만 올바르게 국민이 인식할 수 있도록 이끌어야 한다. 최고 지도자가 뒤로 물러나 있으면서 참모들을 통해 여론을 떠보려 한다면 당장은 편하고 여론의 화살을 피할 수 있을지 모른다.

그러나 그 시간이 길어질수록 국론은 갈라지고 통합의 길은 점점 멀어지게 된다. 국익을 위한 불가피한 정책 결정의 의지를 보이고 반대자들을 앞장서서 설득해 나가는 진정한 리더의 모습을 보여야 한다. 노무현 대통령은 이라크 파병을 비롯해서 한·미 FTA 체결을 추진하고, 중국 견제로 인식될 수 있는 제주해군기지 설립에 이르기까지 보수 정부에서 제기될 수 있는 사안들을 실천했다. 오히려 진보 진영의 반발을 무마하는 노력을 기울여야 했다.

중국인들이 즐겨 쓰는 구동존이(求同存流)라는 말을 되새길 필요가 있다. 서로 동일함을 추구하지만 또한 상이함을 인정함으로써 공존의 방식을 모색하라는 지혜다.

5

10·4 선언

부시 대통령은 재임 후 2006년 11월 중간선거에서 미 공화당이 다수당 지위를 잃게 되자 한 달 전 10월에 첫 핵실험을 단행한 북핵 문제를 해결하는데 중국의 역할이 절대적으로 필요하다고 인식하게 되었다. 부시 행정부는 중국을 국제사회에서 책임 있는 '이해상관자(interest stakeholder)'로 평가했다. 중장기적 관점에서 미국은 중국과의 경제적 상호의존을 통해 중국의 내부적 전환을 유도하고 일본과의 협력을 바탕으로 동북아에서 중국의 힘과 야심을 견제해야 한다고 판단했다. 경직되기만 했던 부시 대통령의 대중국, 북한 인식이 누그러지면서 남북대화도 여유를 가지고 재개될 수 있었다.

노무현-김정일 남북정상회담 개최가 2007년 10월 초로 예정되었다. 그동안 북한 핵폐기와 관련된 북·미 간 논의가 상당히 접근해서 남북정상회담의 분위기가 무르익고 있었다. 그해 초반에 열린 6자회담에서 '2·13합의'도 이뤘다. 부시 대통령은 "북한이 핵포기를 약속대로 한다면 평화조약을 맺을 수 있다"고 했다.

남북정상 간의 만남을 통해서 남측은 북·미 간 협상을 진척시키는 역할까지도 할 수 있게 되었다. 부시 대통령이 남북정상회담에 대한 희망을 밝히면서 북·미관계가 순조롭게 개선되기를 바라는 과정에서 노무현-김정은 정상회담이 진행될 수 있었다. 따라서 '북·미관계개선, 남북관계 발전, 동북아 안보협력 증대'로 이어지는 선순환 관계에 대한 기대를 갖게 했다.

2007년 10월 2일 노 대통령 부부는 판문점에서 도보로 노란 표시를 해둔 군사분계선을 넘었다. 개성을 지나 자동차로 평양까지 가서 김 위원장과 조우했다. 노무현-김정일 2차 남북 정상회담에서 '10·4 선언'을 발표했다. 진보진영에서는 남북한관계를 되돌릴 수 없도록 '대못을 박기' 위한 합의라고 했다. 보수진영에서는 북한에 대한 '퍼주기'라고 규정지어 논란이 일었다.

10·4 선언문에 NLL 서해어장에 관한 공동어로구역를 규정하고 있다. NLL로 인해서 우리 어민들이 겪는 불편은 이만저만이 아니다. 백령도와 연평도 어민들은 출어시간을 엄격하게 지키고 신고해야 한다. 또한 NLL을 중심으로 남북 2km에 이르는 완충해역은 황금어장인데도 들어갈 수 없다. 북한 선박이 NLL 2km 전방에 들어오면 남한 해군이 출격하는데, 북한 해군의 출격을 유발하지 않으려면 남한 선박도 이 수역을 침범하지 말아야 한다. 2003년 연평도에는 53척의 꽃게잡이 배가 있고 당시 척당 연간 3억 원의 수입을 올린다고 했다. 이 지역은 어자원의 보고다.

서해의 황금어장을 중국 어선에게 빼앗기고 있는 현실이 안타까운 상황이다. 백령도 부근에 중국 어선이 500척 이상 떼를 지어 다니면서 남측 어장을 파괴하고 있다. 10km 이상 끝없이 펼쳐져 저인망으로, 어자원을 싹쓸이해 간다. 주로 NLL을 중심으로 군사 완충해역을 따라 이동한다. 남과 북, 어느 쪽도 충돌을 우려해 경비함 접근이 어렵다는 점을 교묘하게 이용한다. 중국 어선들은 남에서 쫓으면 북측으로, 북에서 쫓으면 남측 완충해역을 넘나들면서 조업한다. 7월이면 남북한은 꽃게 금어기로 출어하지 못하지만, 중국 어선들은 오히려 이 틈을 이용해 우리의 황금어장을 휘젓고 다닌다.

또다시 DMZ에서 총격 사건이 발발해 긴장을 고조시키고 있었다. NLL에서 희생된 젊은 장병들을 생각하면 한시라도 방심할 수 없는 일이다. 남북한 젊은이들의 목숨을 대가로 중국 어선이 '어부지리'를 얻고 있다. NLL 관할권을 확보하면서도 이 주변에서 긴장 관계가 고조되는 문제를 원천적으로 해결하려면 남북한이 NLL을 기점으로 공동어로구역을 설정할 필요가 있다. 이미 남북기본합의서에서 합의한 NLL 문제를 평화적으로 해결할 수 있는 창의적 노력이 필요한 시점이다. 남북한 간에 서로의 희생이 헛되지 않고 또 다른 희생이 생기지 않도록 양측이 협상을 통해서 평화가 보장되는 협력지대를 만들어야 한다.

10·4선언이 이뤄지는 배경에 NLL을 포기했다는 주장이 이명박 정부에서 불거지면서 이 해역에 대한 평화적 이용을 위한 실행방안은 진전을 볼 수 없었다. 당시 남북정상회담 기록물에 대한 이념논쟁으로 번지면서 혼란을 일으켰다. 노무현 정부를 계승하려는 문재인 정부는 김정은 위원장과 남북정상회담을 통해서 NLL주변을 평화적으로 활용하기 위한 방안에 대해 합의했다.(8장 참조)

북한은 지속적으로 '종전선언'을 요구해 왔다. 만약 북한 비핵화가 이뤄지기 전에 남한과 북한, 미국과 중국을 포함하는 '종전선언'

을 한다면 유엔사 해체, 미군철수 등의 주장이 이어질 것으로 전망되었다. 이로써 정전협정의 대가로 맺어진 한·미동맹이 구조적으로 해체될 수 있다는 우려로 보수 진영은 '종전선언'을 반대했다.

북한은 지난 20여년 핵협상과정에서 핵무장에 대한 강력한 의지를 드러냈다. 1992년 한반도비핵화공동선언, 1994년 북·미 제네바합의, 2005년 9·19 공동성명, 2007년 2.13 합의 등에 서명했지만 결국 한반도 비핵화 약속은 지켜지지 않았다.

제6장

핵을 포기해야
(이명박 정부)

산중수복(山中水复)
산 첩첩 물 겹겹, 갈 길은 먼데 길은 보이지 않는다.

이명박 보수 정부는 김대중-노무현으로 이어진 진보 정부의 대외 정책을 부정하면서 전임과 차별화되는 정책을 예고했다. 이 대통령은 김대중-김정일 정상회담에서 공동 서명한 '6·15공동선언', 노무현-김정일 정상회담에서 합의한 '10·4선언'을 계승하려고 하지 않았다. 오히려 박정희 시기 '7·4공동성명', 노태우 시기 '남북기본합의서'에 충실해야 한다는 입장이었다. 북한에서 김 위원장의 서명과 선언은 절대적 권위를 갖는데 이를 인정하지 않겠다는 이명박 정부를 상대하지 않으려는 북한의 태도는 어쩌면 당연한 수순이었다.

'비전 3000'은 북한이 비핵화를 하고 개방을 한다면 10년 후에 1인당 국민소득이 3000달러에 이를 수 있다는 공약이다. 북한이 수용할 수 없는 '비핵, 개방, 3000'으로 이명박 정부에서 단 한 번의 남북고위급회담도 열리지 않았다. 오히려 1998년 금강산 관광 금지에 이어, 2010년 천안함 침몰, 연평도 포격이 자행되었다. 천안함 진실규명을 요구하며 이명박 정부가 내린 5.24조치로 남북한 교류는 단절되다시피 했다.

2011년 김정일 국방위원장 서거로 김정은 국무위원장으로 3대 세습체제가 이어졌다. 사회주의 역사상 최초의 '백두혈통' 김부자 세습체제는 '평화적 우주이용권'을 내세우며 2012년에 서명한 '2.29 합의'도 파기하고 핵능력 고도화를 추구했다.

미국 오바마 대통령은 '핵 없는 세상'을 기치로 핵안보정상회의를 제창했고, 2012년 2월 서울 핵안보정상회의가 개최되었다. 전지구적으로 정식회원 50개국과 옵저버 5개국을 합쳐 55개국이 참여했다. 오바마 대통령이 임기를 마치자 이 구호도 종료되었다.

비전 3000

2006년 10월 북한의 첫 번째 핵실험으로 한국의 여론은 요동치고 있었다. 추석을 전후로 민심은 급변하기 시작했다. 여론조사에서 줄곧 선두를 달리던 한나라당 박근혜 의원은 여성 후보이기 때문에 안보문제에 굳건하게 대처하지 못할 것이라는 선입견을 극복하기 어려웠다. 일반 국민들의 인식의 흐름은 이를 대변하는 여론조사로 나타나고 투표로 이어지는 상황이 민주주의 국가 선거다.

이명박 후보는 건설회사 출신의 장점을 충분히 살려서 임기 말에 일약 국민적 관심을 끌었다. 그는 서울시장 시절 자신이 진두지휘 해서 건설했던 청계천 고가다리를 철거하고 맑은 물이 흐르는 개천으로 복원하겠다는 공약을 실천했다. 이 후보는 눈에 보이는 청계천 복원사업과 교통체계 전환에 대한 긍정적인 평가로 언론의 각광을 받으며 점차 인지도를 높여갔다. 청계천 주변상인들과 4,000번이 넘는 협상을 거쳐서 이들을 이전시켰다는 비화도 관심거리였다. 또 다른 대표공약이라고 할 수 있는 서울시내 교통체제

전면개편은 서울시민들이 일상적으로 느낄 수 있는 편리한 교통수단으로 자리 잡고 있었다.

국민이 체감할 수 있는 생활밀착형의 경제정책을 앞세운 이명박 대선후보는 안보위기에 잘 대처할 수 있다는 인식이 겹치면서 막판 여론조사에서 앞서 나갔다. 이명박 시장은 가까스로 1.5%p 표차로 한나라당 대통령 후보 티켓을 거머쥐었다. 2007년 8월 대통령 후보를 결정한 한나라당 전당대회에서 박근혜 후보는 명쾌한 승복 연설로 한국의 정치문화를 한 단계 높였다는 평가를 받았다. 이후 국회가 위치한 '여의도 대통령'으로 불리며 5년 후를 기약하게 되었다.

한국 대선 1년 전에 불거진 북한의 첫 핵실험으로 안보 불안에 대한 경각심을 불러일으키고 있었다. 남측에서 비핵화를 첫 번째 조건으로 내걸어야 하는 상황에도 북측에서는 핵능력 고도화가 결코 포기할 수 없는 목표가 되고 있었다. 미국에서 재선된 부시 대통령은 9.11 이후 반테러 캠페인을 앞세워 북한에 대한 적대시 정책을 거두지 않았다. 보수 부시 행정부와 보수 이명박 정부의 정책성향이 일치되어 북한핵 포기에 대한 압박을 높여 나가게 되었다.

이명박 정부는 '비전 3000'으로 대변되는 '비핵·개방·3000'을 핵심개념으로 내세웠다. 북한이 핵을 포기하고, 개혁·개방에 나선다면 10년 후에 1인당 국민소득이 3000달러가 되도록 한국이 도와주겠다는 것이다. 당시 한나라당 후보의 선거공약은 '747'로 명명된 장밋빛 경제정책이었다. 한국경제가 매년 7%의 경제성장을 달성한다면, 머지않아 1인당 국민소득 4만 달러 시대를 열 수 있으며, 세계에서 7위에 이르는 선진대국이 될 수 있다는 대선 전략이다.

경제 사정이 아무리 어렵다 하더라도 북한은 김일성-김정일로 이어지는 세습체제에서 무엇보다 위대한 지도자로서 체면을 중시하는 공산주의 체제다. 핵으로 무장한 국력은 체제생존을 위해 절대적으로 포기할 수 없는 북한의 전략목표다. '비전 3000'은 남한의 대선 전략으로 남한 국민들에게 명료하게 설명할 수 있는지 모르지만, 대북한 정책은 북한 지도자와 주민들에게 호소할 수 있는 언어라야 설명력이 있다.

이명박 정부는 북한에서 절대 받아들일 수 없는 조건(비핵화)을 전제로, 전혀 사용하지 않는 용어(개방)를 내세우며, 장래에도 별로 반갑지 않은 구호(3000달러)를 외쳤다. 북한이 이를 덥석 받아들일 것으로 여겼다면 그야말로 북한의 생태를 모르는 '순진한 생각의 발로'일 뿐이었다. 북한이 결코 용인할 수 없으며 북한 언론매체의 남한 정부에 대한 성토는 날로 높아지고 있었다. 결과적으로 '비전 3000'은 실패를 자초할 수밖에 없었다.

실물경제의 경험이 풍부하다고 자부하는 기업인 출신이었던 이명박 후보는 이전 노무현 시대와 차별화를 시도했다. 미국 민주당 클린턴 대통령의 뒤를 이어 공화당 부시 대통령이 사용했다고 알려진 ABC(Anything But Clinton) 전략에 빗대어, ABR(Anything But Roh), 노 대통령의 정책이 아니면 된다는 식으로 회자되기도 했다.

선거공약에 따라 이명박 '경제대통령'으로 명명되며 실물 경제 정책에 주로 관심을 쏟았다. 반면, 안보문제에는 별다른 족적을 남기지 못했다는 세평이 있었다. 이명박 정부 집권 초기에 대북한 관계 개선의 의지를 내보이기도 했다. 하지만 금강산에서의 남한 관광객 피살사건(1998)이 있었고, 천안함 침몰(2010)과 이어진 연평도 포격 등으로 한국 내 여론이 우호적이지 않았다. 마침내 천안함 사태에 북한의 사죄를 요구하며 내려진 5·24 조치로 북한과의 대화는 단절되었다.

통일부는 남북장관급 회담은커녕 제대로 남북대화의 장을 열어보지 못한 채 담당부처 역할에 대한 회의만을 남기고 5년을 허송했다는 비판에 직면했다. 대북한 정책에서 원칙을 지켰다고 내세우지만 담당 부처직원들의 사기는 마냥 떨어졌다. 이명박 정부의 대북한 부처는 역대 최대 약체였다는 평가에서 자유로울 수 없었다.

정부 내 외교안보분야에서 여러 부처가 따로 존재하는 의미는 각 각의 역할분담이 필요하기 때문이다. 한국에는 4개 부처가 있다. 통일부, 외교부, 국방부, 국정원 사실상 다른 선진국에 존재하지 않는 통일부는 한반도 분단 상황을 고려해서 정권이 바뀔 때마다 직위가 부총리와 장관급으로 바뀌기도 했고 역할이 증대되거나 축소되기도 했다. 남북한관계를 어떻게 설정하는가에 따라 그 역할이 중요하기도, 또 축소되기도 했다는 의미다.

통일부는 이명박 정부의 인수위원회에서부터 없어질 수도 있는 수난을 겪었다. 당시 외교통상부와 통일부를 통합해야 한다는 의견 제시가 있다고 보도되었다. 야당인 민주당 반대로 통일부는 겨우 명맥을 유지할 수 있었지만 조직축소와 역할이전이 불가피한 상황에 처했다. 북한의 부정적 반응은 이미 예견되었다. 북한은 '비전 3000'을 도저히 받아들 수 없었던 만큼 남한 통일부에 대한 기대도 거둬버린 것처럼 보였다. 남북한관계에 경색국면이 풀릴 기미가 보이지 않았다.

이명박 정부의 편협된 외교안보 시각도 국익에 보탬이 되지 않는다는 지적이 있었다. 임기 초 이 대통령은 동일한 기업인 출신인 부시 대통령과 너무 밀착된 인상을 심어주려고 노력하는 것으로 비치기도 했다. 한·미동맹에 치우친 나머지 중국과의 관계에 소홀하다는 비판을 받았다. 북한과의 관계를 풀어나가지 못하고 국익 극대화를 위한 안보전략 부재에 대한 질타의 목소리가 만연했다. 전임 대통령의 외교안보전략과 차별화를 시도한 것이 오히려 전략 부재로 이어졌다.

북한이 '악의 축'이란 인식으로 북·미관계개선 의지를 꺾어버린 부시 대통령을 상대하면서 이 대통령은 한·미동맹 강화를 기치로 밀착외교를 펼쳤다. 전임 정부에서 한·미관계가 소홀했다는 평판을 의식해서 양국관계 복원이라는 명제에 매달리는 듯 보였다. 부시의 텍사스농장 정상회담에서 카트를 직접 운전하는 등 이 대통령은 기업가 정신을 발휘했다. 한·미동맹이 강화되는 추세가 이어지면서 한국은 미국 무기수입과 주한미군 분담금을 늘리라는 요구에 대해 우려하기도 했다.

미국에서 오바마 정부가 들어서면서 미·일동맹은 코너스톤 (Corner stone), 한·미동맹은 린치핀(linchpin)으로 불렸다. 반면, 중국은 한·미동맹에 치우치는 한국외교에 직설적으로 섭섭함을 표현하기도 했다. 이 대통령이 방중을 통해 한·중정상회담을 하는 기간 도중에 중국 외교부는 '한·미동맹은 냉전시대의 유물'이라고 언급했다. 이는 중국 정부의 외교적 결례라고도 지적되었지만 한·미관계를 더 중시하는 한국에 대한 중국의 입장을 대변했다.

한국·미국·일본으로 이어지는 삼각동맹 강화는 북한·중국·러시아의 연대를 강화시킨다. 냉전시대의 대립 구도로 돌아가는 것이 아닌가 하는 우려를 낳았다. 북한의 두 차례 핵실험(2006, 2009) 이후 대북제재 강도가 높아지면서 북한이 중국의 지원과 협력에 의존할 수밖에 없는 구조가 고착되고 있었다. 북한의 대중국 무역의존도는 2000년 24.8%, 2001년 32.5%로 날이 갈수록 증가했다. 2007년 67.1%, 2008년 73.0%로 이명박 정부 들어와서 급증했다.

북한은 중국과 경제교류를 확대해 나가는데 치중했다. 북·중 양국은 2010년 고위급 인사 상호방문과 김정일 위원장의 방중을 통해 현안과 경제협력문제를 논의했다. 특히 5월과 8월 말 김 위원장은 두 차례 중국을 방문하고 중국으로부터 경제지원과 협력을 보장받고자 했다.

북한 핵문제 해결을 위해서 중국과의 협조가 절대적인 상황에서 한·중관계가 소원해지면 북한과의 관계에서도 부정적 영향을 끼칠 수밖에 없다. 전략적 사고 부재로는 남북한관계를 풀어갈 수 없다는 인식이 점점 드러나고 있었다. 북한은 핵을 포기할 의사를 전혀 내비치지 않았고, 비핵화를 요구하는 주변국들이 일치된 압력을 넣기가 점점 어려지고 있는 형국이었다.

2

금강산 관광

1992년 9월 6일 김일성 주석을 만나기 직전 한국 여성대표단으로 북한 방문에 동행한 나는 금강산관광을 할 수 있었다. 자연 그대로 보존된 아름다운 '금강산 찾아가자 일만이천봉'이 그대로 펼쳐지면서 장관을 이뤘다. 1998년 현대그룹 정주영 회장이 두 차례에 걸쳐 1001마리 소떼를 이끌고 북한을 방문하면서 금강산관광의 물꼬가 트이게 되었고, 이후 한국 관광객에게 개방되었다. 관광자원 개발로 편의시설을 설치하게 되면 관광객들의 편리함을 도모할 수 있지만 자연환경을 그대로 보존하기보다는 아무래도 훼손하게 되는 측면이 있었다. 동해 배편으로 시작된 금강산관광이 육로도 갈 수 있게 확장되어 남북한 간의 인적교류는 극적으로 증가했다.

개성공단을 비롯해서 북한의 사회간접자본 확충 등 다양한 남북 경협 사업이 구상되었다. 개성 특구를 조성하기로 한 총 2000만평 중 5%인 100만 평이 우선 착공 되었는데 더 확대되기를 기대했다. 개성공업지구는 남측의 축적된 기술과 자본, 북측의 저렴한 임금과 우수한 노동력을 활용해서 상호보완적으로 세계적인 경쟁력을 갖춘 수출공단으로서 잠재력을 평가 받았다.

고려 500년 도읍지인 개성에는 선죽교, 왕건왕릉, 박연폭포 등 풍부한 문화유적지가 산적해 있다. 이를 발굴하고 관광지로 개발하면 외화 벌이도 가능하다. 금강산관광과 개성특구조성을 위해서 철도신호, 통신, 전력계통 등을 재설계하고 교류 활성화를 위해 경의선과 동해선이 연결되는 등의 제반 정지작업이 이뤄져야 한다. 북측의 협조 없이는 이 모든 사업이 수포로 돌아갈 수밖에 없다.

그나마 어렵게 명맥을 이어오던 금강산관광이 중단되었다. 2008년 7월 11일 새벽 금강산 관광지구와 인접한 군사통제구역 내에서 북한 여군 초병의 총격을 받아 남한 관광객이 사망하는 사건이 발생했다. 즉시 다음날 12일부터 금강산관광이 잠정 중단되었다. 이에 당국 간 협의를 통해 진상 규명과 재발 방지 및 신변안전 보장 대책을 마련한 후에 관광을 재개한다는 원칙을 세웠다.

마침내 한국정부는 금강산관광 폐쇄를 결정하기에 이르렀다. 남북한 간의 교류는 예기치 않은 사건으로 직접적인 영향을 받아 방해받고 반대의 결과를 낳기 때문에 서로 조심스럽게 접근해야 했다. 금강산에서 이산가족 면회를 비롯한 인도적 차원의 만남도 금지되어 남북대화는 이어질 수 없었다.

주요 외화벌이 수단이었던 금강산관광이 지속될 수 없게 되자 북한은 나름대로 조치를 취했다. 북한은 금강산 사건에 대해 "유감"이지만 "책임은 전적으로 남측에 있다"고 현장 조사를 거부했다. 8월 9일 북측은 통지문으로 금강산 관광지구에 체류하는 불필요한 남측 인원에 대한 추방조치를 내렸다.

금강산을 방문하고 싶은 관광객이라면 하루라도 빨리 금강산관광이 재개되기를 바라지만 북한 핵문제로 인해서 전면적인 유엔제재가 가해지고 있기 때문에 불가능하다. 이는 북한 비핵화가 이뤄져야 남북한 협력이 정상화될 수 있는 하나의 사례. 수많은 민간부문에서 개인 재산상 피해를 입고 있는 상황에서 근본적인 문제해결에 대한 고민을 해야 한다.

동북아의 중심에 자리한 지정학적 이점을 살려 남북경협이 성공적으로 이뤄진다면 향후 우리 민족에 번영과 안정을 기약하는 핵심역량이 될 수 있다. 남북경협은 한반도 미래를 위한 투자로서 통일이 되면 엄청난 흑자를 안기게 될 것이다.

3

천안함 사건과 전시작전통제권

2010년 3월 26일 서해에서 작전 중이던 천안함은 한국 해군 46명과 함께 바다 속으로 가라앉았다. 이명박 정부는 국제적으로 권위 있는 인사들로 구성된 민군합동조사단을 조직하고 원인 규명을 위임했다. 북한의 소행이라고 결론을 내렸지만 북한은 수긍하지 않았다. 해역을 훑는 과정에서 발견된 '1호'라는 북한식 표기의 어뢰 부품은 결정적 증거로 제시되었다. 이명박 정부는 5·24조치를 단행했다.

김태영 국방부 장관은 천안함 사태와 관련한 대북제재 발표문을 공표했다. 5·24 조치는 북한의 추가적인 도발 의지를 근절하고 불법적인 행동에 상응하는 책임이 반드시 따른다는 점을 분명히 하고자 다음과 같은 4가지 사항을 담고 있다.

첫째, 5월 24일부터 지난 6년간 중단된 대북심리전을 재개한다. 남측의 대북심리전 재개는 정전협정, 남북불가침, 상호 비방·중상 금지 등 합의사항을 정면으로 위반하는 북한에 대해 엄중히 경고를 보내는 정당한 대응조치다.

둘째, 정부는 북측 선박의 남측 해역 운항을 전면 불허한다. 한국군은 5월 24일 이후 북측 선박의 남측 해역 진입을 차단하고, 이에 불응하면 강제 퇴거 등의 조치를 취할 것이다.

셋째, 가까운 시일 내에 서해에서 한·미연합 대잠수함 훈련을 실시한다. 이 훈련에는 한·미 최정예 전력이 참가해서 북한의 수중공격에 대한 방어 전술 및 해상사격 능력을 집중적으로 향상시키고자 한다.

넷째, '확산방지구상(PSI)'의 정신에 의거해서 북한의 핵 및 대량 살상무기 확산을 적극적으로 차단하고자 역내·외 해상차단훈련을 준비한다.

5·24조치에도 불구하고 같은 해 11월 북측의 서해 연평도 포격으로 남측 해병대원 2명이 전사했고 16명의 군인이 중경상을 입었으며 민간인 2명이 사망했다. 텔레비전을 통해서 보도되는 피격 실상에 한국 국민들은 분개했다. 대한민국 공군은 무엇을 하는가. 북한 땅에 들어가서라도 공습을 퍼부어야 한다고 흥분했다. 그러나 최종 전시작전통제권(이하 전작권)을 행사하기 위해서 한·미 간의 협의가 필요한데 시간이 허락하지 않았다. 한국은 유엔 교전수칙을 지키고 있었다.

이명박 정부는 노무현 정부에서 약속한 전작권 반환 시한을 2015년 12월 말까지 연기했다. 다음 정부로 미루어 책임회피라는 지적이 있었다. 한국은 2010년 3월 천안함 격침에 이어 11월 북한의 연평도 포격에 속수무책으로 당할 수 밖에 없었다. 북한은 경험적으로 한·미동맹으로 묶여 있는 한국이 즉각적으로 대응할 수 없을 것으로 간주하고 이를 지나치지 않았다.

북한의 핵실험과 미사일 발사도 한국은 물론 미국도 이를 막을 수 있는 의지와 힘이 미치지 못한다고 판단했기 때문에 가능하다. 이스라엘이 이란을 포함해서 주변국의 핵시설에 즉각 공습한 경우와 같이 한국이 전작권을 가지고 초기에 공격할 수 있다고 인식한다면 달라질 수 있다. 어쩌면 전작권이 없는 한국은 주인의식이 없다고 무시당하고 있는지도 모른다. 그렇다면 한·미동맹을 굳건히 하면서도 한국군이 전작권을 가져야 한다는 주장은 타당하다.

한국의 진보는 전작권 전환을 주장한다. 반면 보수는 전작권을 넘기면 한·미동맹에 균열이 올 수 있다고 우려한다. 미국에서의 보수적 입장과 진보적 입장이 거꾸로 된 셈이다. 만약에 한국의 진보 진영에서 추진하는 전작권 전환 의도가 일방적인 미국의 북한 공격을 저지하기 위한 목적이라면, 그것이 과연 누구를 위한 방편인지 대답해야 한다. 북한핵 위협으로부터 무방비로 노출되는 우리 국민들의 기본적인 재산과 생명을 보호하겠다는 강력한 의지를 가져야 한다.

미국에서 보수주의자들은 자신의 안위는 자신이 지켜야 한다는 원칙이 확고하다. 나와 나의 가족, 나의 조국을 위해서 끝까지 목숨을 걸고 싸우겠다는 결기야 말로 가장 무서운 무기다. 미국 공화당의 핵심 지지층은 미국총기협회(NRA)의 약 450만 회원이다. NRA는 미국의 건국이념과 전통적 가치관을 대변하면서 자유와 민주주의를 수호할 수 있다고 믿는다. 그들의 자금력과 로비력은 공화당 후보를 정하는데 결정적인 힘을 발휘하기도 한다. 자신을 방어하기 위해서 동맹은 물론이거니와 국가도 믿지 않는다. 궁극적으로 자신이 소유한 총기야 말로 마지막까지 자신을 보호하는 방어막으로 여긴다.

미국의 보수 정권에게 한국의 보수주의자들이 미국으로부터 전작권 반환을 요구할 수 있다. 공산주의에 대항해서 나의 총기로, 나 스스로 지킨다는 결의야말로 보수주의 이념에 부합한다. 보수는 전쟁을 각오해야 전쟁을 막을 수 있다고 주장하지 않는가.

한국의 보수정부에서 전작권 반환이 이뤄진다면 한·미동맹을 더욱 굳건히 할 수 있는 장치를 충분히 보완해서 적절한 시기를 선택할 수 있을 것이다. 그런데도 이명박 정부는 2015년 말로 기간을 정해서 다음 정부로 미뤘다. 만약 진보정부에서 전작권 반환을 추진한다면 오히려 더 많은 논란을 불러 일으킬 가능성이 높아지게 된다. 북한의 요구에 부합하는 조건을 받아들여 한·미동맹이 약화될 수 있다는 우려가 더 심각하게 제기될 수 있다.

4

2.29 합의 파기

사회주의 역사상 유례가 없는 김일성-김정일-김정은 3대 세습체제는 일반적 형태의 독재국가와 다른 분석이 필요하다. 중국의 경우, 덩샤오핑은 마오쩌둥의 이념투쟁을 승계하지 않고 4개 현대화를 추진해서 경제건설을 목표로 한다. 국가개혁을 위한 체제전환을 통해서 경제발전의 기틀을 닦았다. 덩은 전임자에 대한 공칠과삼(功七過三)으로 비판을 딛고 개혁·개방의 설계사로 거듭날 수 있었다.

북한의 경우, 김정일의 전임자는 자신의 아버지이며, 그 아들이라는 사실만이 후계자로서 정통성을 보장한다. 김 세습체제를 위한 우상화 정책으로 체제 공고화를 이루고자 '유훈정치'를 내세운다. 북한 내에서 철저히 폐쇄사회를 유지해야만 외부세계로부터의 비판을 차단할 수 있다. 반면 북한이 극심한 경제난을 극복하려면 외국의 투자유치를 위해 개방을 해야 한다.

2011년 12월 17일 김정일 사망 이후 권좌를 물려받은 20대 어린 아들의 경험과 카리스마가 현저히 부족했다. 2012년 4월 당대표자회의와 최고인민회의에서 김정은이 당 제1비서와 국방위원회 제1위원장으로 등극하며 정권을 장악해 나갔다. 김정은 체제를 공고화하는 과정에서 그는 고모 김경희 남편 장성택도 잔인하게 제거하는 공포정치를 펴고 있었다. 이복형 김정남도 암살 당했다.

2011년 12월 개최하기로 했으나 김정일 사망으로 연기되었던 세 번째 북·미 고위급회담이 다음 해 2월 23~24일 베이징에서 개최되었다. 김계관 북한 외무성 제1부상과 이틀 간의 회담을 마친 글린 데이비스(Glyn Davis) 미 대북정책 특별대표는 "다소 간의 진전이 있다"고 평가했다. 북한과 미국은 평양과 워싱턴에서 동시에 2012년 '2·29 합의'사항을 발표했다.

첫째, 미국은 대북한 적대 의사가 없으며 상호 주권 존중과 평등 정신에 입각해서 양자관계 개선 조치를 취할 준비가 되어 있다.

둘째, 미국은 9·19 공동성명 준수 의지를 재확인한다.

셋째, 북·미 양측 영양지원팀은 가까운 장래에 만나서 행정적인 세부사항을 확정한다. 지원 대상을 특정하는 미국 프로그램은 최초 24만톤 영양지원을 하고 추가 지원 가능성을 열어놓는다.

넷째, 미국은 문화, 교육, 스포츠 분야 등 인적교류를 증대시키기 위한 조치를 취할 준비가 되어있다.

다섯째, 미국의 대북제재 조치는 북한 주민들의 일상생활에 대한 제재를 목표로 하지 않는다.

이와 같이 미국이 24만 톤의 대북한 영양지원을 하면 북한은 미사일 발사를 유예하고 영변에서의 우라늄 농축을 중단하기로 했다. 그러나 2012년 4월 12일 김일성 탄생 100주년 기념으로 북한이 장거리 로켓을 발사하면서 이 합의는 이행되지 않았다.

이에 즉각적으로 미국이 경고했다. 북한의 시도가 '탄도미사일 기술을 이용한 북한의 모든 발사'를 금지한 유엔 안전보장이사회 결의 1718/1874호를 위반하므로 북한이 발사를 강행한다면 2·29 합의에 저촉되었다. 반면 북한은 '평화적 우주이용권'을 내세워 내외신 기자들을 초청해서 발사과정을 공개했다. 북한은 4월 13일 발사를 강행했으나 실패하고 이례적으로 이를 신속하게 시인했다.

미국은 유엔 안전보장이사회를 통해 북한의 발사를 규탄하는 의장 성명을 도출하고, 관련국들에게 '2·29 합의 파기' 입장을 전달했다. 북한은 향후에도 실용위성들을 발사할 것이라는 입장을 천명했다. 이후 북한은 12월 12일 평안북도 철산군의 서해 위성발사장(동창리)에서 '은하-3호' 로켓을 발사했고, 지구관측위성 '광명성-3호' 2호기가 궤도에 성공적으로 진입했다고 주장했다.

이와 같이 2·29 합의로 북한 비핵화에 대한 진전이 예견되었지만 실제 상황은 이를 뒷받침하지 못하고 있었다. 오히려 북한의 미사일 발사 능력이 고도화되고 있는 상황이 노출되면서 긴장이 고조되었다.

2010년 김정은 후계자 등극 이후 북한에서 후계체제가 불안정하다는 평가가 많았는데 군·행정 경험이 전무하고 심각한 경제난 속에서 3대 세습에 대한 부정적인 시각이었다. 이러한 비판과는 별개로 백두혈통을 내세운 김정은 체제는 안착해서 "김일성 조선의 대를 잇는다"고 명시되어 있는 헌법과 당규로 보장받고 있다. 김정은 정권에서 핵과 미사일 능력은 체재 안정을 도모하기 위해서 불가결한 수단으로 자리매김하고 있다.

5

서울 핵안보정상회의

"같이 갑시다."

미 버락 오바마 대통령이 한국에서의 연설 말미에 외쳤다. 그는 한·미동맹의 굳건함을 나타내기 위해 2012년 3월 25일 DMZ를 처음 방문하고 다음날 오전 한국외국어대학을 찾았다. 연설장에 앉아 있던 나는 오바마 대통령이 '핵없는 세상(nuclear free world)'을 위해 우리 모두의 지혜를 모아 함께 나아가자고 언급해서 서울 핵안보정상회의 방향을 제시하는 것으로 여겨졌다.

1차 2010년 워싱턴, 2차 2012년 서울 핵안보정상회의 핵심의제는 '핵테러예방'이었다. 오바마 대통령이 핵위협을 없애기 위한 구상을 하며 주도하고 있는 핵안보정상회의는 2010년 제1차회의에서 미국, 러시아 등이 핵물질 감축량(핵무기 2만 개 분량)을 약속하는 성과가 있었다.

2차 서울회의에서는 일본 후쿠시마 원전사고 이후 안전문제가 대두되었다. '핵테러예방'과 '원자력발전소안전'은 중대한 문제이지만 핵무기가 없는 세상은 21세기 인류사회가 추구해야 할 담대한 구상이다. 북한과 이란의 핵문제가 주목받고 있는 이유다.

2012년 2월 28~29일 한국국제정치학회(회장 안인해)는 '글로벌 레짐의 형성과 동아시아 핵문제의 전망'으로 국제회의를 개최했다. 기조 연설자로 나선 박근혜 새누리당 비상대책위원장과 한명숙 민주통합당 대표는 핵안보에 대한 보수와 진보의 현격한 시각 차이를 드러냈다.

2012년 2월 28일 열린 '글로벌 핵안보레짐의 형성과 동아시아 핵문제의 전망' 국제학술회의에서 인사말을 하고 있는 안인해 한국국제정치학회 회장(좌)과 기조연설자로 참석한 박근혜 새누리당 비상대책위원회 위원장(중앙), 한명숙 민주통합당 대표(우).

보수진영은 북한 핵 보유는 결코 묵과할 수 없는 문제이며 이런 원칙을 바탕으로 상호신뢰 구축이 절실히 필요하다고 주장했다. 반면 진보진영은 북한 핵문제 악화는 이명박 정권의 대북강경정책에서 비롯되었다고 지적했다. 남북대화가 단절된 상황에서 6자회담 재개를 위한 노력이 단편적으로 이뤄지기는 했지만 북한이 핵포기를 위한 실질적인 행동에 나서기는 쉽지 않아 보였다. 북한은 오히려 경제발전의 필수적 요구로서 평화적 위성 발사를 절대 포기하지 않겠다고 공언했다.

2차 서울 핵안보정상회의를 종료하며 만장일치로 채택한 서울 코뮤니케(정상선언문)는 개정된 핵물질방호협약(Convention on the Physical Protection of Nuclear Material, CPPNM)이 2014년까지 발효될 수 있도록 추진할 것을 명시했다. 다만 핵물질 감축 등을 강제할 수 있는 법적 구속력이 없어서 각국의 자발적 이행 약속에만 의존해야 하는 한계를 안고 있었다.

미국과 중국은 북한 장거리 로켓 발사에 대해 동시에 우려의 목소리를 냈다. 오바마 대통령은 "핵물질을 더 감축하라"고 다른 참가국을 독려한 반면, 후진타오 주석은 핵안보 중요성에 공감하지만 (개발도상국의) 평화적 핵이용 권리를 제한해서는 안 된다고 주장했다.

서울회의는 핵안보, 핵안전의 중요성을 각인시켰으며, 글로벌 거버넌스로 다자협력을 통한 핵문제 해결 방향을 제시했다. 각국의 최고 정치지도자들이 함께 핵문제를 푸는 정치적 모멘텀을 지속적으로 살려 나가는 방안이 모색되었다. 2014년 네덜란드 핵안보정상회의에서는 오바마 대통령이 제창한 진일보한 '핵공포 없는 세상'이 실현될 수 있기를 기대했지만 요원한 바람일 뿐이었다. 2016년 오바마 정부 임기 중에 워싱턴에서 제4차 핵안보정상회의가 재차 열렸지만 별다른 성과 없이 마지막이 되었다.

오바마 대통령이 '핵없는 세상'을 독려하지만 2013년 들어서 북한은 핵실험을 위한 명분과 효과를 극대화하기 위해서 선제공세를 강화하고 있었다. 핵실험 분위기를 대내외적으로 고조시키고 김정은 위원장의 지도력을 부각시킴으로써 핵실험 강행을 예고했다. 오바마 대통령이 내세운 핵폐기에 어떤 보상도 하지 않겠다는 '전략적 인내(strategic patience)' 정책은 아무런 결실을 맺지 못한 채 북한의 핵능력 고도화가 현실화되고 있었다.

2월 12일 북한은 함북 길주군 풍계리 지역에서 3차 핵실험을 강행했다. 이에 한국은 북한의 도발행위는 유엔 안전보장이사회 관련 결의(1718, 1874, 2087호)에 대한 명백한 위반으로 국제사회와 긴밀한 공조 하에 모든 조치를 강구하겠다고 공언했다. 북한은 핵실험이 미국 적대행위에 대한 치솟는 분노를 보여주고 자주권을 지키려는 "선군조선의 의지와 능력을 과시"하려는 목적이라고 했다.

유엔 안전보장이사회는 북한 3차 핵실험에 대해 강력히 규탄하면서 추가제재 논의에 착수한다는 언론성명을 발표했다. 미국은 백악관 성명으로 이를 심각한 도발 행위로 규정했다. 중국 외교부는 단호히 반대한다는 성명을 발표했다. 일본 총리는 매우 유감이라는 표현으로 반감을 드러냈다.

2006년에 이어 2009년 북한의 2차 핵실험으로 한반도에서 긴장상태가 지속되고 있었다. 실용주의를 내세운 이명박 정부는 대북한 관계에서 상생·공영을 통한 전향적인 정책을 추진하고자 시도했지만 북한은 이에 아랑곳하지 않고 미사일발사, 핵실험 등으로 대응해서 번번이 좌절되었다.

남북대화가 이어지기 위해서 북한이 관심을 가질 수 있는 아젠다를 발굴하고 이를 실행할 수 있도록 협상의 장이 펼쳐지도록 노력해야 한다. 하지만 이명박 정부는 시작부터 김정일 위원장이 직접 합의한 6.15공동선언, 10.4선언을 존중하지 않는 듯이 7.4공동성명과 남북기본합의서를 내세웠다. 상대방을 인정하지 않고 상대하지 않으려 한다면 더 이상 진전을 기대할 수 없다.

남북대화가 단절되면서 당국자 간의 접촉이 없었고 고위급회담도 열리지 않았다. 전쟁 중에도 적군과의 대화와 협상 창구는 열어놓는데 한국정부는 전략적 마인드가 아닌 실용적 접근을 강조하는 탓에 눈앞의 사건전개에 연연하는 듯 보였다. 이 대통령은 '비전 3000'으로 북한 경제발전을 약속했지만 북한의 비핵화 의지를 전제조건으로 내세우면서 아무런 진전도 없이 임기를 마쳤다.

남과 북의 관계개선을 위해서 적어도 합의 내용 자체를 부인하기보다는 운영의 묘를 살려서 상호주의와 투명성을 내세우며 일단 북한을 협상 테이블에 앉힐 수 있어야 한다. 서로 실행 가능한 방안을 제시하지 않은 채 상대방에게 책임을 묻는 행태를 보이면 진정성에 바탕을 둔다고 받아들이지 않는다. 미국 공화당 행정부와의 관계 복원을 위해서 이명박 대통령이 부시 대통령과의 친분에 치중하면서 대중국정책에서 균형을 맞추지 못한 측면이 있다는 비판을 받았다.

한반도를 둘러싼 역학관계에서 중국과 미국 사이에서 줄다리기 (hedging)를 하려는 대외정책은 양측으로부터 신뢰를 받지 못할 수 있다. 반면 어느 한편에 치우쳐서 공조하게 되면 오히려 대북한 관계에서 별다른 진전을 볼 수 없었던 경험을 되새기게 된다.

제7장

신뢰가 쌓이면
(박근혜 정부)

이율배반(二律背反)
두 개의 상반된 명제가 동시에 성립한다.

박근혜 정부 출범에 따라 '한반도 신뢰프로세스'로 남북한 신뢰 구축을 통한 관계개선을 기대했다. 동북아공동체구상에 따른 유라시아 이니셔티브, 드레스덴 제안을 하게 되었다. 북한과의 협력이 전제되지 않는다면 남북한관계 진전을 기대할 수 없었다. 전임 정부에서 내린 5.24조치로 인도주의적 지원을 비롯해서 거의 모든 남북교류가 멈췄다. 민족 동질성 회복을 내세웠지만 북한의 협조를 얻을 수 있는 방안이 포함되지 않았다.

박 대통령은 시진핑 주석과 개인적 호감을 바탕으로 한·중관계 복원을 위해서 각별한 노력을 기울였다. 시 주석은 이에 화답하듯 2014년 평양보다 서울을 먼저 방문해서 깊은 인상을 남겼다. 한·중 정상회담 이후 '전략적협력동반자' 관계발전과 한반도 비핵화 방안에 대한 심도 있고 허심탄회한 대화를 할 수 있는 분위기가 만들어졌다. 한국과 중국은 한반도 평화와 안정을 위한 목표를 추구는 데 이견이 없지만 어떤 수단을 통해 목적을 달성할 것인지에 대한 전략적 접근은 다를 수 있다.

북한이 '경제·핵병진정책'을 공식화하면서 이를 헌법에 명기하고, 핵 능력 고도화로 한반도 안보환경에 대한 우려가 증대하고 있었다. 북한이 병진노선을 내세우지만 경제난이 심화되면서 배급제에 의존할 수 없게 되자 '장마당 세대'가 출연했다.

북한 핵무기제조에 현금제공이 가능하다는 이유를 들어 개성공단마저 폐쇄되고, 갑작스러운 철수 결정으로 남한 기업들도 엄청난 손실을 입었다. 개성공업지구는 성공적으로 운영된 흑자 경영 방식이었으나 남북경협이 완전히 단절되고 말았다.

1

한반도 신뢰프로세스

2013년 2월 박근혜 정부가 출범하기 직전 북한은 3차 핵실험을 감행했다. 남북한관계는 경색국면에서 좀처럼 해빙될 기미를 보이지 않는 가운데 대내외적으로 산적한 문제가 쌓이고 있었다. 한반도에 기회와 도전의 창문이 함께 열렸다는 의미다. 박 대통령은 굳건한 안보태세를 갖추어 어떠한 북한의 도발도 용납하지 않겠다는 강력한 의지를 피력했다. 확고한 안보대비로 국민의 안전을 담보하고, 그 바탕 위에 유연한 남북대화의 문을 열어 나가고자 했다. 이는 원칙을 지키고 신뢰를 구축해서 국제사회의 모범적 규범에 부응한다는 것이다. 국내 산적해 있는 현안에 원칙을 지켜 나가고, 남북한 문제에서도 원칙적 대응 과정에서 오히려 신뢰를 쌓아 갈 수 있다는 구상이었다. '한반도 신뢰프로세스'는 상대국과의 신뢰구축을 외교의 우선적 가치로 내세웠다.

전임 이명박 대통령이 보수 정부로 정권교체를 이룬 이후 이전 노무현 대통령의 친중국 정부라는 인식을 불식시키기 위해서 한·

미동맹을 강조하고 미국에 치우친다는 인식이 있었다. 이에 박근혜 정부는 거버넌스 전반이 신뢰의 가치를 바탕으로 새롭게 조율되어야 한다는 점을 내세웠다. 중장기적으로 공감할 수 있는 전략적 미래비전이 필요하며 북한이 국제사회에 책임있는 일원으로서 참여할 수 있도록 안팎의 환경을 조성하고자 했다. 보수정부에서 악순환을 거듭하는 남북한관계에 돌파구를 마련해서 향후 불가역적인 통일한국의 미래를 견인하려는 의도로 제안했다.

대북한 정책에서 원칙과 유연성, 비핵화와 신뢰구축, 비판과 지원을 동시에 이루고자 했다. 6자회담을 비롯한 다자회의에 대비하면서 평화 의제를 내세웠다. 탈북자를 지원하면서 통일 교육에 신뢰프로세스 정신을 불어넣고자 했다.

남과 북이 통일을 준비하고 통일을 이룩해야 하는 시기가 도래했다고 공표했지만 대북한 정책이 일관성을 잃어버리면서 그 빛은 바래고 말았다. 남북대화 재개를 제의하면서 박근혜 정부는 신뢰구축을 위한 원칙을 내세웠지만 북한은 핵실험과 미사일 발사를 멈추지 않았으며 남한 정부를 상대하지 않았다. 미국을 비롯한 국제사회가 북한에 대해 강력한 압박을 예고하게 되면서 한국정부의 대화 재개 의도는 메아리 없는 울림이 되고 있었다.

박 대통령은 핵실험의 최대 피해자는 북한이 될 것이라고 경고했다. 오로지 핵국가를 목표로 내세우며 '경제·핵무력건설병진정책'을 추구하는 북한을 상대로 대화의 장으로 이끌 수 있는 방안이 마땅치 않았다. 2013년 4월 존 케리(John Kerry) 미 국무장관은 한국·중국·일본 순차방문으로 북한 비핵화를 위한 정책을 조율하고 북한의 대화 참여를 촉구했다. 하지만 북한은 '교활한 수작'이라며 남북대화의 창을 걷어차 버렸다. 핵개발의 유혹에서 북한이 벗어나 남북대화에 응하도록 유인할 수 있는 탈출구를 찾아야 했다.

오바마 대통령은 취임 초 북한과 직접대화를 결심한 것으로 알려졌다. 북한은 중·미정상회담이나 남북회담에서 북·미회담에 대한 희망을 가질 수 없어서 직접 북·미회담의 계기를 만들고자 했다.

북한이 미국을 압박하기 위해서 핵 실험이든 미사일 발사이든 추진한다는 견해가 있다. 북한의 무력도발은 대화를 요청하는 북한식 언어로 협상을 위한 지렛대로 보는 시각이다. 김정은의 목표는 핵무기 보유국으로 인정받고 미국과 동등한 '힘의 균형'을 이루는 것이다.

박근혜 정부에서 '통일대박' 슬로건으로 통일외교를 향한 여정이 시작되고 있었다. 6월 23일 시진핑 주석은 중·미정상회담 후 "중국 측은 궁극적으로 자주적 (남북)평화 통일을 실현하는 것을 지지한다."고 언급했다. 미국과 중국이 모두 한반도 통일에 찬성한다는 의사를 표시했다.

중국의 시 주석과 한국의 박 대통령은 새로운 정부출범에 맞춰 국빈형식의 방중을 통한 6월 27일 한·중정상회담으로 상호 견실한 신뢰관계를 구축할 수 있었다. 박대통령은 방중 슬로건으로 '心信之旅'(마음과 믿음을 쌓는 여정, a journey of connecting hearts and building trust)를 내세워 중국인들의 큰 호감을 얻었다. 이에 한·중 전략적 협력동반자관계 내실화를 위한 조치들이 이어졌다.

한·중은 포괄적·다층적 전략적 소통 채널을 구축하기로 합의하고 기존채널을 강화함으로써 긴밀한 관계를 유지하며, 외교장관 간의 상호방문을 정례화하고 핫라인을 설치하기로 했다. 또한 양국은 양자관계와 더불어 세계 금융위기, 기후변화 등 지역과 글로벌 이슈에 대한 협력을 추구하기로 했다.

중국에서 "한류(韓流)"와 한국에서 "한풍(漢風)"으로 상호 활발한 문화교류가 이뤄지고 있었다. 양국 국민간의 다양한 문화형태의 교류, 특히 인문유대 강화에 합의해서 상호 우호정서를 심화시키는 계기로 삼고자 했다. 특히 학술, 청소년, 지방, 전통 예능 등에서 인문분야교류를 확대하기로 합의했다. 이에 교육과 예술분야에 이르는 문화산업, 관광, 스포츠 등 다양하고 광범위하게 교류가 이뤄질 수 있었다. 이와 같이 정치안보·경제교류가 확대되고, 상호문화에 대한 이해가 깊어지고 인적교류가 증대됨에 따라 양국간 상호 신뢰감은 더욱 높아질 수 있을 것이다.

2014년 시 주석은 전임자들과는 달리 평양보다 서울에 먼저 오는 기록을 남겼다. 7월 4일 서울대 강연에서 "이웃집 친구를 만나러 온 것(串串门, 看看朋友)"으로 표현하며 박 대통령과의 개인적 친분을 표시했다. 중국 인민들은 중국 특색의 사회주의 길을 따라 중화민족의 위대한 부흥을 위한 '중국몽'을 실현하고, 한국 국민들도 "국민행복시대"로 '제2의 한강의 기적'을 실현해서 '한국의 꿈'을 이루기 위한 노력에 전력을 다하여 중·한 양국 간에 협력을 강화해 나가자고 했다. 천하의 하천을 가리지 않고 받아들이는 바다처럼(海納百川) 개방적이고 포용적인 마음가짐으로 중국은 '화이부동(和而不同)' 정신으로 각기 다른 문명의 다양성을 상호 존중하고 조화로운 공존을 적극 추진하자고 제안했다. 또한 안중근 의사가 남긴 "세월을 헛되이 보내지 마라, 청춘은 다시 오지 아니한다"(百日莫虛送靑春不再來)는 글귀대로 청년들이 청춘을 소중히 여겨서 중·한 양국 우호의 충실한 계승자로서 아시아 부흥에 적극적으로 참여할 것을 당부했다.

박 대통령은 2013년 중국 방문시 '중·한 비즈니스 포럼' 연설에서 중국어로 "先做朋友, 再做生意(장사보다 친구가 먼저 되어야)"라고 한 말을 상기하면서 국제관계에서도 의로움(義)과 이익(利) 관계를 추구하자고 제안했다. 남북한 양측의 지속적인 '남북관계개선 프로세스'를 추진한다면 한반도 국민들이 자주평화통일의 숙원을 실현시킬 수 있을 것으로 전망했다. 한국정부가 내세우는 한반도 신뢰프로세스와 동북아 평화협력 구상에 대해서 중국은 지지를 표명했으며 양국은 한반도에서의 비핵화를 이루어 북한의 변화를 이끌어내는 노력을 기울이기로 했다.

첫째, 한·중 정상은 한반도 비핵화를 위해 북핵 불용의 기본 입장을 공유함에 따라 비핵화를 공동성명에 명시했다. 북한이 유엔안전보장이사회 결의 및 9.19 공동성명에 따른 의무와 약속을 이행하기를 촉구했다. 다만 중국이 안보리제재의 이행을 얼마나 엄격하게 적용할 것인가 여부에 따라 중국의 의지의 강도에 대한 신뢰를 가늠할 수 있을 것이다.

둘째, 한국은 '한반도 신뢰프로세스'와 '동북아 평화협력 구상' 등에 대한 중국지지를 확보하게 되었다. 중국은 한국과 '역내 신뢰와 협력 구축'을 위한 공동목표를 달성하기 위한 노력을 기울이기로 합의했다.

셋째, 양국은 한반도 평화 통일을 실현하기 위해서 북한의 변화를 이끌어내야 한다는데 공감했다. 이로써 북한은 국제사회에 책임 있는 일원으로서의 의무를 다할 수 있어야 한다.

박근혜 대통령과 시진핑 주석 간의 상호 친분은 마치 1980년대 영국 마가렛 대처 수장과 미국 로널드 레이건 대통령 간의 개인적 친분에 바탕을 둔 친밀감의 분위기에 비교되기도 했다. 하지만 당시 영국과 미국에 모두 보수정당이 집권한 민주주의 가치 동맹에 비해서 한국 민주주의와 중국 사회주의가 보여주는 차이를 넘어설 수 없었다.

노벨평화상 수상자로서 미국에서 재선된 오바마는 세계평화에 기여하고 역사에 길이 기억되는 대통령이 되고 싶을 것이었다. 빌 클린턴 대통령이 임기 말에 북·미정상회담을 넘보았듯이 그도 임기 후반기에 이르러 한반도 문제의 극적 해결을 위한 시도를 할 수 있었다. 그러나 오바마 대통령이 내건 '전략적 인내(strategic patience)'는 '전략적 비인내(strategic impatience)'가 필요했다는 비판만을 남긴 채 성과를 내지 못했다.

2

유라시아 이니셔티브

박근혜 정부는 '동북아평화협력구상'으로 경제통상과 문화교류의 큰 장벽인 평화와 안보 위협을 해결해서 평화와 번영의 유라시아를 주창했다. 한국의 '유라시아 이니셔티브'는 물류 및 에너지 네트워크 구축을 통해 '하나의 대륙'이 목표다. 국제적 차원의 창조경제 추진과 문화인력교류 확대를 통한 '창조의 대륙'을 만들고자 했다.

중앙아시아 경제는 근래 세계 평균보다 높은 경제 성장률을 보였다. 2009년 이후 2013년까지 투르크메니스탄과 우즈베키스탄은 평균 성장률이 각각 10%, 8%를 상회하는 높은 경제발전을 이뤘다. 한국과 중앙아시아의 경제협력은 지속적인 경제성장을 위해서 충분히 상호 이익이 될 수 있었다. 러시아는 푸틴 대통령이 '신동방정책'으로 극동지역개발에 중점을 두는 만큼 한국의 '유라시아 이니셔티브'와 연계되어 상호 시너지효과를 낼 수 있다고 주장했다.

한국과 중국이 양측의 중장기 대외발전 전략인 '유라시아 이니셔티브'와 '일대일로'의 정책을 연계해서 강화하기로 합의했다.

2015년 10월 31일 박 대통령과 리커창 총리의 정상회담에서 이 내용이 담긴 양해각서를 체결했다. 양국은 '유라시아 이니셔티브'와 '일대일로'로 정책공조, 기반시설연결, 무역·투자활성화, 금융협력 등 다방면으로 경제협력을 확대하고자 했다. 이를 통해서 인프라 건설과 금융 등 상호 협력을 강화하고 아시아인프라투자은행(AIIB)을 활용해서 한국 기업의 해외 진출도 촉진할 것으로 예상했다.

'유라시아 이니셔티브'에 대한 비판도 외면해서는 안 된다. 당면한 북한 핵문제에 모든 외교력을 소진한다면 유라시아 국가들과 양자 및 다자 관계를 발전시키지 못하고 수사(Rhetoric)만 반복할 수도 있다는 우려가 있었다. 또한 이를 제창함에 있어서 정밀한 로드맵이 없고 구상 차원에 그친다는 지적이 있었다. 유라시아 협력을 주도적으로 이끌 수 있는 컨트롤 타워가 보이지 않고 핵심 채널도 형성되어 있지 않았다. 예측하기 힘든 대북한관계 변화에 따른 다양한 시나리오를 만들고 이에 대처하는 전략수립이 중요하다는 점을 간과하지 말아야했다.

유라시아지역에 포진해 있는 러시아, 중앙아시아 등 북방지역은 아직 시장보다 정부가 더 큰 영향력을 미치는 국가들이다. 이에 정책 결정에 직접 참여하는 고위급 채널을 확보해야 한다. 유라시아 구상을 내놓으면서 이를 추진할 수 있는 여러 가지 장치가 제대로 작동하고 있는지에 대한 의문이 있었다. 동북아개발은행을 만든다는 구상도 발표했지만 자금 마련을 위한 로드맵은 보이지 않았다.

'동북아평화협력구상'은 박근혜 정부의 외교정책의 일환으로 다자협력 구상이었다. 문재인 정부에서 동 구상이 '동북아플러스책임공동체'로 계승되어 발전시키고자 했지만 이후 사실상 유명무실해지는 수순을 밟았다. 주요 원인은 박 대통령 탄핵으로 추진동력을 상실하면서 구체적인 계획이 없어서 성과로 이어지지 않았으며 국제환경 변화에 따른 추진에 난항을 겪게 되었다.

동북아는 이념적 가치관, 지역문화 등의 다양성에 따르는 정치적 갈등으로 마찰을 빚기도 한다. 이에 따라 비정치적 분야에서의 교류협력을 통한 정치적 협력을 이루기가 쉽지 않은 구조다. 역내 국가 간의 기능주의적 접근에 한계가 있다.

3

드레스덴 선언

박근혜 대통령은 독일 드레스덴 공대에서 '한반도 평화통일을 위한 구상'을 발표했다. 2000년 3월 김대중 대통령의 '베를린 선언'은 남북정상회담과 6·15 공동선언으로 이어졌지만 2014년 3월 드레스덴 선언은 북한의 호응을 이끌어 내지 못했다.

통일기반 조성을 위한 드레스덴 구상은 3대 제안을 담고 있다. ①인도적 문제 우선 해결, ②민생 인프라 구축, ③남북 주민 간 동질성 회복을 위한 구체적 방안들이다. 그 어느 것 하나 북한의 협조 없이는 제대로 실행할 수 없다. 북한 생존전략의 걸림돌은 비핵화 요구와 5·24 조치다. 2010년 천안함 폭침을 사죄하라며 내린 5·24 조치로 인해서 남북한관계는 단절되다시피 했다. 드레스덴 연설에는 이에 대한 언급이 없다.

김정은 국방위원회 제1위원장의 최우선 목표는 3대째 내려오는 세습체제를 안전하게 유지하는 것이다. 김일성 주석-김정일 국방 위원장 직위를 영구히 비워 두고 후계자로서 정통성을 세우고자 한다.

김정은 여동생인 김여정 노동당 중앙위원회 제1부부장은 실질적인 비서실장 역할을 수행하면서 '백두혈통'의 순수성을 내세운다. 세습 후계자 지위로는 그의 할아버지, 아버지를 결코 부정할 수 없다.

북한은 세습체제 유지를 위해 '폐쇄사회(closed society)'로 통제해야 하지만 경제난 타개를 위해서는 '개방정책(open door)'을 펴야 하는 '체제 패러독스(system paradox)'를 안고 있다. 완전히 다른 방향으로 날고 있는 두 마리의 새를 동시에 잡으려 한다. 정권 보장의 안전판으로 핵국가로 인정받고 이를 바탕으로 대외경제 환경을 개선해서 경제개발을 추진하려 한다. 러시아의 침공을 받은 우크라이나 사태는 구소련에서 분리될 때 핵무기를 포기한 대가로 볼 수 있다. 이라크 사담 후세인의 최후도 핵무장을 하지 않아 정권 수호에 실패한 사례로 교훈을 삼고 있을지 모른다.

경제발전을 위한 대외경제협력의 상대국으로는 위험부담을 안아야 하는 남한이 가장 마지막 순서일 수 있다. 이는 북한을 흡수통일 할 수 있는 유일한 국가인 남한을 배제하고 싶다는 의미다. 남측과는 개성공단 확대와 금강산관광 재개 등을 통해 북한 정권의 통치 자금을 확보할 수 있다면 안전한 거래라고 여길 것이다.

동독 출신인 앙겔라 메르켈 독일 총리는 통일의 상징적 인물로 유럽에서 최강국인 독일을 이끄는 롤모델이 되고 있다. 반면 북한은 동독이 무너질 때 쫓겨난 독재자 에리히 호네커 서기장을 떠올리고 있을 것이다. 통일된 한반도에서 존엄이 보장되지 않는 최고 지도자의 모습은 김 위원장에겐 악몽이다. 북한은 대량살상무기의 전쟁 억지력을 내세우며 정권안정을 위해 정전체제의 평화체제로의 전환을 요구한다. 북한이 절실히 원하는 목표를 달성하기 위해서 한국이 도움이 된다고 상대방이 느낄 수 있어야 한다. '신뢰'의 시발점이다. 한반도에서 평화체제가 정착되지 않는다면 평화통일 구상도 실현될 수 없을 것이다.

드레스덴 선언에도 불구하고 한반도의 2014년 4월은 잔인한 달을 예고하고 있었다. 백령도에서 전단 살포, 서해상 북한어선 나포, 한·미연합군사연습이 이어졌다. 김일성 주석 탄생을 기념하는 태양절(15일)과 북한군 창건 기념일(25일)이 4월에 있다. 지피지기(知彼知己)의 지혜를 발휘하려면 상대방의 속마음을 꿰뚫는 안목으로 냉철한 판단을 할 수 있어야 한다.

김대중 정부는 2000년 베를린 선언 이후 남북정상회담이 이어지는 과정에서 북한과 긴밀한 교감을 한 것으로 알려졌다. 북한의 긍정적인 반응이 반영되어 남북한 간에 획기적인 관계개선이 이뤄질 수 있었다. 반면 박근혜 정부의 2014년 드레스덴 선언은 발표 전에 북한이 사전에 이를 감지하고 대응했는지에 대해서 회의적이다.

2014년 9월 19일~10월 4일 동안 개최된 인천아시안게임 폐막식에 당시 북한 최고 실세 3인으로 김양건 노동당 통일전선부장 겸 대남담당 비서, 최룡해 노동당 비서, 그리고 황병서 군 총정치국장이 참석했다. 북측 대표단은 인천국제공항을 통해 남측에 도착하자마자 김관진 국가안보실장, 김규현 국가안전보장회의 제1차장, 류길재 통일부 장관 등의 남측 대표단과 오찬 회담을 가진 이후 폐막식 참관을 위해 선수촌으로 이동했다. 당시 북한 대표단의 방한 목적은 인천아시안게임에 참가한 북한 선수들을 고무하고 격려하는데 있었으므로 박근혜 대통령을 예방하지 않았다고 알려졌다.

남북대화는 더 이상 이어지지 않았다.

4

장마당 세대

북한은 스스로 '핵국가'라고 공표하고 '경제·핵병진정책'을 내세
웠다. 북한은 채택 1주년이 된 2014년 3월 31일 노동신문에 노동당
중앙위원회 전원회의에서 '핵포기 없다'고 강조한 내용을 실었다.
신문 사설에서 북한은 "병진노선을 생명선으로 꿋꿋이 틀어쥐고
자주의 길"로 나아가겠다고 주장했다. 미국이 '선 핵포기'를 강요하
고 있지만 북한은 "미제의 압력에 절대로 굴복하거나 타협하지 말
아야 한다"는 결기를 보였다.

허를 찌르듯 2016년 9월 5차 핵실험을 전격적으로 단행한 북한
이 미국 본토에 다다를 수 있는 핵능력을 갖게 되었다고 선전했다.
북한의 무력시위와 이를 저지하려는 유엔 제재가 이어지고 또다시
북한이 강력히 반발하면서 점점 더 강도를 높여가고 있었다.

김정은 위원장 주도 하의 북측 주장은 다음 세 가지로 요약된다.

첫째, 근본적 위기를 유발한 원인은 미국의 대북한 적대시 정책
이다. 북한의 위성 발사와 핵실험은 외부에서의 위협에 대항하는

정당한 '주권적' 행위로서 국제사회의 제재는 부당하다.

둘째, 국가적 전략목표는 경제건설과 핵무력 건설을 동시에 이루는 병진노선이다. 핵무기 보유는 중요한 전략 자산이며 결정적으로 체제 존립에 기여한다. 경제적 유인으로 핵을 포기할 수 없다.

셋째, 김 위원장을 중심으로 공고한 유일지도체제를 유지한다. '체제의 존엄'이 훼손되는 일은 결코 용납할 수 없으며 무력분쟁도 불사할 준비가 되어 있다.

북한은 핵보유국으로 인정받으며 북·미관계를 개선하고자 한다. 한국전쟁으로 맺은 정전협정을 평화협정으로 대체하고 평화체제로의 전환을 통해 궁극적으로 북·미관계 정상화를 목표로 한다. 이를 위해 남한의 도움이 필요하다고 인식한다면 북한이 남북대화에 응하게 되는 모멘텀이 마련될 수 있다. 중국이 내세우는 북한 비핵화와 평화협정을 위한 대화를 병행하는 형식이 될 수 있다.

북한이 병진노선을 내세우지만 '이밥에 고깃국'을 인민들에게 충분히 제공하지 못하고 식량난과 소비재 부족에 시달리고 있다. 풍부한 천연자원을 보유하고 있지만 아직은 산업화 할 수 있는 기술과 자본이 턱없이 부족하다. 산업발전의 뒷받침이 돼야 할 사회간접자본은 미미하다. 외국자본 유치를 통한 경제발전을 위해서 투명한 '개방정책'이 필수적이지만 자금이 지하경제로 숨어들고 있다.

북한에서 일상화된 생필품 부족과 영양결핍에 직면해서도 김 부자에 대한 충성맹세는 변하지 않는다. 많은 탈북자들은 남한으로 와서야 김 부자의 실체를 알게 된다. 이들은 우상화를 통해 습득했던 이전의 사고를 부정해야 하는 상황이 가장 힘들다고 고백하기도 한다. 처절한 시련에도 불구하고 희망을 잃지 않고 자유를 찾아온 굳은 의지가 감동을 준다.

1990년대 '고난의 행군' 이후 북한의 경제 상황은 매우 열악하다. 배급제가 제대로 시행되지 못해서 주민들은 일상생활에 필요한 물품들을 암시장을 비롯한 시장 경제에 의존해야 하는 상황이다. 최근 500개 넘는 '장마당'이 북한 경제에 기능적으로 필수적인 역할을 맡아서 북한 경제발전에 기여하고 있다고 알려진다. 이에 '장마당 세대'가 출연해서 눈길을 끈다. '돈벌이에 관심이 많고 부모세대에 비해 북한 체제에 대한 충성도가 낮은 세대'로 규정된다. 이러한 어려움을 헤쳐 나온 장마당 세대는 시장경제체제에 친숙하다. 자고 일어나면 굶어 죽는 사람이 늘어나는 상황에서 장마당에 나가서 물건을 팔아 살길을 찾아야만 한다. 이 세대는 패션에 민감하고 소비지향적이며 외부 문화에 대한 개방도가 높아서 북한체제 변혁의 주축이 되고 있다.

장마당을 경험한 탈북민들에 따르면 북한 2030 장마당 세대의 보편적 사고를 이해할 수 있다. 장마당 세대는 '자립자족'한다는 측면에서 기성세대와 상당한 차이가 있고 자생적으로 살아남겠다는 생각이 강하다. 배급 체제가 무너졌고 이 과정에서 국가에 대한 믿음이 사라졌으며 자력으로 경제활동을 하게 되니 정부에 대한 소속감과 충성심이 옅어지게 되었다.

장마당에 대한 국가 차원의 규제가 있었지만 '고난의 행군' 이후 지역별 농민 시장이 10일장으로 열리던 것이 매일 열리게 되면서 당국이 일일이 막을 수 없다. 장마당 세대에게 '고난의 행군'은 특별한 의미가 있다. 한국에서 경제 상황을 IMF 전후로 나누어 분석하듯이 북한은 '고난의 행군'을 기점으로 나눌 수 있다.

1990년대 초반 까지 국가가 꾸준히 배급을 해서 주민들의 생계를 책임졌다. 1992년부터 점점 그 양이 줄어들었고 1994년 이후 배급이 절반 밖에 되지 않았다. 1996년부터는 아예 소량의 배급마저 중단되고 말았다. 특히, 1997~8년에 이르러서 큰 고비를 맞게 되었다. 식량을 충당할 수 있는 능력이 되지 않는 가정의 사람들은 대부분 아사했고, 1999년부터 살아남은 사람들은 각자 생존방식을 찾아야 했다. 바로 이 시기에 장마당이 활성화되는 계기가 되었다.

2000년대 초에 이르러서는 장마당이 없으면 생계를 이어 나가기 힘들 정도가 되었다. 생필품을 비롯해서 가전제품, 식료품, 의류 등 모든 물품이 거래되고 시장기능을 담당했다. 북한은 잦은 화폐개혁으로 돈 가치가 고르지 못해서 장마당에서 이뤄지는 가격체계도 일정하지 않았다. 이를 보완하기 위해 장마당은 북한 화폐보다 국제시장 가격대로 움직여서 가격체계로는 세계에서 가장 개방적인 시장이라고 일컬어 지기도 한다.

북한의 총체적 난국은 2013년 2월 3차 북한 핵실험으로 국제사회의 새로운 대북제재를 필두로 악화될 조짐을 보였다. 일본 아사히 신문은 중국의 4대 국유 상업은행(中国银行, 建设银行, 农业银行, 工商银行) 모두 대북송금 업무를 중단하였다고 보도했다.

북한이 핵문제로 경제적 제재를 받는다면 실질적으로 가장 피해를 보는 주민들은 여성과 아이들이다. 북한에서 이미 배급제가 무너졌다고 알려졌지만 일정하지 않은 배급이라도 수령하기 위해서 남성들은 일터를 지키고 있어야 한다. 반면 여성들은 부족한 식량을 마련하기 위해 감자전 등을 만들어 팔아서 유용한 식량으로 바꾸어 먹을 수 있어야 한다. 지방에 있는 친척이나 친구 집에 가서 빌어 오기도 한다. 더 어려운 상황이라면 중국으로 넘어가 장사를 해서라도 부족분을 메꾸려고 애쓴다. 어린 아이들은 굶주림으로 '꽃제비' 생활을 하면서 식량을 얻어먹기도 하고 정처 없이 떠돌면서 가족해체 상황으로 내몰리기도 한다.

박근혜 정부의 대북 인도적 지원 액수가 전임 정부시기보다 훨씬 줄어 들었다. 2016년 9월 통일부 자료에 의하면 2016년 6월까지 3년 4개월여 동안 지원 액수는 648억 원에 그쳤다. 이는 같은 보수 정권인 이명박 정부 5년간 대북 인도적 지원 2,575억원의 25.1% 수준에 불과했다. 대북 강경정책으로 인해서 인도적 지원이 실질적으로 위축되었다.

2016년 영국 북한대사관에서 탈출한 태영호 공사와 많은 탈북자들은 김정은을 향한 충성도가 외부에 알려진 것보다 훨씬 약하다고 증언했다. 북한 주민들이 김정은에게 충성하는 이유는 순전히 두려움 때문이라는 것이다. 북한의 생활 여건이 갈수록 어려워지고 있어서 속으로 김정은 리더십을 비판하지만 공개적으로 감히 이런 견해를 드러낼 수 없다고 전했다.

지구상에서 다른 국가로부터 경제제재를 받았다고 해서 붕괴된 국가는 찾아보기 힘들다. 오히려 대내 결속력을 강화시키고 주민들의 투쟁의식을 고조시키는 경향이 있다. 북한에 대한 제재를 강화하게 되면 고위 지도층이 아니라 결국 일반 주민들이 더욱 고통을 받게 된다. 북한에 대한 지원은 인도주의적 입장에서 최고지도층과 일반 주민을 분리해서 최소한이라도 이뤄져야 한다. 특별히 관심을 가져야 하는 어린이와 청소년에 대한 지원은 한반도 미래에 대한 투자다. 미래의 인권을 보호해야 하는 우리의 임무이기도 하다.

5

남북경협 단절

김대중 대통령의 2000년 6·15 선언에 이은 남북경제협력의 구체적인 방안으로 휴전선과 가장 가까운 도시이면서 북한의 군사시설이 있는 개성에 공단이 조성되었다. 김정일 위원장은 군사시설을 지키려는 군부의 강력한 반대에도 불구하고 개성공단 조성을 위한 결단을 내렸다고 언급했다.

원래 계획대로라면 100만㎢를 조성해야 하지만 노무현 대통령 시기 통일부 주도로 전체 5%인 2000㎢에 남북경협 실험이 시작되었다. 남북경제상황에 비추어 보면 개성 공단은 상호 보완적 관계의 장점을 살릴 수 있는 협력 모델이다. 북측은 저임금의 숙련공과 공장시설 부지를 제공한다. 남측은 자본과 기술력을 가지고 제조공장을 세워 노동력 제공에 대한 임금을 지불한다.

개성공단 입주기업 현황은 모두 123개 업체가 가동됐다. 근로자 현황은 북측 근로자에 한해서 2005년 6천명으로 시작해서, 2011년 4만 9천명 등이었고, 2012년 1월에는 5만 명이 되었다. 남측 근로자는 700~800명 정도를 유지하고 있었다. 이명박 정부에서 북한이 2, 3차 핵실험을 단행했지만 개성 공단은 가동되고 있었다.

박근혜 정부는 '비정상의 정상화'를 내세우며 초반에 외교정책에서 후한 점수를 받기도 했지만 일관성을 지켜내지 못했다. 북측에 의해서 폐쇄되었다가 개성공단이 재가동되는 과정에서 남측은 북한의 책임이라는 견해였고, 북측은 남북한 공동책임이라는 입장을 피력했다. 개성공단이 재개되면서 북측 주장이 명문화되었다.

북한이 2013년 4월 3일 개성공단 출입금지에 이어 무력시위의 가능성까지 거론하면서 전쟁도 불사할 듯 위기국면을 맞았다. 향후 남북대화의 험난한 여정을 예고하듯 양측은 마주 달리는 기차처럼 경종의 메시지를 주고받았다.

2016년 북한 4차 핵실험(1.6)과 이후 미사일 발사(2.7)가 이어지면서 박근혜 대통령은 시진핑 주석과의 직접 통화를 시도했지만 한 달여 동안 이뤄지지 않았다. 박 대통령은 2016년 2월 10일 오후 5시 이후 개성공단 폐쇄를 결정했다. 남한 입주기업들이 물품을 철수할 수 있는 시간적 여유도 주지 않은 채 통치행위를 내세워 일방적으로 통보했다. 남한 기업들은 장비와 물품들을 그대로 남겨둔 채 당일 철수해야 했다.

통일부 홍용표 장관은 '개성공단 전면중단 관련 정부성명'(2.10)을 통해서 북한의 도발을 한반도와 국제사회의 평화와 안정에 대한 정면 도전으로 규정짓고 결코 용납할 수 없는 행위로 단정했다. 역내 안보 지형에 근본적인 불균형과 위협이 초래될 수 있고 결국 "핵 도미노 현상까지도 이를 수 있다"는 우려를 제기했다. 이에 핵심당사국인 한국이 국제사회의 제재가 추진되고 있는 상황에서 주도적으로 참여할 필요가 있다고 밝혔다.

개성공단에 총 6,160억원(5억 6천만불)의 현금이 유입되었고, 2015년에 1,320억원(1억 2천만불)이 유입되었으며, 정부와 민간부문에서 총 1조 190억원의 투자가 이루어졌다. 결과적으로 한국정부의 지원이 평화를 가져오는 길이 아니라 북한 핵무기와 장거리미사일 고도화에 악용되었다고 보았다. 이는 한국정부와 개성공단에 입주한 124개 기업들의 노력을 무위로 만들었으므로 부득이 개성공단을 폐쇄하게 되었다고 언급했다. 한국기업들의 피해가 2조 원이 넘을 것으로 예상되었는데 결과적으로 남측의 손실도 엄청났다. 이미 남북경협보험은 자본금 잠식에 들어간 상황이어서 제대로 보상 받을 수 있을지 우려되었다.

한국이 잠정 폐쇄조치를 해제하더라도 개성공단이 재가동되기는 어려워 보였다. 경수로 사건이나 금강산관광지와 유사한 상황이 발생했다. 2월 11일 북측은 ①개성공단 폐쇄 및 군사통제구역 선포, ②남측 인원 추방, ③남측 자산 전면 동결, ④군 통신 및 판문점 연락통로 폐쇄, ⑤북측 근로자 개성공단 철수 등의 조치를 단행했다. 북측에서 개성공단 내 시설을 활용해서 일부 공장이 가동되고 있다고 보도되기도 했다. 개성공단 폐쇄로 북측에 대한 남측의 유일한 협력의 지렛대를 잃어버리고 박근혜 정부에서 남북한 관계는 돌이킬 수 없게 되었다.

북한은 핵개발이 결코 다른 유인목적을 위한 협상용이 아니며 비핵화를 전제로 하는 어떤 대화도 참여하지 않겠다고 선언했다. 북한이 개성공단을 모델로 하는 경협으로는 대남관계에서 경제적 열등성을 벗어날 수 없다고 판단할 수 있다. 개성공단, 금강산관광

등이 북한의 주요 현금확보 수단이지만 핵개발을 포기할 정도의 비중은 아니다. 북한체제 내구력은 제재에 의해서 붕괴될 수 있는 상황이 아니라는 사실관계를 간파해야 한다. 오히려 강력한 제재는 외부의 적을 공통분모로 내부결속을 강하게 할 수 있는 빌미를 줄 수 있다.

이명박 정부와 박근혜 정부를 거치는 동안 보수 정부에서 소위 레드 컴플렉스와 종북주의에서 벗어나 오히려 더 대범한 대북한 정책을 추진할 수 있을 것으로 기대했다. 중국과 소련을 상대하면서 세계질서를 바꾼 미국 닉슨과 레이건 대통령이 모두 반공주의자이면서 보수 공화당원이었다.

통일 비용을 경감하면서 남과 북의 공존공영을 위한 북한의 자생력을 키우려면 어떻게 해야 할 것인가. 북한과 상호주의 원칙을 지키고 투명한 거래가 이뤄질 수 있는 환경을 만들 수 있도록 묘책을 찾아야 한다. 남과 북이 상호 윈-윈할 수 있는 협상이 이뤄질 수 있기를 바라는 염원은 이뤄지지 않았다.

평화가 경제라고
(문재인 정부)

기호지세(騎虎之勢)

빠르게 달리는 호랑이 등에 탄 형국이다.

　조기 대선으로 2017년 5월에 취임한 진보 문재인 정부는 남북대화에 앞서 역대 최강의 대북한 제재조치에 동참해야 하는 상황을 맞았다. 9월 3일 북한은 ICBM 장착용 수소탄 시험으로 6차 핵실험을 단행했다고 발표하였다. 미국 보수 트럼프 행정부 등장 이후 첫 북핵실험으로 한국은 한·미동맹에 따른 긴밀한 협의를 통해 공조하고자 했다. 문 대통령은 한반도에서의 정전협정을 평화협정으로 전환해야 한다고 각국 정상들에게 호소하기도 했다.

　문재인 정부는 한반도 주변국에 국한되는 대외정책이 아니라 '신북방정책'과 '신남방정책'으로 외교의 지평을 넓히고 확장해서 균형 잡힌 외교를 펴 나가고자 했다. 문 대통령은 주변 4개 주요국과 남북한 관계개선을 위해서 '중재외교'를 내세웠지만 오히려 남북정상회담을 통해서 북·미정상이 만날 수 있도록 가교역할을 통한 '중개외교'로 성과를 낼 수 있었다.

　2018년 평창동계올림픽에 북한 선수단 참여로 남북대화의 계기가 되었다. 문 대통령과 김정은 위원장은 남북정상회담을 열고 4.27 판문점선언에 서명했다. 싱가포르에서 6월 12일 최초 트럼프-김정은 정상회담으로 세계의 이목을 집중시켰다. 김 위원장 초청으로 문 대통령과 평양정상회담에서 9.19 평양공동선언을 발표했다.

　그러나 2019년 2월 하노이회담 결렬이후 북한, 미국, 중국으로부터의 호응이 거의 없어서 한반도 평화프로세스는 교착상태에 빠졌다. 북측이 남측에 대해 불신으로 냉대하면서 남북대화가 완전히 막혀버렸다. 문 대통령 임기 내에 이를 타개할 방도를 찾고자 다방면으로 노력했지만 주변환경이 결코 녹록치 않았다.

1

정전협정에서 평화협정으로

북한은 6차 핵실험을 거치면서 핵능력 고도화를 이루고 '핵무력 완성'을 선언하기에 이르렀다.(2017.11.29) 유엔 안전보장이사회의 경고와 제재에도 불구하고 북한은 다양한 형태의 미사일을 수없이 발사했다. 2017년 7월 4일 미국 독립기념일에는 보란 듯이 '화성-14형' 미사일 발사를 단행했다. 북한은 미국 본토를 겨냥할 수 있는 ICBM 발사 성공을 대대적으로 자축하며 선전했다.

트럼프 대통령이 북한을 테러국가로 재지정하자마자 김 위원장은 '화성-15형' 미사일을 발사하고 미국 본토를 타격할 수 있는 능력을 과시했다. 트럼프는 '로켓맨(Rocketman)'이 결코 용인할 수 없는 행동에 대한 죄값을 치르게 하겠다는 엄포를 연발하고 있었다. 한·미동맹의 공동대처 방안에 대한 논의가 물샐틈없이 이뤄지고 있다고 확약했지만 한국과 미국 양측 정부 간에 대북한 정책에 대한 근본적인 시각 차이를 보였다.

(1) 정전협정과 한·미동맹

한·미상호방위조약이 체결되지 않은 채 정전협정만 이뤄졌다면 한반도 평화가 지켜지지 않았을 것이다. 만약 정전협정이 체결되지 않았다면 한·미상호방위조약만으로 한반도 평화가 보장될 수 있을지에 대한 의문이 있다. 결국 정전협정(외교적 협약)과 한·미상호방위조약(군사적 방어역량)은 상호 보완적으로 작용한다. 이 조약도 정전협상 과정에서 한·미 양국이 맺었다. 남북한관계는 군사력만으로 해결할 수 없고 외교협상만으로도 풀리지 않는다.

정전협정은 역사적 수명이 다하였는가. 정전협정이 일방적으로 폐기될 수 없지만 당사자들의 정치적 결단이 중요하다. 남북기본합의서와 9·19 공동성명 정신에 따라, 실제적 정전상태를 유지하면서, 정전협정을 넘어서는 평화체제를 형성해 나가야 한다.

북한은 1974년부터 평화협정체결을 요구했다. 정전협정체결 60년이 되는 2013년에 북한은 북·미회담을 제의하면서 정전협정을 평화협정으로 전환하고, 유엔사령부 해체를 요구했다. 다만 '미군철수'라는 표현을 쓰지 않아서 북한은 평화협정체결 후 미군주둔을 용인하는 것으로 해석되기도 했다.

한·미상호방위조약에 따라 한·미동맹을 굳건히 하기 위해서 매년 합동훈련을 실시해 왔다. 북한은 이 훈련을 매우 위협적으로 간주하여 이에 대응해서 군사력을 유지한다고 주장한다. 연합군사훈련이 지속되는 상황은 미국이 북한 적대시정책을 버리지 않고 있다는 반증이므로 이를 중단하라고 요구한다. 한국과 미국은 북한 핵과 미사일에 대비해서 연합훈련을 하고 있으므로 북한이 도발을 멈추어야 한다고 경고한다.

북한 핵위협에 대비해서 고고도 미사일 방어체계(THAAD, 사드)가 2017년 3월 한국에 배치되었다. 미군과 그 가족들, 군 시설을 보호하기 위해서 미국이 예산을 책정해서 한국에 들여왔다. 한·미 동맹을 맺고 있는데 이를 반대할 수 있는 명분을 찾기가 쉽지 않다. 다만 한국 측이 2년 가까이 3무(요청, 상의, 배치)로 안심시키다가 중국 측에 돌발적으로 사드 도입을 통보한 과정에 대한 절차상 잘못은 짚고 넘어가야 한다. 그렇지만 사드 배치에 대한 중국의 전방위적인 보복은 한국민들이 '라오펑요우(老朋友)'로 여겼던 중국을 다시 돌아보게 한다.

(2) 쌍중단과 쌍궤병행

북한 핵을 반대하면서도 한반도 평화체제 문제에 중국이 조정자 입장에서 교량역할을 하려면 남북한 어느 한쪽을 일방적으로 지지하기 어렵다. 중국은 북한과 협상 분위기를 조성하기 위해서 '쌍중단(双中断)'과 '쌍궤병행(双轨幷行)'을 주창한다. 북한은 핵실험과 미사일 발사를 중단하고, 한국과 미국은 군사연합훈련을 중단하는 '쌍중단'이 선행 조건이 되어야 한다는 것이다.

한국과 미국은 2018년 2월 평창동계올림픽에 맞춰 군사훈련을 연기했다. 중국과 미국이 장단을 맞춰야 남북대화의 장이 열릴 수 있다는 과거 경험에 비추어 한·미 간의 조율을 통해서 중국과 북한이 요구하는 군사연합훈련 중단을 검토한 결과다. 트럼프 대통령은 2019년 3월, 키리졸브 연습, 독수리 훈련, 을지프리덤가디언(UFG) 한·미 연합훈련 중지 결정을 발표했다.

중국이 미국을 견제하기 위해 북한 핵보유를 사실상 용인한다는 관측이 있지만 중국은 북핵보유를 결연히 반대한다고 주장한다.

첫째, 동북아 핵무장 열풍을 불러올 수 있다. 북한의 핵무기 보유는 직접 중국 안보에 위협이 되고 주변국 한국과 일본의 핵무장 명분이 될 수 있다.

둘째, NPT체제가 흔들릴 수 있다. 중국은 이미 1992년 NPT 일원으로 가입했다. 만약 중국이 북한 핵을 용인하면 사실상 핵무기 보유국 지위를 누리는 파키스탄과 인도, 이스라엘의 핵무기 인정 여부에 모순이 생긴다.

셋째, 안전에 대해 방심할 수 없다. 예측 불가능하고 호전적인 북한 정권의 특성상 북한 핵실험에 따른 방사능 유출 위험이 있다. 동북3성은 북핵실험의 영향권으로 유사시 방사능 오염 물질이 중국에 유입될 수 있다.

2017년 9월 23일 제72차 유엔 총회 기조연설에서 이용호 북한 외무상이 거론한 '힘의 균형'은 전략적 현상변경을 의미해서 매우 도발적인 발언으로 받아들였다. 북한의 의도는 핵미사일을 완성시켜서 중국의 지원 없이도 중국 통제권 밖을 벗어나 미국과 핵에 의한 세력 균형을 이루려는 것으로 파악되었다. 북한 미사일 발사와 핵실험으로 중국이 대북한 압박정책에 공조하면서 북·중관계의 변화를 되돌리기에는 늦었다는 인식이 힘을 얻고 있었다. 북한은 미국이 핵보유국으로 인정해야만 대화에 나서겠다고 못 박았다.

시진핑 체제는 한반도 비핵화를 달성하기 위한 국제적 연합전선을 구축하고 공조하는데 적극적이고 확고한 의지를 보인다. 왕이 외교부장이 한반도 정책의 핵심으로 밝힌 '세 가지 입장'은 ①한반도 비핵화, ②한반도 평화유지, ③대화를 통한 분쟁 해결이다. 트럼프 대통령이 전쟁도 불사한다며 무력행사를 하게 되면 북한을 파괴하는 것에 그치지 않고 남한과 중국까지도 상상할 수 없는 피해를 입게 될 것이 자명하다. 중·미관계는 악화될 수밖에 없고, 남북대화가 열릴 길이 멀어진다.

중국은 '쌍중단'의 조건이 충족되어 북한이 협상테이블에 나오면 한반도 비핵화와 북·미 평화협정을 위한 협상을 동시에 진행하는 '쌍궤병행'이 이뤄져야 한다고 주장한다. 중국의 입장을 미국에 설득하기 위해서는 먼저 사드배치 단계를 거쳐야 한다. 한·미 동맹을 내걸고 사드를 도입했는데 만약 중국의 압력으로 이를 철회한다면 한·중관계에도 악영향을 미칠 수 있다. 한·중 전략적협력동반자로서 맺은 중요한 약속이 장차 미국의 압력으로 철회될 수 있다는 가능성을 내포하기 때문이다. 중국이 내세우는 비핵화와 평화협정 동시 추진을 미국이 받아들이게 하기위해서라도 미국의 입장을 고려해서 사드를 배치하는 전략적 선택이 필요하다.

'쌍중단'과 '쌍궤병행'은 중국이 조정자 역할을 자임하면서 북과 남에 동시에 요구하는 조건이다. 북한은 평화협정에 대한 논의가 이뤄지지 않는다면 협상테이블에 앉으려 하지 않을 것이다. 북한 핵문제에 치중했던 6자회담이 별다른 성과를 보지 못하고 이어지지 않고 있었다.

한반도 평화체제는 한반도를 규정하는 휴전체제를 전쟁의 위협이 없는 항구적인 평화상태로 바꾸어 놓는 것을 의미한다. 이를 위해서 평화협정이 체결되어야 하고 이를 구체적으로 보장할 수 있는 조치가 필요하다는 관점이다.

2

평창 너머 평화

2017년 11월 14일 통일부는 '유엔총회 평창올림픽 휴전결의 관련 통일부 입장'을 알렸다. 유엔총회에서 평창동계올림픽 기간동안 휴전결의가 만장일치로 채택되었으며 북한의 평창올림픽 참가를 요청했다. 1988년 서울올림픽이 동서 진영의 화해와 냉전 구도 해체에 기여했으며, 평화는 올림픽의 근본정신이다. 한국이 평창동계올림픽과 패럴림픽을 주관함으로써 한반도 평화를 넘어 전세계의 평화와 협력을 증진해 나갈 수 있을 것이다. 북한도 한반도 평화, 동북아와 세계 평화를 함께 만들자고 호소했다. 평창올림픽을 앞두고 발표된 휴전결의에 대해 북한에서도 긍정적인 사인을 보냈다.

2018년 신년사 연설에서 김정은 위원장이 북측은 조선민주주의공화국 창건 70돌을 맞게 되고 남측은 동계올림픽대회를 개최하는 의의가 있는 해라고 지적했다. 평창동계올림픽은 민족의 위상을 과시하는 좋은 계기가 될 것이므로 많은 성과를 바탕으로 개최되기를 진심으로 바란다는 심경을 피력했다.

한편 김 위원장은 2017년 11월 ICBM 발사 성공으로 '핵무력 완성'을 선언했다. 이어서 신년사에서도 미국 본토 전역이 북한의 핵 타격 사정권에 들어있으며 "핵 단추가 내 사무실 책상 위에 항상 놓여 있다"고 위협하기도 했다. 이에 트럼프 대통령은 "나는 그가 가진 것보다 더 크고, 강력한 핵 단추가 있다"고 응수했다.

김 위원장의 신년사 이후 북한은 연일 남북한관계 개선을 위해 노력하겠다는 입장을 밝혔다. 청와대는 대남 유화 메시지를 환영한다며 평창동계올림픽 대표단 파견을 위한 남북 당국 간 만남을 긍정적으로 평가했다. 평창동계올림픽을 통한 남북관계 복원을 위해 ①남북관계를 정례화한다. ②교류협력을 재개한다. ③인도적 분야 협력을 한다고 합의했다

(1) 베를린 구상

2017년 7월 6일, 문재인 대통령은 독일 쾨르버 재단 연설에서 '베를린 구상'을 발표하고 한국 정부의 일관된 3가지 목표를 내세웠다. ①북한에 대해 적대시 정책을 갖지 않는다, ②북한의 붕괴나 흡수통일을 추구하지 않는다, ③핵과 전쟁 위협이 없는 평화로운 한반도를 만든다. 북한이 올바른 길을 선택한다면 국제사회와 협력해서 북한과 밝은 미래를 함께 열어 나아가자는 의지를 밝혔다.

베를린 구상에 포함된 대북제안의 후속 조치로 이산가족 상봉을 위한 남북적십자회담과 군사분계선상의 적대행위 중지를 위한 남북 군사당국회담을 제안했다. '베를린 구상'의 5대 기조는 다음과 같다.

첫째, 통일이 아닌 한반도의 평화를 추구한다. 남북한이 2000년 6·15공동선언과 2007년 10·4선언의 정신을 되살려 평화로운 한반

도 실현을 위해 협력하고 북한의 붕괴를 꾀한다거나 흡수통일 및 인위적 통일을 지향하지 않을 것이다.

둘째, 북한체제 안전을 보장하는 한반도 비핵화를 추구한다. 국제사회와 함께 완전한 북한 핵폐기를 추구하고 평화체제를 구축해서 북한의 안보·경제 우려를 해소할 것이다. 북·미, 북·일관계개선을 통해 한반도를 비롯한 동북아 현안의 포괄적 해결책을 제시한다.

셋째, 한국적인 평화체제를 구축한다. 남북합의 법제화를 통해 평화의 제도화를 추진하고 남북한과 관련국이 완전한 비핵화와 평화협정체결을 병행하는 사안에 대해 논의할 것을 제안한다.

넷째, '한반도 신경제지도' 구상을 추진한다. 북한 핵문제의 진전을 바라고 여건이 조성되었을 때 비핵화를 추진하며 평화 및 공동 번영의 경제공동체를 형성할 것이다.

다섯째, 비정치적 교류협력은 정치·군사적 상황과 분리해 일관되게 지속한다. 이산가족 문제 해결과 민간·지역간 교류를 지원하고, 북한 인권개선 관련 협력을 확대할 것을 포함한다.

북한은 베를린 선언에 대해 한반도 평화와 남북한관계 개선에 도움이 되기는커녕 장애가 될 뿐이라고 지적했다. 다만 '평화구상'에 6·15공동선언과 10·4선언에 대한 존중과 이행을 위한 다짐이 있어서 다행이라고 총평했다. 전반적으로 베를린 선언에 대해 비판하면서도 일부에 대해 긍정 평가를 내렸다.

한국은 2017년 7월 27일까지 남북군사회담과 적십자회담을 하자고 제의했다. 문 대통령은 이미 밝힌 대로 상호 적대적 행위를 중단하자고 제의하고 '대북전단 살포금지'를 검토하라는 지시를 내렸다. 이에 대한 불신이 있을 수 있지만 일단 운전대에 시동을 걸었다.

반면 트럼프 대통령은 '북한과의 대화는 답이 아니다'고 단정했다. 제임스 매티스(James Mattis) 미 국방장관이 2017년 9월 3일 백악관 국가안보회의를 마치고 미국은 '한 국가의 완전한 전멸(total annihilation)을 바라지 않는다'고 언급했다. 한반도 안보위기가 최고조에 이르고 있다는 우려를 자아내고 있었다.

(2) 당근과 채찍

2017년 6월말 문재인-트럼프 한·미정상회담은 '강한동맹'을 바탕으로 대북한 정책에 대한 양국의 격차를 줄이고자 했다. 하지만 'FTA 재협상 동의' 및 '대한민국 주도적 역할'에 대한 인식의 차이로 인해서 아직은 넘어야 할 산이 많아 보였다. 트럼프 대통령은 한·미 FTA 재협상을 직접적으로 요구해서 이를 진행했다.

양국 공동성명에서 '남한주도의 통일에 합의'한다는 내용이 있지만 이에 대한 이해정도가 서로 다른 발표를 했다. 문 대통령은 대북 정책 제반의 사항들을 남한이 주도적으로 이끌어도 된다는 의미로 받아들였다. 미국은 장기적 과제인 통일과 관련해서 자유민주주의적 가치에 따라 대한민국이 주도적 역할을 해야 한다는 의미로 지지를 표시했다. 다만 트럼프 대통령의 발언에 핵 및 군사안보와 관련한 사항까지 모두 포함된 것은 아니었다.

북한에서 감금되었다가 미국으로 돌아온 직후 사망한 대학생 오토 웜비어(Otto Warmbier) 사건으로 미국민들의 감정이 몹시 상했다. 더구나 북한 6차 핵실험과 ICBM 발사로 인해 대북한 압박수위를 높여야 한다는 입장이 강화되었다. 북한은 지속적으로 미사일 발사 등 도발을 감행하면서 문재인 정부가 제안한 민간교류나 인도주의적 도움은 받아들이지 않았다. 이러한 북한의 태도는 남한의 보수 정부 시기와 달라진 것이 없었다. 부시―오바마―트럼프로 이어지는 미국 정권교체에도 불구하고 북한은 핵무력 완성을 위한 노력을 멈추지 않았다. 남북한관계에도 별다른 변화를 가져올 기미가 보이지 않았다.

대북한정책으로 유화 및 압박정책이 모두 성공하지 못한다면 더 강하게 압박하겠다는 수사적 대책 외에 다른 실질적인 조치를 취하기가 쉽지 않다. 일반적으로 외교와 제재가 상충되는 것처럼 보일 수 있지만 두 방책이 '당근과 채찍(carrot and stick)'으로 가해져야 한다. 대화 노력도 미사일 방어, 북한 인권 등 제반 사안에 대한 대응과 함께 진행되어야 한다는 의미다.

트럼프 행정부의 대북한 정책은 ①압박, ②미 국방제재강화, ③미사일 방어체계, ④외교, ⑤협상 등이다. 제재로 대변되는 '압박'은 비핵화라는 목적만 보면 실패로 보이지만 다른 목적을 감안해야 한다. ①유엔 결의안 및 미국 법률 집행, ②잘못된 행동에 대한 처벌, ③핵무기 재료 공급 저지, ④비확산, ⑤북한이 약속을 지키도록 하는 것이다. 이상과 같이 압박 조치와 다른 제안들이 함께 적용될 수 있어야 한다.

트럼프 대통령은 중국의 대북한 정책에 불만을 표출했다. 중국이 북한의 자금세탁 등을 눈감아 주고, 유엔 결의안을 성실하게 이행하지 않아서 문제의 핵심이라고 인식했다. 2017년 중국은행에 대한 제재가 시작되었는데 이는 추가 제재의 일부였다. 미국이 북한에 대해 쓸 수 있는 압박카드는 아직 많이 남아 있었다.

한·미 측과 중국 측은 북한의 위협에 대해 다르게 인식한다. 전자는 핵, 미사일 등에 초점을 맞추고 북한을 안보 위협으로 인식하지만, 중국은 북한이 붕괴될 경우 자국 내 다수의 피난민이 유입되는 것이 가장 큰 위협이다. 북한도 이를 간파하고 중국에 대해서는 북한의 약점을 강점으로 활용하고 있다.

(3) 판문점선언

2017년 연말까지도 북한과 국제사회의 줄다리기가 팽팽하게 이어졌다. 미국의 선제적 군사옵션이 거론되면서 한반도에서 전쟁위기가 고조되고 있었다. 2018년 새해 신년사에 김 위원장이 평창동계올림픽 참가의사를 밝히면서 한반도 평화를 위한 대전환의 신호탄이 되었다. 문재인 정부 특사단의 방북과 방미를 계기로 한반도 정세가 급변하고 있었다. 한국에서 진보정부가 등장하고 북한의 병진노선이 한계를 드러내는 상황에서 트럼프 대통령의 군사옵션을 앞세운 최대한 압박이 현실화되고 있었다. 이에 북한 입장이 급선회하면서 대화의 물꼬가 트이기 시작했다. 마침내 2018년 2월 평창 동계올림픽에 남북한선수단이 함께 어울릴 수 있었다.

북한 핵을 둘러싸고 지난한 갈등과 반목의 과정을 거쳐 2018년 4월 27일 11년 만에 3번째 남북정상회담이 개최되었다. '판문점 선언'은 한반도를 둘러싼 동북아 질서 패러다임을 바꾸는 이정표로 받아들여졌다. 남과 북은 남북정전협정 체결 65주년인 2018년 하반기에 종전을 선언하고, 정전협정을 평화협정으로 전환해서 궁극적으로 한반도에 항구적 평화체제를 구축하기로 일치를 보았다.

또한, 서해 NLL 일대 평화수역 추진, 단계적 군축과 확성기 방송중단, 5월 중 장성급 군사회담 개최, 개성 남북공동연락사무소 설치, 적십자 회담을 비롯해서 8·15를 계기로 이산가족 상봉 진행 등에 합의했다. 문 대통령은 '평양 가을 답방'을 약속하며 정기적 회담과 직통 전화로 민족의 중대사를 수시로 논의하자고 제안했다.

판문점 정상회담 당시 문 대통령과 김 위원장이 도보다리에서 산책을 한 뒤 30여 분간 단독회담을 진행해서 큰 화제를 모았다. 도보다리 중간에 마주 보고 앉아 양측 회담이 예상보다 길고 진지하게 이어져 전세계적으로 이목을 끌었다. 평양에서 유명한 옥류관 냉면이 정상회담 만찬에 곁들여져 역시 주목받았다.

김 위원장은 사상 처음으로 생방송을 통해 자신을 전 세계에 노출하는 파격을 용인했다. 3차 남북정상회담 합의문은 과거 2번의 정상회담에 비해 공동서명과 공동발표의 형식을 갖춤으로써 '정상적인 정상회담'을 연출했다. 김 위원장이 문 대통령과의 대화에서 북한의 열악한 도로 사정에 대해 언급하는 등 솔직한 태도로 남북 경협재개 가능성을 시사했다.

판문점 선언문에는 완전한 비핵화에 남북한이 합의했다는데 의의가 있으나 구체적 이행방안과 시기 등이 포함되지 않았다. 이에 북핵 폐기를 위한 구체성이 결여되었다는 비판과 우려의 목소리도 있었다. 양측 정상이 비핵화보다는 민족공조에 초점을 맞췄다는 것이다.

평창동계올림픽 이후 남북한관계가 급격한 해빙기에 접어들고 있었다. 김 위원장은 종전의 핵포기 불가 입장에서 '비핵화는 선대의 유훈'이며 자신들이 납득할 수준의 체제보장이 이루어진다면 비핵화를 수용할 수 있다고 밝혔다. 이는 남측의 대북특사에게도 언급했을 뿐만 아니라 3월에 가진 북·중정상회담에서도 재확인했다.

북측은 대화와 협상에 적극적으로 진지하게 임했다.

트럼프 대통령도 북핵문제 해결에 대한 강한 의지를 표명했다. 미국이 러스트 벨트를 중심으로 한 경제문제에서 뚜렷한 성과를 거두지 못하고 있는 상황을 감안할 때, 2018년 11월 중간선거 승리를 위해서 북핵문제에서의 실질적 성과가 필요해 보였다. 정치적 요인에 더해서 2017년 북한의 ICBM 발사 실험 성공이 미국 내에 큰 위협으로 작용했다.

일부 부정적 관측에도 불구하고 관련국 최고지도자들 간에 합의가 이뤄졌다. 각 정상들이 임기 초반으로 상당 기간 정책 일관성이 유지될 가능성이 있었다.

3

싱가포르 북·미정상회담

트럼프 대통령의 '화염과 분노(fire and fury)' 발언과 북한의 '괌 포위 사격검토성명' 이후 한반도 위기가 최고조에 달하고 있었다. 이에 다양한 북핵 해법과 대북한정책에 대해 논의했다. 2017년 8월 11일(현지시간) 트위터에 트럼프는 북한의 현명한 행동을 촉구하면서 미국은 완전한 군사적 해결책을 마련했다(locked and loaded)고 경고했다. 김정은 위원장이 이러한 엄중한 상황을 충분히 이해하고 핵포기의 길을 찾으라는 것이다.

워싱턴포스트는 미국이 'B-1B' 랜서 전략폭격기를 강조한 점은 대북선제타격 시나리오를 배제하지 않는다는 시그널로 분석했다. 반면 뉴욕 타임즈는 트럼프 대통령의 말이 앞서가며 행동으로 나서기까지의 간극으로 볼 때 선제공격 가능성이 미약하다고 예상했다. CNN은 미 해군력 이동이 없고 북한의 빠른 보복 가능성을 고려할 때, 자산이나 인명 피해를 최소화시킬 어떠한 조치도 취하지 않고 있어서 선제 공격이 이루어질 가능성은 희박하다고 지적했다.

매티스 장군은 트럼프에게 강력함과 굳은 의지를 보이라고 조언하지만 사실상 남한과 일본의 시민들을 위험에 빠뜨리지 않는 군사적 선택지는 많지 않다고 한탄했다. 전 NATO 대사였던 이보 달더(Ivo H. Daalder)는 북한과의 협상 가능성에 대해 매우 비관적이었다. 북한은 생존을 위한 핵능력 보유를 위해서 어마어마한 노력을 기울여 왔으며 트럼프의 강한 수사여구라도 이를 변화시키지는 못한다고 보았다.

미국이 북한을 겨냥해 사용 가능한 군사 시나리오와 이에 따라서 예상되는 결과를 제시했다. CNN은 미국 군사 작전이 전투 초반에 윤곽이 드러나게 되는 신속하고 다면적인 공격으로 구성될 것이라고 인용했다. 미국은 선제타격 가능성을 배제하지 않으며 제한적 정밀공격으로 '코피전략(bloody nose strike)'을 고려한다는 보도가 있었지만 백악관은 이를 부인했다.

이듬해 4월 판문점에서 남북정상회담이 열리고 북·미정상회담이 예견되면서 남과 북은 연쇄정상회담으로 조율에 나섰다.

(1) 연쇄 정상회담

a. 북·중정상회담

2018년 3월 25일부터 나흘 동안 베이징에서 진행됐던 첫 시진핑-김정은 정상회담에 이어 40여일 만인 5월 8일, 전격적으로 다롄에서 북·중정상회담이 이뤄졌다. 시진핑 주석은 "조·중 두 나라는 운명 공동체, 변함없는 순치(脣齒: 입술과 이) 관계"라고 확인했다. 그동안 제기된 '차이나 패싱' 우려를 불식시키고 굳건한 우호 관계를 과시했다.

4·27 판문점 선언으로 남북한관계의 획기적 진전과 국민적 지지를 이끌어 낸 문재인 정부에게 두 차례에 걸친 북·중 회담은 '힘의 정치'의 냉엄한 현실을 일깨워준다. 중국과 미국, 어느 국가가 북한 문제와 한반도 평화체제의 주도권을 갖게 되는지를 알 수 있게 하는 중·미관계의 미래와 연관되어 있다. 중국과 미국의 전략적 이해관계를 융합해서 한반도에 항구적 평화와 번영을 정착시키기 위해서는 '한반도 운전자'를 자청하는 문재인 정부에 여전히 숙제로 남아 있었다.

b. 한·미정상회담

2018년 5월 22일 미 워싱턴 백악관에서 문재인-트럼프 대통령은 한·미정상회담을 가졌다. 4월 28일 전화통화와 5월 정상회담에서는 4월 27일 남북정상회담 성과를 바탕으로 한반도 정세를 진전시키기 위한 긴밀한 공조를 확인하고자 했다. 이 정상회담은 문재인 정부 출범 이후 2017년 9월 유엔총회를 계기로 열린 회담을 포함해서 4번째다.

트럼프 대통령은 5월에 열린 김 위원장과 시 주석의 두 번째 정상 회담에 대해 언급하며 다롄회동 이후 김 위원장의 태도가 변했고 좋은 느낌이 아니라고 했다. 한·미 양국 대통령 간에 충분한 믿음이 있는지에 대한 의구심이 있었다. 미국은 한국이 북한에 경사되어 있다는 인식으로 민감한 정보 공유를 꺼린다고 알려졌다.

c. 한·중·일정상회담

2018년 5월 9일 도쿄에서 열린 한·중·일정상회담에서 문재인 대통령과 리커창 중국 총리, 아베 신조 일본 총리는 '남북정상회담 관련 특별성명'을 채택하고 북핵문제의 돌파구를 마련했다. 북·미 회담이 임박한 시점에 3국이 ①판문점 선언으로 '완전한 비핵화' 목표 확인을 환영하고, ②북·미정상회담의 성공적 개최를 지원하며, ③ 동북아 평화와 안정을 위해 3국이 노력하기로 합의했다. 이는 한반도 비핵화의 추진 동력으로 작용할 것으로 기대를 모았다.

문 대통령과 리 총리는 북한 비핵화에 따른 국제사회 보상 및 협력에 초점을 맞춘 반면, 아베 총리는 대북제재 유지 입장을 강조해서 비핵화의 구체적 이행방안에 대해 3국이 입장 차이를 보였다. 한·중 양국은 북한이 완전한 비핵화를 실행한다면 체제보장과 경제개발지원을 보장해주어야 하며 미국을 포함한 국제사회의 동참에 의견을 일치했다.

아베 총리는 북한 풍계리 핵실험장 폐쇄나 ICBM 발사 유보만으로 대가를 주어서는 안 된다며 강력한 대북제재를 강조했다. 이에 문 대통령은 독자적이고 임의적인 북한과의 경제협력은 불가하므로 우선적으로 제재에 저촉되지 않는 범위 내에서 이산가족 상봉이나 조림, 병충해, 산불방지 등의 협력을 내세웠다. 또한, 3국 공동기자회견에서 국교 정상화의 전제조건으로 납치자 문제, 핵·미사일 등 여러 현안을 포괄적으로 해결할 것을 제시했다.

한·중·일 회담에서는 한반도 문제와 더불어 지역협력 방안에 대해 논의했다. 2018년 평창동계올림픽, 2020년 도쿄올림픽, 2022년 베이징동계올림픽 개최로 3국에서 올림픽 경기가 이어질 예정이었다. 2020년까지 3국 간 3000만명 이상 인적 교류 목표 달성을 위해서 공동의 노력을 기울이기로 합의했다.

(2) 싱가포르 북·미정상회담

드디어 6월 12일, 트럼프 대통령과 김정은 위원장은 싱가포르에서 세기의 담판을 위해 마주 앉았다. 전세계의 이목이 쏠렸지만 양국 간 협상과정은 가시적 성과를 내기에는 현격한 입장 차이를 보였다. '비핵화'가 먼저인가 '체제보장'이 우선인가는 줄다리기의 첫걸음이었다. 트럼프 대통령과 김 위원장은 한반도 평화체제구축과 새로운 북·미관계 형성과 관련된 사안에 대해 포괄적인 의견을 교환했다. 트럼프 대통령은 안전보장을, 김 위원장은 한반도의 완전한 비핵화 실현을 위해 최선을 다할 것을 내세웠다.

제1차 북·미정상회담에서 합의한 양국의 공동 선언문 내용은 4개 사항을 담고 있다. ①북·미 간 새로운 관계 설립, ②한반도 평화체제구축, ③한반도 완전한 비핵화 추진, ④전쟁포로송환과 전쟁포로 및 실종자 수색 등을 약속했다.

그러나 제2차 북·미정상회담을 위한 실무회담이 열리지 않고 양측의 주장이 평행선을 달리면서 타결전망을 어둡게 했다. 11월 미국 중간선거에서 상원은 공화당, 하원은 민주당이 다수당이 되었다. 트럼프 대통령은 북한 핵문제를 해결할 수 있는 시간을 벌 수 있게 되어 "서두르지 않겠다"는 입장을 보였다.

북한은 '종전선언' 보다는 오히려 엄격한 경제제재가 완화되기를 원하지만 미국, 유럽을 비롯한 일본 등의 입장이 강경했다. 북한이 완전한 비핵화를 이루지 않는다면 경제제재는 풀 수 없다고 확언하는 상황이었다. 2019년 1월 1일 이후에 제2차 북·미정상회담이 열릴 수 있다고 미국 정부가 밝혔다.

4

평양정상회담

문재인 정부는 북한과 단절된 육로와 바닷길을 잇고 남북, 동서로 물류를 연결하겠다는 '한반도 신경제지도'를 그리고 있었다. 신북방경제를 상징하는 나인브릿지(9개의 다리) 프로젝트는 조선 해안 북극항로 가스철도 전력 일자리 농업 수산 등 9대 협력을 포함했다. 북한이 협력하지 않으면 이뤄질 수 없는 야심찬 구상이었다.

2018년 9월 18일 오전 서울을 출발한 문 대통령 일행은 70분 후 순안국제공항에 도착해서 2박 3일간의 평양 남북정상회담 일정을 시작했다. 공항에는 김정은 위원장과 리설주 여사가 직접 마중을 나와 문 대통령 부부를 영접했다. 방문단 일행이 북한군 의장대의 사열을 받고 차량으로 공항 환영장을 출발해 백화원 영빈관으로 이동했다. 방북 첫날인 18일 오후 1차 남북정상회담을 가진 뒤, 문 대통령 내외와 수행원들은 평양대극장에서 현송월 단장이 이끄는 삼지연관현악단 공연을 관람했다.

다음날 19일 문 대통령과 김 위원장은 '평양공동선언'에 합의했다. 핵무기와 핵위협이 없는 한반도, 실질적인 전쟁위험 제거, 근본적인 적대관계 해소를 약속했다. 남북한 정상이 공동선언을 통해 이룬 비핵화 약속에 대해 '진전된 합의'라는 평가가 있었지만 북한의 진정성에 대해 비판적이라는 시각도 적지 않았다. 여태까지 북한이 본질적인 비핵화 조치를 취한 적이 없다고 지적했다. '평양공동선언'을 계기로 사회문화 방면의 교류는 활성화될 수 있으나 북한핵으로 인한 제재조치로 남북경제협력이 어려운 상황이었다. 이에 남과 북이 얼마나 더 관계를 발전시킬 수 있을지에 대한 회의감이 들면서 이 같은 주장의 근거가 되었다.

9·19 평양공동선언 내용을 살펴보면, ①남북은 군사적 적대관계를 종식하고 전쟁위험 제거와 근본적 적대관계를 해소한다. ②상호호혜와 공리공영으로 교류와 협력을 더욱 증대시킨다. ③이산가족 문제해결을 위한 인도적 협력을 더욱 강화한다. ④화해와 단합 분위기를 고조시키고 다양한 분야의 협력과 교류를 적극 추진한다. ⑤한반도를 핵무기와 핵위협 없는 평화의 터전으로 만들어 실질적인 진전을 조속히 이루어 나가야 한다. ⑥김정은 국무위원장은 문재인 대통령의 초청으로 가까운 시일 내 서울을 방문한다. 마지막에 서울 답방을 포함한 것은 상기 5항목의 사항에서 뚜렷한 진전이 있어야 김 위원장이 올 수 있다는 의미다.

'판문점선언 군사분야 이행합의서'는 육지와 하늘, 바다에서 일체 무력사용을 금지하는 내용을 담아 사실상 불가침 선언으로 평가했다. 지상과 해상, 공중에서 적대행위를 막는 완충지대 및 구역을 설정해서 분단 이후 처음으로 우발적 충돌을 막는 데 큰 효과를 발휘할 것으로 발표했다. 김 위원장은 "비극적인 대결과 적대 역사를 끝장내기 위한 군사 분야 합의서를 채택" 했으며, 한반도를 "핵무기도, 핵 위협도 없는 평화의 땅"으로 만들자고 제안하면서 처음으로 '핵무기'에 대해 언급했다. 남북정상이 두 손을 잡고 백두산 천지에서 찍은 기념사진은 강렬한 평화의 의지를 상징했다.

4·27 판문점선언, 6·12 싱가포르선언, 9·19 평양공동선언이 이뤄지는 과정에서 북한은 합의 순서의 문건구조를 중시했다. 순서는 '선 신뢰구축 후 비핵화'를 강조했다. 이러한 북한의 입장은 2018년 3월 정의용 청와대 안보실장의 평양 방문 시 김정은 위원장이 언급했다고 알려졌다.

문 대통령은 9월 평양정상회담 당시 김 위원장의 서울 방문에 합의했다며 "연내가 될 것"이라고 기대했다. 김 위원장이 보낸 송이 선물 2톤에 대한 답례로 남측에서 제주도 귤 200톤을 수송기에 실어 운송했다. '백두에서 한라까지'의 소망을 담아 서울 정상회담 이후 한라산 백록담을 방문하려는 의도를 내비친 것으로도 보였다.

그러나, 구체적인 답방 시기는 비핵화 협상을 비롯해서 군사긴장완화, 남북경제협력 등 다양한 분야에서의 진전 정도에 달려있다는 것이 대부분 전문가들의 의견이었다. 김 위원장의 서울 답방이 종전 선언을 위한 남·북·미정상회담 및 종전선언과 연계될 수도 있을 것으로 기대하고 있었다.

김정은 위원장은 여전히 약속을 지키지 않고 있다.

5

하노이 회담 결렬

2019년 2월 28일 하노이 북·미정상회담 결렬에 대한 다양한 반응과 해석은 비핵화 및 한반도 평화에 대한 남·북·미 간의 극명한 시각 차이를 드러냈다. 서로 입장 차이를 사전에 조율하고 합의를 이끌어내지 못했다는 비난에 직면했다. 대립과 갈등으로 점철된 북·미 간에 담판으로 온도 차이가 좁혀 지기는 쉽지 않았을 것이다.

북·미 정상 간 2차 회담에 대한 기대가 고조되는 가운데 '노딜(no deal)'에 대한 분위기는 이미 감지되고 있었다. 트럼프 대통령은 28일 오전 단독회담에 앞선 기자회견에서 "서두를 생각 없다. 중요한 것은 올바른 합의를 하는 것이다"라고 해서, "1분이라도 귀중하다"는 김 위원장과는 대조적인 모습을 보였다.

이러한 불길한 징후는 확대 회담에 매파 존 볼턴 안보보좌관이 리용호 북한 외무상의 카운터파트로 등장하면서 현실화되었다. 싱가포르회담 이후 자신의 기대와는 달리 국내적 비난을 감수해야 했던 트럼프 대통령은 볼턴을 필두로 북한의 비핵화 의지를 시험했다.

회담 결렬 후 열린 기자회담에서 트럼프 대통령은 북한이 "숨겨진 핵시설 존재를 알고 있어서 놀란 것 같다"고 말했다. '영변핵시설'에 대한 해체를 추가적으로 요구했다. 미국이 파악하고 있는 5개 핵시설 중 북한은 2개만을 대상으로 폐기하겠다고 언급했다는 것이다. 북·미 정상들 간의 '빅딜'까지도 기대했던 하노이 담판은 아무런 성과도 없이 막을 내렸다.

북한은 회담 결렬에 대해 철저히 함구했으나 결국 3월 8일 노동신문은 뜻밖에 회담이 합의문 없이 끝났고 "아쉬움과 탄식을 금치 못하고 있다"고 보도했다. 리용호 외무상은 전면적 제재를 요구한 것이 아니라 민수경제와 인민생활에 지장을 주는 항목을 먼저 해제하라고 요구했다고 주장했다. 이를 받아들이지 않은 책임을 미국에 전가했다.

반면 어떠한 합의문도 없지만 미국 내 반응은 이를 예견한듯 냉담했다. CSIS 빅터 차 교수는 "나쁜 딜보다 노딜이 낫다"며 실무협상이 제대로 이루어지지 않은 본 회담이 성공하기 어려웠다고 지적했다. 미국 내 여론은 향후의 대화국면에 회의적 시각이 우세했다.

베트남 하노이에서의 2차 북·미정상회담 결렬은 이미 예고되고 있었다. 김 위원장은 영변핵시설 폐기로 대북제재 완화를 이끌어낼 수 있다고 오판했다. 비핵화 의지가 없다면 회담에 응하지도 않았을 것이라고 호언장담을 했다. 트럼프 대통령은 미국이 요구하는 완전 비핵화를 북한이 받아들일 수 없을 것이라는 참모들의 조언에도 불구하고 자신의 협상력을 믿고 오판했다. 남북경협을 본격적으로 추진하겠다는 기대로 외교안보 참모진까지 쇄신한 문재인 대통령은 정보판단 오류라는 따가운 시선을 받고 있었다. 북한 세습체제는 긴

호흡으로 핵보유국 지위를 관철시키고자 할 것이다.

공화당 보수정권에서 다시 등장한 '강경매파' 볼턴은 한층 더 연마된 무기를 준비해서 북한을 겨누고 있었다. 그의 가장 큰 힘은 북한의 완전 비핵화가 이뤄지지 않는다면 결코 대북제재 완화를 해서는 안된다는 미국 조야의 초당적 지지를 받고 있다는 배경이었다.

김정일 국방위원장 시절 북한은 미국 대통령과의 약속이라도 하루아침에 무위가 될 수 있다는 뼈아픈 경험을 했다. 워싱턴에서 평양으로도 날아올 듯했던 클린턴 대통령은 대북한 유화정책의 정점을 찍었다. 그러나 부시 대통령이 북한을 '악의 축'으로 일컫게 되자 정반대의 입장으로 전환되었다.

김 위원장은 '단계 타결'을 제안하고, 트럼프 대통령은 '일괄 타결'을 주장했다. 평행선을 그을 수밖에 없는 오판으로 두 지도자는 다시는 만날 수 없는 길에 들어서고 있는지도 모르면서 재회했다.

볼턴은 대이란·북한 정책 등에서 트럼프와 심각한 불화를 겪으며 2019년 9월 경질되었다. 한반도에서 불확실성이 배가되고 있는 상황이었다. 노벨평화상에 집착하는 듯한 트럼프는 자신이 아니면 이미 전쟁이 일어났을 것이라는 발언을 서슴지 않았다. 평화를 유지하기 위해서 북한핵을 용인할 수 있다는 의구심을 갖게 했다.

클린턴 대통령 시기의 페리 전 국방장관은 북핵 검증 과정은 북·미관계 정상화와 함께 진행되어야 한다고 주문했다. 북핵 검증은 기술적으로 매우 어렵기 때문에 북한의 협력이 절대적으로 필요하고, 이를 위해서 상호 신뢰를 가져야 한다고 지적했다. 따라서 북한과의 관계 정상화 프로세스가 진행되면서 북한핵을 검증하는 과정을 병행해야 한다는 것이다. 남북한관계와 북·미관계가 정상화되는 과정에서 기술검증이 동시에 진행되어야 하므로 북한 비핵화는 매우 느린 과정이 될 것으로 전망했다.

북한은 단순히 한국외교의 객체가 아니라 궁극적으로 통합의 대상이다. 주민과 정권을 분리해서 대응해야 하며 주민들 스스로 이를 선택할 수 있도록 하는 것이 최종 목표다. 남과 북의 신뢰와 교류가 없으면 불가능하다. 민간 차원에서의 교류 자체를 원천적으로 막지 않더라도 북한과의 민간교류도 기존의 법률 및 결의안 집행의 틀 속에서 지속될 수밖에 없다. 일부에서 북한 외교관과의 만남도 반대하지만, 외교적 만남과 협상은 분리되어야 한다.

북한 사회의 내부적 변화를 이루기 위해 공식적·비공식적 채널을 모두 가동해서 대화와 교류가 가능할 수 있어야 한다. 북한이 세습정권을 유지하면서도 체제개혁이 효율적으로 이뤄질 수 있는 환경이 조성될 수 있어야 한다. 그러나 북한이 외부에 문호개방을 거부하고 이익만 추구하려는 태도를 보인다면 충분한 효과를 볼 수 없을 것이다.

한국에서 진보와 보수 정권을 거치면서 당근과 채찍을 모두 휘둘러보았지만 결국 북한은 핵무기 보유의 길을 택하고 말았다. 우리가 대통합을 아무리 외쳐도 북한이 이에 응하지 않으면 남과 북 양측 뿐만 아니라 남남갈등으로 분열을 가져왔다는 역사적 사실들을 간과해서는 안 된다. 북한의 선택이 남북대화에 중요한 변수가 되고 있다. 국민 대통합을 위해서 진지하면서도 창의적으로 상생의 길을 모색해야 한다.

제9장

구상은 담대해도
(윤석열 정부)

거안사위(居安思危)
평안할 때 위기를 생각하라

윤석열정부가 내세우는 '전략적 명확성'은 개념적 모순을 지닌다. 한국 외교정책으로 한·미·일 연대를 위한 명확한 입장을 밝히는데 '전략적 고려'를 하는 것 같지 않다. '전략적 일관성'으로 신뢰를 담보하는 '전략적 신뢰성'을 쌓아가야 한다.

일본 아베 총리가 주창한 인도태평양전략을 트럼프 1기에서 그대로 시행했다. 바이든 대통령이 제안한 쿼드(Quad, 미국, 일본 호주, 인도 안보 협의체)에 호응하면서 윤 대통령은 가치외교를 실현하는 중심축으로 삼고자 했다. 중국의 기술굴기를 견제하기 위해서 미국이 반도체를 비롯한 핵심 기술을 보호하고자 하는데 중국에 진출한 한국 기업들이 불이익을 받지 않도록 세심한 배려를 해야 한다.

윤석열 대통령은 한·일관계를 정상화하면서 2023년 바이든 대통령과 기시 총리와 함께 '캠프 데이비드 선언'으로 한·미·일관계의 정점을 찍었다. 이후 한·미·일 3개국 정상은 다른 이유로 모두 실각했다.

2024년 '민족공동체통일방안'이 발표된 지 30년이 된다는 의미로 윤석열 정부는 8월 15일에 '통일 독트린'을 발표했다. 여야 합의도 없이 정부가 일방적으로 통일방안을 발표해서 시기적으로 부적절하다는 비판이 있었다. 이에 국민적 합의를 이끌기도 난망이었지만 북한이 외면하는 상황에서 통일관련 제안에 대한 실효성 여부도 부정적이었다.

임기 초부터 윤 대통령은 야당을 국정동반자로 인정하지 않는다는 비판에서 자유롭지 못했는데, 2024년 12월 3일 49년만에 계엄을 선포했다. 더구나 707 특전사를 비롯한 군경을 동원해서 국회를 통제하려 했다는 상황증거에 따라 마침내 탄핵으로 파면되었다.

1

전략적 신뢰성

2022년은 한반도를 둘러싸고 국제정치학적으로 중요한 의미를 지닌다. 1882년 조미수호통상조약 체결로 한·미수교 140주년, 1992년 이래 한·중수교 30주년을 맞이했다. 김정은 국무위원장 취임 10주년으로 북한은 김정일 국방위원장 탄생 80주년(2.16), 김일성 주석 탄생 110주년(4.15)의 정주년을 기념하기에 여념이 없어 보였다. 북한은 제7차 핵실험이 임박했다는 예측이 나오는 가운데 제재를 개의치 않고 장단거리 미사일 발사로 무력시위를 해왔다. 코로나19 팬데믹으로 굳게 닫혀 있는 남북대화는 열릴 기미가 없었다.

3월 9일 제22대 한국 대선에서 정권교체에 성공한 윤석열 대통령은 '가치외교'로 한·미·일 삼각축을 중심으로 남북한관계에서 주도권을 갖겠다는 '담대한 구상'을 내세웠다. 이에 정교한 실천 방안을 마련해야 한다.

한반도를 둘러싼 주변 환경은 엄중한 상황으로 고차원 방정식을 풀어야 한다. 우선, 한국 정부는 굳건한 한·미동맹을 바탕으로 한·

미·일 협력관계를 복원해야 한다는 요구를 받고 있다. 한국은 미국이 표방하는 민주주의, 인권, 시장경제 등을 중심으로 가치동맹을 발전시키는 기본 전제를 충실히 이행해야 한다. 이는 대북한관계에서도 유용한 외교적 지렛대가 될 수 있다.

북한의 최대 외교 목표는 북·미관계개선을 통해서 미국이 앞세우는 경제 제재를 완화하고, 궁극적으로는 관계정상화로 안보위협 요인에서 벗어나고자 한다. 이러한 관점에서 북한은 미국이 신뢰하지 않는 상대국에 관심을 기울이지 않고 대화하려는 의지를 보이지 않을 것이다. 동맹강화는 자주적 남북대화에도 긍정적인 영향을 미칠 수 있다.

글로벌 이슈에 대해 중·미 간 협력이 원활하게 이뤄진다면 남북대화에 우호적 영향을 미칠 수 있게 되기를 기대한다.(제10장 참조) 하지만 미국 민주당 바이든 행정부에서도 중국과 북한에 대한 압박과 봉쇄가 이어지고 있었다. 중국과 미국이 '전략경쟁(strategic competition)'으로 치닫게 된다면 한국이 양국 간에 균형을 잡고자 하는 중재외교(mediatory diplomacy)를 할 수 있는 여지는 사실상 없다고 볼 수 있다. 중·미 간의 이해관계가 충돌하는 상황에서도 양국의 대화와 협력이 유지될 수 있도록 한국이 가교역할을 통한 중개 외교(bridging diplomacy)에 나설 수 있다. 이는 한국이 양측으로부터 신뢰받는 동반자로 인식될 수 있어야 가능하다.

한국의 외교정책으로 윤석열 정부는 '전략적 명확성'을 내세웠다. 한·미·일로 이어지는 정책적 연대강화를 위해서 한국의 입장을 분명히 밝히겠다는 의지로 보였다. 그렇지만, 어느 누가 보더라도 명확해서 '전략적 고려'를 하는 것 같지 않은데 굳이 '전략적 명확성'이라고 표현하는 것이 적절한지에 대한 의문을 가질 수 있다.

윤석열 정부는 전임 정부 정책을 '전략적 모호성(strategic ambiguity)'이라고 규정지었다. 그러나, 이는 국제정치학에서 이해하는 시각과는 동떨어진 것이다. '전략적 모호성'은 국가 간에 '동맹관계'와 마찬가지로 신뢰를 바탕으로 공동 가치를 추구하지만, 각자의 국익을 위해서 상대방에 모호한 입장을 암묵적으로도 취할 수 있는 상황으로 설명할 수 있다. 윤석열 정부에서 인식하듯이 중국과 미국 사이에서 한국이 취할 수 있는 입장이 아니라고 할 수 있다.

'모호성' 보다는 위험 부담을 줄이기 위해서 '양다리 걸치기(hedging)'를 의미한다면 중·미 양국으로부터 불신이 쌓여서 오히려 한국 입지가 약화될 공산이 크다. 한국은 중·미관계의 현재와 미래를 꿰뚫어 볼 수 있는 안목을 키우고 양국으로부터 전략적으로 일관성있게 신뢰를 확보해 나가야 한다.

돌이켜보면, 미국은 사드(THAAD) 배치에 대해 자체 예산을 들여 북한핵과 미사일로부터 미군과 군속들, 그리고 군사시설을 보호하기 위한 자구책으로 명분을 내세웠다. 견실한 한·미동맹을 바탕으로 이를 거부할 다른 명분을 찾기 어렵다. 한국은 2016년 사드가 배치되기까지 중국측에 한·미 간 3無(요청, 협의, 결정)로 무마하려 했지만 갑작스럽게 배치 결정을 하고 장소를 군부대에서 민간시설로 변경했다. 이는 오히려 상대방에 대한 기만이라고 인식할 수 있다.

이러한 일련의 정책에서 일관된 '전략적 신뢰성(strategic reliability)'을 찾아볼 수 없다. 한국 정부가 일단 사드 배치의 불가피성으로 정책 결정을 했다면, 어떠한 반대를 무릅쓰더라도 일관성있는 솔직한 입장을 견지할 수 있어야 한다.

또한, 중국이 내세우는 '쌍중단(雙中斷)'과 '쌍궤병행(雙軌竝行)'은 북한을 협상테이블에 나오도록 하는 유일한 방안일 수 있다. 북측은 핵실험과 미사일 발사 그리고 남측은 한·미연합훈련을 중단(쌍중단)하며, 한반도에서 비핵화와 평화협정을 병행(쌍궤병행)해서 논의해야 북한이 대화에 나설 수 있다는 것이다. 그렇다면 중국이 주장하는 쌍궤병행을 관철시키기 위해서 미국을 설득하려면 한국이 사드 배치 요청을 수용할 수밖에 없는 상황에 대한 원칙을 지켜야 한다.

이를 바탕으로 투명하고 개방적인 논의를 통해서 한결같은 신뢰(trust)를 보여서 신뢰성(신뢰의 성질, reliability)을 쌓고 확보하려는 노력을 기울여야 한다. '전략적 신뢰성'은 '전략적 일관성'과 맥을 같이 한다. '모호성'은 '신뢰성' 보다 철학적으로 상위개념이라고 볼 수 있다. 하지만 중국과 미국이 모두 한국의 입장에 대해 신뢰하지 못한다면 모호하기 보다는 명확하게 '양다리 걸치기'로 인식해서 양측으로부터 신뢰성을 잃을 수 있다는 우려를 하게 된다.

상대방으로부터 흔들리지 않는 신뢰를 얻으려면 정권교체에 구애받지 않고 일관되게 유지할 수 있는 정책목표와 실행 방안이 마련되어야 한다. 이는 보수와 진보를 아우르는 초당적 협력으로 합의할 수 있어야 한다. 윤석열 대통령은 야당 이재명 대표를 인정하지 않으려 했고, 여당 국민의힘도 소수당으로 다수당인 민주당과의 협력에 한계를 드러냈다.

2

인도태평양전략

2022년 독자적인 '인도태평양전략(이하 인태전략)'을 수립한 윤석열 정부는 "인태지역 내 최근 부상하고 있는 복합적인 도전 요인들을 감안해 가치·규범(자유), 안보(평화), 경제(번영) 분야에 대한 우리의 기여와 역할을 확대할 수 있는 방향"을 제시했다. 한국 정부가 '포용'을 인태전략의 주요 원칙으로 내세우고 있는데, 중국 등 특정국을 배제하거나 견제하는 지역 질서를 지향하지 않도록 해야 한다.

윤 대통령은 인도-태평양 시대에 살고 있는 거주민으로서 이 지역의 평화와 안정이 우리의 생존과 번영에 직결된다고 지적했다. 한국은 아세안을 비롯한 주요국과의 연대와 협력을 바탕으로 '자유롭고 평화로우며 번영하는 인도-태평양 지역'을 만들어 나가자는 것이다. 이 지역은 세계 인구의 65%, GDP의 60% 이상을 차지하고 있으며 전 세계 해상 운송의 절반이 역내에서 이뤄지고 있다. (윤석열 대통령 한-ASEAN 정상회의 모두발언 2022.11.11)

한국은 글로벌중추국가(Global Pivotal State)로 3대 비전을 제시하고 있다.

-3대 비전: 자유, 평화, 번영의 인도-태평양

-3대 협력 원칙: 포용, 신뢰, 호혜

-지역적 범위: 한반도·동북아를 넘어 협력의 지평 확대

- 9대 중점 추진 분야

①규범과 규칙에 기반한 인태지역 질서 구축 ②법치주의와 인권 증진 협력 ③비확산·대테러 협력강화 ④포괄안보 협력 확대 ⑤경제안보 네트워크 확충 ⑥첨단과학기술 분야 협력 강화 및 역내 디지털 격차 해소 기여 ⑦기후변화·에너지안보 관련 역내 협력 주도 ⑧맞춤형 개발협력 파트너십 증진 ⑨상호 이해와 교류 증진 등이다.

한국 외교부에 따르면, 인태전략은 보편적 가치를 수호하고 증진시키기 위해서 대외 전략의 핵심 요소로 명시한 최초의 사례다. 한반도와 동북아를 넘어서 우리의 외교적 지평을 인태 지역과 그 너머로 확대하는 계기가 될 수 있을 것으로 전망했다.

박진 외교부장관은 정부는 포용·신뢰·호혜 등 3대 협력 원칙을 바탕으로 비전과 협력 원칙에 공감하는 모든 국가들과 협력할 준비가 되어 있다고 언급했다. 한국은 역사상 최단기간 내에 "최빈국에서 경제협력개발기구 공여국으로 전환한 국가"로서 국가 발전과 경제성장을 열망하는 국가들에 부응하기 위해서 역내 기여를 증대해 나가겠다고 전했다.

민주주의 가치를 공유하는 동맹국들과 더불어 대중국 압박에 동참하라고 미국은 요구한다. 인도-태평양전략(Indo-Pacific

Strategy)에 따른 쿼드(QUAD, 미국·인도·호주·일본)와 쿼드플러스
(한국, 베트남, 뉴질랜드)에 참여하라는 요청이다. 한국이 공조 의
사를 밝히면 이를 기회로 활용할 수 있다. 바이든 행정부의 대북한
정책에 영향을 미치기 위해서라도 미국이 지대한 관심을 표명하는
전략에 호응해야 한국의 입지를 넓힐 수 있다.

　바이든 행정부는 민주주의와 인권을 축으로 '가치동맹'을 통해
이를 바탕으로 대중국 관계에서 우위(a position of strength)에 서
겠다는 전략을 내세웠다. 중·미 간에 첨예한 갈등을 겪고 있는 상황
에서 한국 정부가 남북한관계의 속도 조절에 보조를 맞추지 않고
사안별로 남북교류에 앞서 나가고자 한다면 미국은 심각한 우려를
표명할 수 있다. 한국은 확고한 신뢰관계를 통해서 미국을 설득하
는 노력이 필요하다. 한국이 자율성을 가질 수 있는 공간이 제한적
인 만큼 미국 입장만을 대변하게 된다면 북한으로부터 외면 당하게
될 것이다. 한국이 대미외교를 통해서 남북대화를 단계적으로 진전
시킬 수 있는 공간을 확보할 수 있을지가 관건이다.

　미 행정부는 전임 정부인 트럼프 1기 시기의 대중국 강경책이
방향은 옳지만 정책 추진 과정에서 문제가 있다고 여겼다. 중국에
대한 압박과 북한에 대한 제재를 지속하면서 실용적이고 정교한 대
중국 견제구상으로 실질적인 효과를 내고자 했다. 바이든 대통령은
중국과 러시아와의 경쟁에 대해 세계 미래를 위한 민주국가 대 독
재국가 간에 벌이는 근본적인 논쟁으로 인식하고 민주주의가 반드
시 승리해야 한다고 믿고 있었다.

3

캠프 데이비드 선언

2023년 8월 18일, 조 바이든(Joe Biden) 미국 대통령은 캠프 데이비드에서 기시다 후미오 일본 총리와 윤석열 한국 대통령을 초청해서 한·미·일 3국 정상회담을 개최했다. 이 자리에서 3국은 안보협력과 관련된 정신(spirit), 원칙(principle), 기여(commitment)에 대한 내용으로 공동성명서를 발표했다.

캠프 데이비드 선언은 미·일동맹과 한·미동맹을 기반으로 한·미·일 안보협력 강화를 위한 최초의 3국 간 공동성명이다. 이로써 중국의 군사적 팽창, 북한의 핵미사일 위협, 남중국해와 타이완해협에서의 현상 변경 등 인도-태평양 지역에서의 평화와 번영을 저해하는 행위에 대해서 공동으로 대응한다는 약속이다.

바이든 대통령은 북한이 비핵화 조치에 진전을 보이지 않는다면 어떠한 제재 완화도 고려하지 않는다고 확약했다. 하노이 회담결렬을 통해서 이미 영변 핵시설 비핵화 정도로는 미국이 받아들일 수 없다는 입장이 분명히 밝혀졌다. 이는 대북제재를 통해서 비핵화를 유도할 수 있다는 인식을 공유한다는 의미다. 바이든 행정부는 핵심적인 협상 기제로서 국제공조를 통한 제재를 중시했다. 향후 한·미 양국 정부의 정책조율에서 제재 완화를 둘러싼 양국의 견해 차이는 핵심적인 분쟁요인이 될 수 있다.

2024년 8월 18일은 캠프 데이비드 선언 1주년으로 미 백악관은 지난 1년간의 주요 성과를 모은 공동성명서를 발표했다.

우선, 백악관은 2023년 한·미·일 정상회담에서 합의한 정신, 원칙, 기여를 지난 1년간 실행에 옮겼으며 괄목할 만한(unparalleled) 성과를 냈다고 평가했다. 향후 국내외적 안보 상황에 변화가 있더라도 3국 정상들이 인도-태평양 지역과 세계 평화와 번영을 위해 공동으로 노력한다는 공감대가 이뤄졌다고 인식했다.

다음, 지난 1년간 캠프 데이비드에서 우려했던 인도-태평양 지역 내 도전(challenges), 군사적 도발(provocation), 위협(threat)이 현실적으로 더욱 악화되는 상황에서 협력 범위가 안보를 넘어 경제, 과학기술, 글로벌 보건 증진 및 인적 교류(people-to-people ties)로까지 확산됐다고 선언했다.

또한, 한·미·일 3국 국방장관은 북한 사이버 위협에 공동으로 대응하기 위해 사이버 안보 실무자 간 회의 및 고위급 사이버 정책 회담을 개최했다. 한국 대통령실은 3국 안보 협력 범위가 동북아 지역만이 아니라 "인도-태평양 지역 및 글로벌 안보 수준으로 확대"되었으며 "선순환적 안보 협력"이 정착되고 있다고 언급했다.

한·미미사일지침이 종료(2021.5.21)되면서 중·장거리 미사일 개발에 한국은 여유를 가질 수 있었다. 이는 중국을 겨냥한 포석으로 분석되었다. 중국은 미국이 추진하는 쿼드가 달갑지 않았다. 왕이 외교부장은 인도태평양전략이 냉전적 사유로 가득 차 있다면서 한국이 편향된 추세에 휩쓸리지 말라고 경고하기도 했다. 한·미·일 협력강화 움직임에 대해서도 인위적인 고립을 조장한다고 지적했다.

2022년 2월 러시아의 우크라이나 침공 이후 중국과 러시아의 협력이 강화되고 있어서 신냉전시기에 대한 우려가 높아지고 있었다. 다만 미국과 소련을 중심축으로 하는 냉전시기에는 이념적으로 자유주의와 공산주의 진영으로 나뉘어 상호 교류가 별로 이뤄지지 않았다. 그러나 오늘날 미국과 중국은 경제적으로 상호의존도가 크게 증가하고 보완적으로 발전해 온 측면을 고려할 때 신냉전시기로 규정짓기에는 차별화된다. 또한 우크라이나 전쟁에 북한군 파병이 알려지면서 북·러 간의 밀착으로 복잡한 양상을 띠게 되었다. 한·미·일 협력강화로 인해서 북·중·러 연대강화로 이어지는 것을 경계해야 한다.

윤석열 정부의 가치외교를 기치로 내건 한·미·일 중심 정책은 캠프 데이비드 선언으로 정점을 찍었다. 다음 해인 2024년 미국 대선을 앞둔 불확실한 상황에서 한국은 민주당 바이든 정부에 경도되는 정책을 채택했다. 만약 미국에서 정권교체가 이뤄진다면 오히려 불이익을 당할 수 있다는 우려가 있었다.

결과적으로 바이든 대통령, 기시다 총리, 윤석열 대통령은 모두 다른 이유로 실각했다.

4

통일 독트린

2024년 제79주년 광복절을 맞아 윤석열 대통령은 새로운 통일 전략으로 "자유 통일을 위한 도전과 응전" 이라는 제목으로 8.15 통일 독트린을 발표했다. 한반도에서 진정한 광복의 의미가 완성되기 위해서 남북통일이 실현돼야 한다고 밝혔다. 대통령실은 향후 마지막 하나의 과제로 통일을 내세웠다. 현재 우리 국민들이 누리고 있는 자유가 북녘 땅으로 확장될 수 있어야 마지막으로 광복의 의미가 완성될 수 있다는 문제의식을 갖고 있다고 했다.

8·15 통일 독트린에는 우리가 추구할 미래 통일상을 담았다. 국가의 중요한 외교원칙을 표방할 때 쓰는 독트린이라는 용어를 사용한 이유를 다음과 같이 설명했다.

1994년 김영삼 대통령이 발표한 민족공동체통일방안이 한국의 공식 통일방안으로 이어져 왔다. 30년이 지난 현재 적용하기 어렵다는 문제가 있어서 새로운 통일 전략을 발표하게 되었다. 기존 통일 방식은 북한 당국과 어떻게 협력할 것이며, 어떻게 화해협력을 이끌 것인가에 주요 논점을 제시했다.

기존 방안이 남북 당국이 직접 만나는 자발적이고 단계적 통일을 추구해왔다면 새로운 통일 독트린은 남북 주민이 중심이 되어 남북 정권이 아닌 주민들이 주도하게 되는 통일을 목표로 설정했다. 윤석열 정부에서의 핵심 내용은 좀더 적극적으로 통일 유도책을 내겠다는 선언이었다. 이는 북한 주민들을 상대로 통일을 열망하도록 만들겠다는 의미를 지니며 북한에서 변화를 유도하겠다는 의도를 내포했다.

북한 주민들이 대한민국에 대해 정확히 알 수 있게 하기 위해서 그들에게 정보 접근권이 확대될 수 있어야 한다는 것이다. 우리 국민이라면 누구나 누릴 수 있는 '자유'의 가치를 북한 주민들에게도 전파하겠다는 의지를 표명했다. 북한 실상이 객관적으로 인식될 수 있도록 다양한 콘텐츠 개발과 외부 정보 유입을 통해서 북한 내부로부터의 변화를 기대했다. 남북 당국 간 실무 차원의 '대화협의체' 설치가 필요하며, 북한 비핵화 문제를 포함해서 경제 및 재난 문제, 인도적 현안 등, 의제에 제한을 두지 않고 언제든지 만나서 우선적으로 협의하자는 것이다.

다음날, 통일 독트린 이행 계획을 통일부가 발표했다. 남북한 주민을 중심으로 실행할 수 있는 구체적인 이행계획에 초점을 맞추었다. 김영호 장관은 미래세대가 자유통일에 대한 기대와 꿈을 가질 수 있게 하기 위해서 "미래 지향적인 첨단 현장형 통일 교육 프로그램을 개발" 하겠다고 언급했다. 이와 같이 정부는 미래세대를 향한 통일 교육을 강화하겠다는 방침을 세웠다.

'첨단'과 '현장형'을 중심으로 통일 교육에 메타버스와 같은 디

지털 첨단 기술을 활용할 수 있다. 이는 통일을 이룬 미래상을 직접 체험할 수 있도록 최적화된 교육 프로그램을 개발해서 통일된 한반도를 기대하도록 만들고자 한다고 했다.

한편, 북한이 한국을 '적대국'으로 규정짓고 모든 관계를 단절한 상황에서 느닷없이 광복절 경축사에 통일 독트린을 발표했다는 비판이 있었다. 북한은 남과 북의 연결 통로마다 지뢰를 매설하고 높은 담을 쌓아서 왕래를 원천적으로 봉쇄했다. 이미 2023년 11월 북한은 9.19 군사합의에 대한 전면 파기를 선언했다. 윤석열 정부도 같은 시기 9.19 군사합의 효력 일부를 정지했다. 이로써 남과 북은 우발적 충돌이나 고의적 도발 위험성 증대로 군사적으로 더욱 적대적이 될 가능성이 높아졌다는 우려가 있었다.

북측은 한반도 내부문제(Inter-Korean Relation)를 담당하는 통일관련 부서를 모두 폐지하고 외무성을 중심으로 국가 간 대외정책(foreign policy)으로 기능을 조정했다. 개성에 있는 남북연락사무소 폭파, 금강산에 있는 모든 조형물 등을 모두 파괴하거나 제거해서 남북한관계는 완전히 단절되었다.

북한은 한국정부의 통일 독트린에 대해서도 무대응으로 일관하며 일절 상대하지 않았다. 또한 광복절에 당연히 들어가야 할 대일본 메시지가 없다는 지적에 대해 윤석열 정부는 대일본관계 접근법이 달라졌으며, 말로 하는 것이 아닌 실질적인 극복의 성과를 내고 있다고 했다.

통일 독트린은 대한민국 주도로 평화 통일을 이루고자 하는 의지를 드러내고 있는데, 전문가들은 사실상 흡수통일을 추구하는 가장 명확한 정책입장표명으로 분석했다. 윤 대통령이 국제적으로 북한 인권 개선 문제를 제기하는 데 강한 의지를 가지고 있어서 북한 인권문제를 반영했다.

통일 독트린 발표 시점에 대한 고려사항을 살펴본다.

(1) 국민적 합의가 왜 필요한가

국민적 합의는 정책 추진을 위한 국가적, 국민적 동력을 최대한 집결하고 끌어낼 수 있는 기본 조건이다. 이에 따라 국민적 합의는 특정 시기 행정부나 특정 정당 또는 세력의 관점을 강요하는 방식으로 이루어질 수 없다. 또한, 단순히 다수결의 원리에 따라 채택된 다수의 의견을 국민적으로 합의된 의견이라고 강요할 수도 없다.

이런 관점에서, '새로운 통일 담론의 국민적 합의' 라는 개념에 기초한 접근은 한계가 있다고 판단된다. 오히려 민주적 공론과 숙의를 위한 계기를 만드는 역할을 정부가 하면서, 그 과정에서 새로운 통일 담론이 형성되도록 해야 할 것이다.

(2) 통일 담론이 갖는 현실적, 실천적 의미는 무엇인가.

통일 방안과 통일 담론을 구분한다면, 방안은 구체적인 정책을 포함하고 있어야 하며, 담론은 철학과 기조를 담고 있어야 한다. 기존의 민족공동체통일방안은 방안에 중점이 주어져 있지만, 담론을 바탕에 두고 여야간 합의에 의해 만들어지고 공표되었다. 이런 의미에서 통일 담론의 구성과 범위를 명확하게 제시해야 하며, 기존 통일 방안과의 관계도 정리해야 할 필요가 있다.

예를 들면, 기존 통일 방안을 수정하는 것인지, 보완하는 것인지, 혹은 폐기하고 대체하는 것인지 등에 대한 의견이 적시되어야 한다. 또한, 새로운 통일 담론이 필요한 이유를 제시해야 하며, 이는 기존 통일방안의 한계를 밝히고 이를 바탕으로 새로운 담론의 필요성을 주장할 수 있다. 이러한 선행 작업이 학술적으로나 정책적으로 충분히 이루어지고 있는지 분명하게 드러나 보이지 않는다.

(3) 남북한관계가 단절되었는데 북한과의 합의가 가능한가.

현재 남한과 북한이 처한 상황에 비추어 통일을 국가정책의 목표로 제시하면서, 국민들을 설득할 수 있는지 여부를 살펴야 한다. 아울러 북한 당국과 주민을 분리해서 상대하면서도 동시에 설득할 방법이 있는지도 고려해야 한다.

새로운 통일 담론을 내세우면서 실현 가능하고 현실적인 통일정책을 수렴하고자 한다면, 통일 담론에서 북한 당국과 주민을 구분하는 것이 현실적 통일정책을 형성하는 데에 도움이 될 것인지 판단해야 한다. 남북한관계가 단절된 현 상황에서 새로운 통일 담론을 내세우려면 북한 체제의 특성을 고려해야 한다. 북한 주민에게 더 많은 정치적 역량을 부여하기 위한 방안을 모색해야 하는데 이는 단순히 북한 체제를 부정하는 방식으로 이루어지지 않을 것이다.

(4) 통일을 위한 국제적 환경 조성이 가능한가.

국민적 합의는 정부정책에 대한 국제사회의 지지를 얻기 위한 필요조건이다. 또한, 국제사회가 지지하기 위해서는 정부의 정책이 지속적으로 일관되게 신뢰할 수 있어야 한다. 이러한 정책의 지속성, 일관성, 신뢰성은 국민적 합의로부터 나올 수 있다.

남과 북이 '적대적 2국가'로 인식되는 상황에서 한국 정부의 새로운 통일 독트린에 대한 국제 사회의 지원은 불안정할 수밖에 없다. 한반도를 둘러싼 주변국의 지지는 제한적일 수밖에 없다는 인식을 해야 한다.

평화 공존의 갈림길에서 한반도는 유일한 분단국으로 남아 있다. 통일은 한반도를 너머 국제문제가 되었으며, 주변 주요 4개국(미·중·일·러)의 신뢰와 승인은 통일로 가는 길에 필수 불가결하다.

한국은 중국의 대북한 정책을 전환시킬 수 있는 방안을 고심하고, 중국을 설득하기 위한 단계적이고 체계적인 노력을 기울여야 한다. 미국과의 '포괄적 한·미동맹'과 중국과의 '전략적 협력동반자'로서의 균형점을 찾아야 하는 과제를 안고 있다. 한·미동맹을 강화하는 것이 중국을 멀리함이 아니고, 그 반대의 경우도 마찬가지라는 점을 진솔하게 밝힐 수 있어야 한다.

북한이 러시아와 우크라이나 전쟁에 참전하면서 북·러관계가 밀착하고 있다. 푸틴 대통령은 북한군 파병 이후 방북(2024.6.18)으로 김정은 체제에 힘을 실어주고 있다. 북한의 미사일 발사를 포함하는 과학기술 전수를 비롯해서 문화·관광에 이르기까지 상호보완적으로 협력관계를 유지하고자 한다. 향후 한·러관계 발전에 주요 변수가 되고 있다.

김정은 정권이 추구하는 궁극적인 전략적 목표를 제대로 이해할 수 있어야 적절한 대응을 할 수 있다. 한반도 평화정착을 위해서 남북한관계 뿐만 아니라 주변국과의 구조적 역학관계를 꿰뚫을 수 있는 전략적 사고를 해야 한다.

5

계엄과 탄핵

2024년 12월 3일 밤 10시 27분

한국에서 윤석열 대통령이 갑작스러운 비상사태 계엄을 발표함으로써 국민들은 큰 혼란을 겪으며 충격에 빠졌다. TV를 통해서 접한 비상상황은 국민총생산이 70년 동안 540배 증가(한국은행발표)로 세계 10위권을 넘나드는 한국경제 수준과 민주화를 통해서 민주주의 국가 발전을 이룩하고 있다는 한국민의 자부심에 상처를 입혔다.

그러나, 155분 후 임시국회가 열리고 참석 국회의원 192명 전원 찬성으로 계엄령 해제를 요청했다. 이어서 대통령이 소집한 국무회의를 거쳐, 마침내 국민들은 일상을 정상적으로 회복할 수 있었다. 이러한 전 과정이 이뤄지기까지 6시간 남짓 걸렸으며, 계엄 정국 시도는 실패로 마감되었다.

이후 7일 1차 탄핵안이 국회에서 헌정사상 초유의 정원미달(195명 참석)로 불성립 되었다. 일주일이 지난 14일 국회에서 재발의 된 2차 탄핵안은 국회의원 300명 중 204명 찬성으로 정족수 2/3를 넘겨 가결되면서, 즉시 대통령 직무가 정지되었다.

이러한 상황 전개를 배경으로 한국에서 계엄과 탄핵이 가지는 의미와 향후 대외관계에 미치는 영향을 중심으로 짚어본다.

(1) 계엄

한국에서 실시된 2024년 제22대 총선(4.12)을 통해 여당 '국민의힘'은 300석 중 108석 당선으로 과반수에 미치지 못하고 3분의 1 개헌저지선을 겨우 넘겼다. 당내에서 계파 간의 갈등은 골이 깊어서 봉합하기가 쉽지 않은 상태였다. 170석을 차지한 야당 '더불어민주당'(이하 민주당)은 기타 소수당을 합쳐 192석에 이르는 거대 야권을 형성했다. 이들은 다수당으로서 여당이 반대하는 입법이라도 성사시킬 수 있었다. 이에 대통령은 지난해까지 반복적으로 30회 가까이 거부권을 행사함으로써 서로 평행선을 달리게 되었다.

야당 민주당은 이재명 대표를 구하기 위해서 방탄국회에 몰두한다는 따가운 시선을 받기도 했다. 윤석열 정부는 정책 시행을 제대로 할 수 없다는 불만이 나올 만큼 우려하는 상황이 이어지고 있었다.

계엄선포를 하게 된 계기로 12월 12일 국민대담을 통해서 윤 대통령이 해명했다. 우선, 한국 내에 반국가세력인 종북 세력을 척결해야 한다는 명분을 내세웠다. 그리고 한국에서 부정선거가 자행되고 있다는 의혹에 대해 이를 확인하기 위해서 선거관리위원회 전산 시스템을 점검하도록 지시했다는 것이다. 또한, 야당이 정부 정책을 시행하는데 고위공직자 탄핵(29회)으로 인해서 막대한 지장을 초래하고 있으므로 이에 대한 경고 성격이라고 했다. 각 당에서 추진하는 정책의 호불호에 따라 예산 삭감 혹은 증액으로 정책적 이해관계가 엇갈리고 있어서, 이에 따른 불가피한 선택이라고 밝히기도 했다.

한국 대통령이 권위주의 국가에서나 볼 수 있는 비상사태로 계엄이라는 수단을 사용함으로써 격렬한 논란을 불러일으켰다. 한국에서 전두환 시기에 마지막으로 계엄이 발효되었는데, 45년 만에 이를 되풀이하려는 시도라고 언론에서 보도했다. 오밤중에 TV로 생중계된 비상계엄으로 온 국민이 불안에 떨며 밤잠을 설치고 있었다.

미국에서 CNN이 보도한 바에 의하면, 계엄 정국이 완료되고 탄핵소추가 단기간에 이뤄진 것은 한국민들이 시위현장에서 응원봉을 들고 K-pop을 부르며, '빨리빨리(hurry hurry)' 문화로 단결된 힘을 발휘했기 때문이라고 지적하기도 했다. 외부에서 관찰하기에 2시간여만에 해제된 계엄에 대한 해석일 수 있지만 한국에서 겪는 국민들은 충격으로 느닷없는 사태에 절망하기도 했다.

(2) 탄핵

대통령에 대한 탄핵안 발의의 시발점은 계엄령으로 군인을 동원해서 국회의 기능을 제한하려는 것에 대한 논란이었다. 이에 시민사회가 거세게 반발하고 정보 유출 파문까지 더해지면서, 대통령은 리더십에 결정적인 타격을 입었다.

야당은 "민주주의에 대한 심각한 위협"으로 규정하면서 탄핵 소추안을 발의하게 되었다. 탄핵 사유로 내세우는 핵심은 대통령의 계엄령 시도가 위헌/위법이라고 보는 시각이었다. 하지만 여당 국민의힘은 계엄령이 심각한 상황을 초래했다고 인정하지만, 이는 대통령의 통치행위에 속하는 고유권한의 범위이므로 과도한 조치라는 입장을 고수하면서 맞서고 있었다.

대통령에 대한 탄핵발의로 정치적 혼란이 불가피해졌다. 치열한 법정 공방이 예고되고 있는 가운데 180일 이내 헌법재판소에서 탄핵에 대한 인용 여부가 결정되어야 했다. 탄핵이 기각되면 대통령은 바로 직무에 복귀하게 되고, 만약 대통령 유고 상황이 발생한다면 60일 이내에 대선이 치러져야 한다.

4월 4일 헌법재판소는 윤석열을 파면했다.

북한은 윤 대통령 파면 소식을 하루만에 처음 전했다. 조선중앙통신은 5일 "재판관 8명의 전원일치로 채택된 결정에 따라 윤석열은 대통령직에서 즉시 파면되었다."라며 탄핵안이 가결된 이후 111일만이라고 보도했다.

이에 따라 60일 이내 6월 3일 제23대 대통령으로 민주당 이재명 후보가 당선되었다. 이재명 정부는 '국익중심 실용외교'를 표방하며 '국민주권정부'로 명명했다. 이 대통령은 남북대화복원에 중점을 두고 값비싼 평화라도 전쟁보다 저렴하다는 의미에서 "평화가 곧 경제, 평화가 곧 밥"이라는 메시지를 던졌다.

보수와 진보를 아우르는 정책으로 국내여론이 통합될 수 있도록 수렴하는 노력을 기울여야 한다. 한국 국회는 초당적으로 헌정 위기 극복을 위한 진정한 대화와 타협의 해법을 모색해야 할 것이다.

제10장

평화, 그리고 통일

윤집궐중(允執厥中)
진실로 중용을 잡아라

한국전쟁이 발발하고 정전협정으로 만들어진 휴전선을 따라 분단된 대한민국과 조선민주주의인민공화국 간에 남북대화를 통한 합의로 6번의 공동성명을 발표했다.

먼저, 미·소간 냉전구조 속에서 안정기와 불안정기에 남북한관계 역학구조 변화를 살펴본다. 사례연구로 '7·4공동성명'(1972)과 '남북기본합의서'(1991)가 발표된 시기의 공통된 국제환경요인을 분석해 본다. 소련 붕괴 이후 탈냉전기에 중국이 부상하면서 중·미관계의 소원과 화해에 따라 남북한관계가 교착상태를 벗어나 개선되는 시기를 조명한다. 이를 위해 남북정상회담으로 '6·15공동선언'(2000)과 '10·4선언'(2007)이 발표되는 시점에 대입해 본다.

2018년 남북한관계는 극적인 변화를 맞이했다. 2월 평창동계올림픽에 북한선수단 참석이 계기가 되어 비로서 남북정상회담이 성사되었고 '판문점선언'(4.27)과 '평양공동선언'(9.19)에 합의했다. 중·미관계가 악화하는 상황 속에서도 남북대화가 이어지고 공동선언문이 나오게 되는 배경을 추적해 본다.

다음, 북한핵 문제 해결방안에 따라 전쟁을 일으킬 수도 있고, 평화 공존으로 한반도 번영을 기약할 수도 있다. 이에 따른 북·미, 중·미, 남·북 간의 6가지 시나리오를 설정해서 검토한다.

마지막으로 남과 북이 점진적으로 통일의 여정을 이어 나아갈 수 있는 방안을 모색해 보고자 한다. 중국과 미국의 라이벌세력 경쟁이 관세전쟁으로 격화되고 있는 상황에서 어느 한 국가를 선택해야 하는 상황은 국익을 위하는 길이 아니다. 주변 주요국과 조화로운 공영으로 남과 북의 평화적 공존과 번영을 가져올 수 있어야 한다.

1

남북대화

(1) 1972년 7.4 공동성명

1972년 2월 공산주의 국가가 된 중국을 최초로 방문한 닉슨 대통령과 저우언라이(周恩来) 총리는 공동성명을 발표했다. 미국은 한국의 입장에 공조하면서 한반도에서 긴장 완화 추구와 교류 증진을 위한 노력을 언급했다. 중국은 북한의 평화통일 8개방안 (1971.4.12)과 한반도통일·재건을 위한 유엔위원회 해체를 요구하는 입장을 확고히 지지한다고 밝혔다.

동북아에서 중·미 간 데탕트로 화해 분위기가 되면서 한반도에서도 남북대화가 탐색되고 있었다. 김일성 주석은 1972년 5월 3일 평양을 방문한 남측 중앙정보부 이후락 부장을 면담하여 3대 통일 원칙으로 '자주, 평화, 민족대단결'에 합의했다. 남한과 북한에서 7월 4일 '남북공동성명'을 동시에 발표했다.[도표 1]

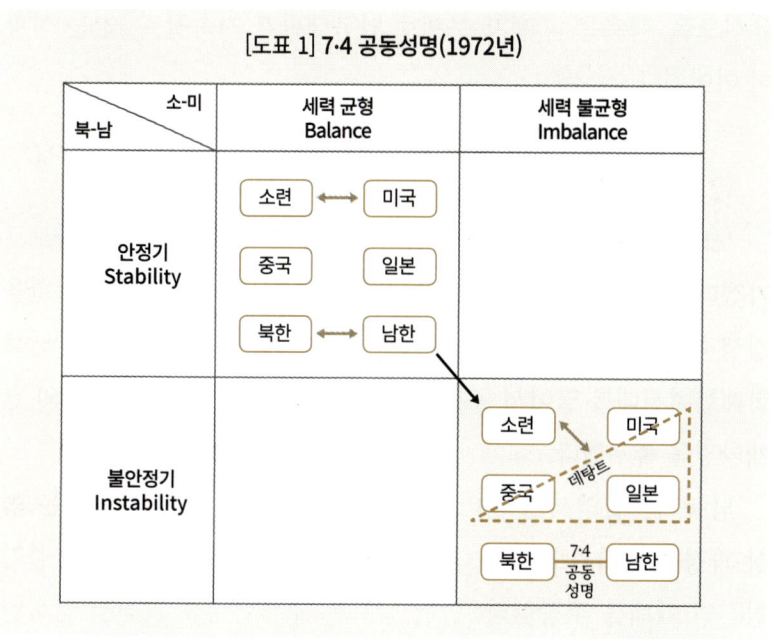

[도표 1] 7·4 공동성명(1972년)

소·미 북·남	세력 균형 Balance	세력 불균형 Imbalance
안정기 Stability	소련 ↔ 미국 중국　　　일본 북한 ↔ 남한	
불안정기 Instability		소련 ↔ 미국 데탕트 중국　　　일본 북한 7·4 공동 성명 남한

그러나 이 성명은 발표된 이후 지켜지지 않았다. 남측에서는 박정희 대통령이 '유신헌법'을 공표하고 1972년 10월 17일 초헌법적인 국가긴급권을 발동했다. 전국에 비상계엄을 선포해서 국회를 해산하고 정치 활동을 금지했다. 7·4공동성명으로 남북대화의 물꼬가 트이는 계기가 되었지만 남측 정치 상황이 급변하면서 이를 지속하기에는 적합하지 않았다.

북측에서는 공산주의 역사상 유례가 없는 세습체제 확립이 시도되고 있었다. 북한 기록물에 1974년부터 '당 중앙'이라는 호칭이 등장했는데, 김일성 주석 아들 김정일을 지칭했다. 1980년 제6차 당대회에서 김정일은 공식적으로 후계자로 지명되었다.

이와 같이 남북한이 최초로 합의한 7·4공동성명이지만 남측은 유신으로, 북측은 후계자 문제로 남북대화가 지속될 수 없는 상황이 이어졌다.

(2) 1991년 남북기본합의서

노태우 대통령은 사회주의국가인 소련과 중국을 넘어 평양으로 가겠다는 '북방정책'을 내세웠다. 그는 '7.7선언'(1988)으로 북한을 경쟁·대결상대로 인식해 온 시각에서 탈피할 것을 주문했다. 남북화해협력시대를 열어서 공동번영을 이룩하는 민족공동체로서의 관계발전을 촉구했다.

남북기본합의서는 준비단계에서부터 남북회담이 중단되는 협상 과정을 거치기도 했다. 북측은 정치·군사문제 우선 해결과 불가침선언 채택을 주장했다. 반면 남측은 교류협력을 위해서 남북한 관계 개선에 관한 기본합의서 채택을 우선시했다. 사실상 입장 차이를 좁히기가 쉽지 않았다. 1991년 9월 남북한 유엔 동시가입은 국제적 위상 및 체제인정에 관한 본질적인 문제로서 성사되었다. 1991년 12월 세 번째 기본합의 단계에서 '남북기본합의서'를 채택하고 이어 '한반도비핵화공동선언'이 발효되었다. (1992.2.19)

남북기본합의서는 역사적 의미에도 불구하고 얼마 지나지 않아서 이행 불능 상태가 되었다. 남북한 간 신뢰와 협력으로 다듬어진 것이 아니라 양측의 정치적 결단의 결과이기 때문이었다. 정치 상황에 따라 상호 해석의 입장 차이를 보이며 표류하게 되었다.

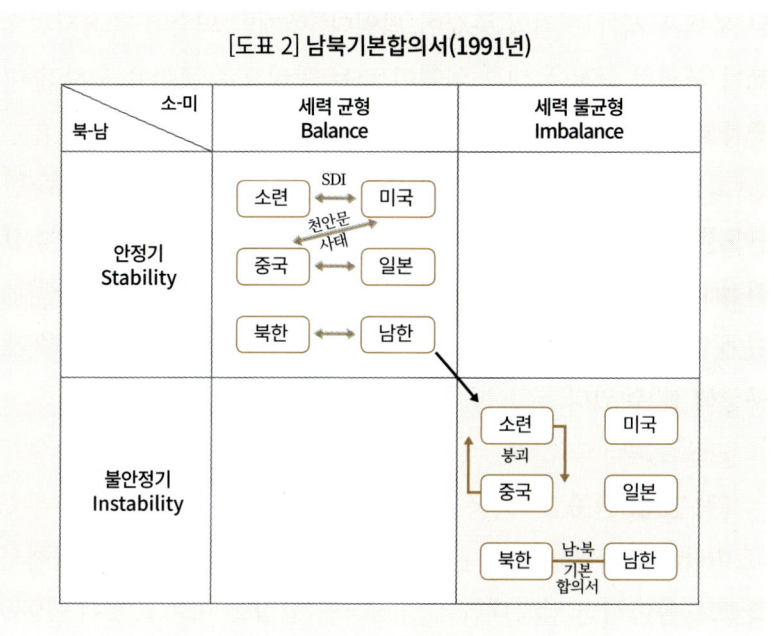

[도표 2] 남북기본합의서(1991년)

[도표 2]에서 볼 수 있듯이 냉전 구조에서 상위구조와 하위구조 간의 세력균형 관계를 규명해 볼 수 있다. 1990년대 초 소련 및 동구권을 비롯한 사회주의권의 몰락은 동북아 국제관계에 세력불균형을 초래했고 북한은 고립되었다. 이에 따라 북한은 생존전략의 일환으로 남북대화에 적극적으로 임했다. 이러한 배경을 바탕으로 남북한 간의 접촉은 양적 증가와 함께 많은 변화를 가져왔다.

노태우 정부에서 추진한 북방정책의 성과에 힘입어 한·소(1990), 한·중(1992) 국교정상화를 이룩함에 따라 북한은 동북아 외교에서 발언권이 위축되었다. 이를 타파하기 위한 북한의 노력은 대미 접근과 북·일 수교 협상으로 이어졌다.

1993년 3월 북한의 핵확산금지조약(NPT) 탈퇴 선언으로 촉발된 북핵 문제가 쟁점의 중심이 되었다. 핵개발 의혹을 증폭시킴으로써 국제적 질서에 대한 위협이 되는 방식으로 북한은 오히려 미국과 직접 협상을 할 수 있는 계기로 삼았다.

그 결과, 동북아에서는 한편으로 중·미 관계, 다른 한편으로 한반도를 둘러싼 남북한관계와 더불어 북핵문제를 중심으로 북·미 간 직접 대화가 새로운 동북아질서를 형성하는 주요 변수로 등장한다. 이에 따라 동북아에서의 새로운 흐름을 조명하기 위한 분석틀을 재구성해 볼 수 있다.

(3) 2000년 6.15 공동선언

미국과 중국은 소원한 관계에 이르렀다가도 상호 국익을 위해서 화해로 돌아서면 남북대화에 긍정적인 영향을 미치고 있다. 1989년 6월 베이징에서 민주화운동을 무력으로 탄압한 '티엔안먼 사태'로 인해서 중국 인권문제가 심각하게 대두되었다. 이에 미국을 비롯한 서방세계가 제재를 가하면서 중국과 불편한 관계를 이어가게 되었다. 이후 1990년대 중·미 '전략적 동반자(strategic partner)'를 내세우는 빌 클린턴 대통령의 임기 말에 이르면서 북·미관계 개선을 위한 획기적인 계기를 맞고 있었다.

한국 김대중 대통령은 햇볕정책을 기치로 북한에 대해서 평화공존을 위한 포용정책을 내세웠다. 미국과 한국에 진보정권이 들어서면서 남북한관계 개선에 상승작용을 했다. 마침내 첫 번째 남북정상회담이 성사되어 2000년 6.15공동선언을 발표하는 성과를 이뤘다.[도표 3]

[도표 3] 6.15 공동선언(2000년)

북·남 \ 중·미	소원 Estrangement	화해 Reconciliation
교착 Stalemate		중국 —전략적 동반자— 미국 ① 4자 회담 제안 북한 ←조문외교 실패— 남한
개선 Improvement		중국 —전략적 동반자— 미국 ② 햇볕 정책 북한 —6.15 공동선언— 남한

클린턴 대통령도 최초의 북·미정상회담을 시도했으나 미국 대선 일정으로 시간이 충분하지 않은 상황에서 후임으로 공화당 조지 W. 부시(George W. Bush) 대통령이 당선되면서 이를 포기했다.

노벨평화상을 수상한 김대중 대통령도 2001년 초에 부임한 부시 대통령의 인식을 바꿀 수 없었다. ABC(Anything but Clinton)로 일컬어질 만큼 부시 대통령이 대중국, 대북한 정책을 전임자와 다른 방향으로 전환하면서 남북대화도 교착상태에 빠지게 되었다.

(4) 2007년 10.4 선언

한국에서 햇볕정책을 계승해서 '평화번영정책'을 내세운 노무현 대통령이 당선되었지만 남북한 간에 별 진전이 없어 교착상태가 지속되었다. 부시 대통령은 불량배 국가로서 북한을 '악의 축'(Axis of Evil)으로 명명하면서 북·미관계는 악화일로를 걷고 있었다. 또한·미·일동맹을 중시하면서 중국과는 '전략적 경쟁자(strategic competitor)'로 인식했다.

2006년 10월 북한이 첫 핵실험에 성공하면서 북핵문제가 더 심각해졌다. 그해 11월 미국 중간선거에서 공화당이 패배하고 임기말이 다가오는 시기에 부시 대통령은 북핵문제 해결을 포함해서 중국을 '이해상관자(interest stakeholder)'로 인정하면서 남북한관계 개선을 위한 계기가 조성되었다. 2007년 10월 노 대통령은 평양을 방문하고 2차 남북정상회담을 통해서 김정일 위원장과 '10.4선언'에 서명했다. 중·미관계가 개선되는 분위기에 따라 남북한관계도 진전되어 다양한 협력사업에 합의를 이룰 수 있었다.[도표 4]

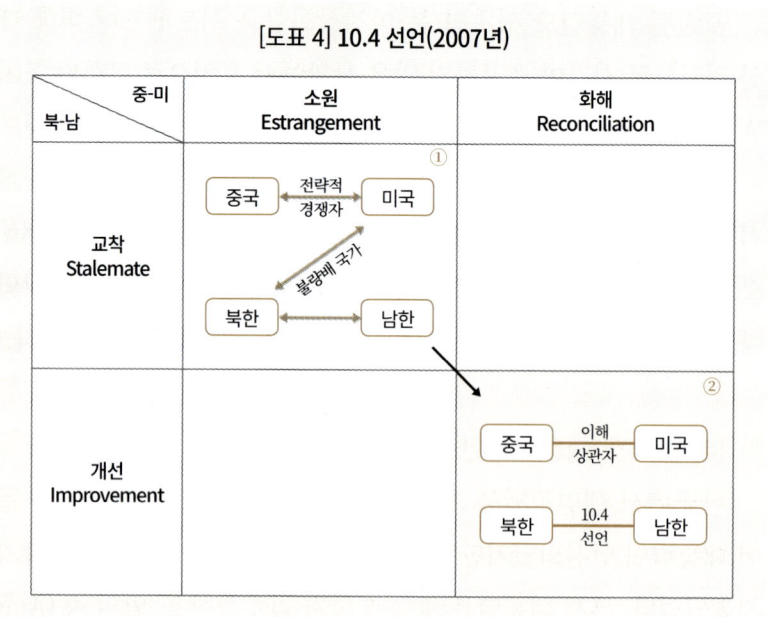

[도표 4] 10.4 선언(2007년)

<도표 3>과 <도표 4>에서 알 수 있듯이 ①에서 오른쪽 하단 ②로 이동함으로써 중·미관계가 우호적인 분위기에서 남북한관계도 개선되는 상황을 맞게 되었다. 이에 따라 2차례의 남북정상회담으로 6.15공동선언과 10.4선언에 서명할 수 있었다고 추정할 수 있다.

남북한 간에 합의를 본 4차례 공동성명--7·4공동성명, 남북기본합의서, 6·15공동선언, 10·4선언--모두 우측 하단 시기에 이뤄졌다.[도표 1,2,3,4]

(5) 2018년 4.27 판문점선언

2017년 1월에 출범한 트럼프 행정부는 시진핑(習近平) 주석 체제하의 중국을 '라이벌 세력(Rival Power)'으로 규정하고 견제하고자 했다. 양국은 관세인상으로 촉발된 무역전쟁으로 대립하고 있었다. 북한이 9월 6차 핵실험으로 '핵무력 완성'을 선언하자 유엔안전보장이사회가 대북제재를 강화하면서 북한과 미국 관계가 역시 냉랭해 졌다. 또한, 남북한관계도 이명박 정부에서 2010년 천안함 사태 이후 내려진 5.24 조치로 인해서 문재인 대통령 이전까지 교류와 협력이 거의 단절되다시피 했다.

2018년 2월 평창동계올림픽을 기점으로 그동안 교착상태에 빠져 있던 남북대화가 재개되고 관계개선을 기대하고 있었다. 같은 해 4월 27일 문재인 대통령과 김정은 국무위원장이 남북정상회담을 개최해서 '판문점선언'에 합의했다.[도표 5]

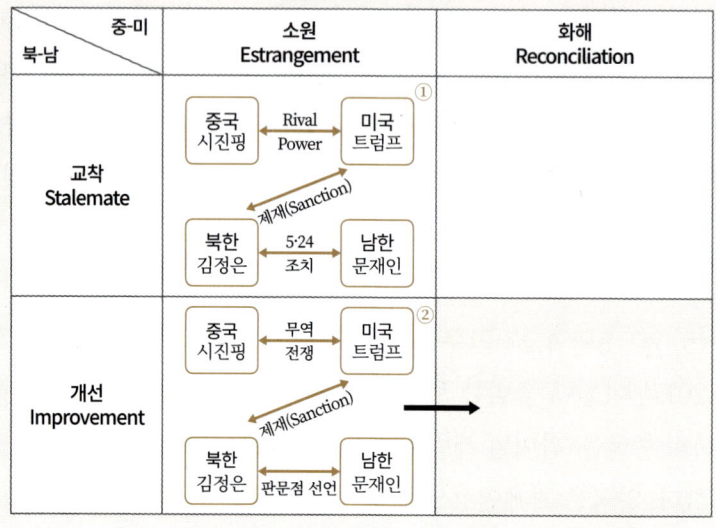

[도표 5] 4.27 판문점선언(2018년)

트럼프 vs 시진핑

북·남 ＼ 중·미	소원 Estrangement	화해 Reconciliation
교착 Stalemate	중국 시진핑 ↔ Rival Power ↔ 미국 트럼프 ① 제재(Sanction) 북한 김정은 ↔ 5·24 조치 ↔ 남한 문재인	
개선 Improvement	중국 시진핑 ↔ 무역 전쟁 ↔ 미국 트럼프 ② 제재(Sanction) 북한 김정은 ↔ 판문점 선언 ↔ 남한 문재인	

　김대중-노무현-문재인으로 이어지는 3차례 남북정상회담으로 한반도에서 남북대화가 지속될 수 있다는 기대감으로 긍정적인 분위기가 형성되었다. 2017년에 위협 수위를 최고조로 끌어올린 트럼프와 김정은도 2018년에 북·미대화를 시작할 수 있는 기회를 모색하고 있었다. 김 위원장은 시진핑 주석과 북·중정상회담으로 입지를 다지며 만반의 준비를 했다. 6월 12일 트럼프 대통령과 김 위원장이 최초의 북·미정상회담으로 만나면서 '싱가포르선언'이 세기의 담판으로 주목받았다.

(6) 2018년 9.19 평양공동선언

문재인 대통령 내외는 김정은 위원장 초청에 따른 평양 방문으로 9월 19일 '평양공동선언'에 합의해서 남북한 관계가 개선되었다. 그러나 트럼프 대통령 취임 이후 중·미 간 무역 전쟁으로 난항을 겪으며 남중국해 등 영토분쟁 개입, 타이완 문제 등으로 양국의 갈등이 해소되지 않고 있었다.[도표 6]

[도표 6] 9.19 평양공동선언(2018년)

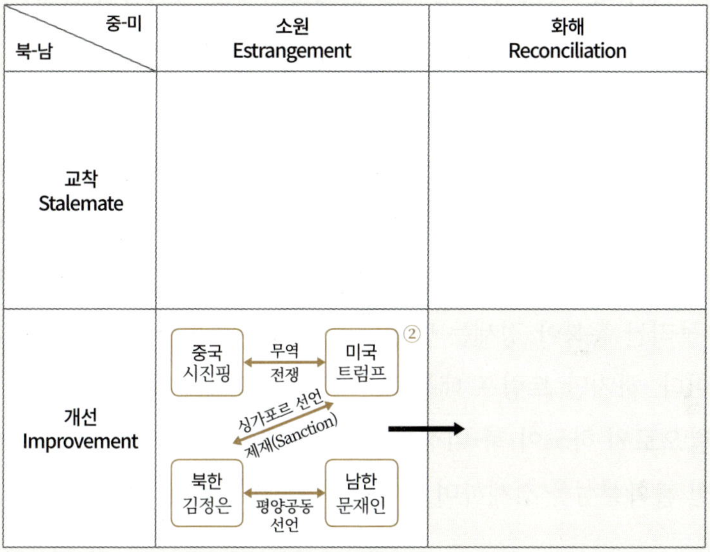

2019년 2월 28일 2차 북·미정상 간의 만남인 하노이 회담은 결렬되었다. 김위원장과 트럼프 대통령이 개인적 감정에 의거한 탑-다운 방식을 선호해서 실무 협상이 뒷받침 되지 않았고 실질적인 진전이 이뤄지지 않았다. 북한 비핵화를 위한 해법은 결코 쉽지 않다. 중·미 상위구조에서의 관계가 순조롭지 않은 상황에서 남·북/ 북·미 정상회담이 열렸지만 언제든지 서로 돌아설 수 있을 만큼 불신의 골이 깊었다.

2025년 1월 20일 재취임한 미국 제47대 도널드 트럼프 대통령은 제1기보다 더 강화된 '미국우선주의' 정책을 강조하고 있다. 중국과 미국은 유례없는 관세전쟁으로 난항을 겪으며 남중국해 포함 영토분쟁개입, 타이완문제 등으로 양국의 소원한 상태가 개선되지 않고 있다. 중·미관계가 좀처럼 화해국면으로 진입하지 못하는 상황에서 북한은 남한을 일절 상대하지 않겠다며 남북대화마저 소통창구가 닫혀버렸다.

트럼프 대통령은 3차례 만난 적이 있는 북한 김정은 위원장을 다시 만나고 싶다는 희망을 밝히고 있다. 중·미 관계가 우호적 분위기로 돌아서고 남북한 간에도 관계개선 조치가 이뤄진다면, 한반도를 둘러싼 동북아 정세는 안정되고 지속적인 평화가 깃들 수 있을 것이다. 하지만 트럼프 대통령과 김 위원장이 상대방의 심중을 오판함으로써 하노이 북·미정상회담이 결렬되었듯이 동북아 정세에 대한 불확실성을 경계하며 면밀히 대처해야 한다.

2

전망: 전쟁과 평화

북한이 2017년 9월 감행한 6차 핵실험은 역대 최대 규모의 폭발력을 보였으며 50kt 정도로 평가되었다. 히로시마와 나가사키에 떨어져 수많은 목숨을 앗아갔던 핵폭탄의 3배 이상 강력한 50kt급 핵무기가 서울에서 폭발한다면 과연 그 피해 규모는 어느 정도일까. 전문가들은 약 200만 명 이상 사망자가 나올 것으로 추정한다. 특히 100km 상공에서 폭발할 경우 전자기파에 의해서 남한 전역의 컴퓨터, 휴대폰 등 모든 전자기기가 무력화되는 피해가 예상된다.

6차 북한 핵실험의 인공지진 규모가 진도 5.7에서 6.3까지로 추정된다. 이 실험의 위력은 최대 100kt급에 해당된다고 예측한다. 100kt급 핵무기가 서울 상공에서 폭발한다면 그 피해 규모는 매우 광범위하게 미친다. 폭발이 일어난 곳의 반경 370여m 내 건물은 증발하고 2.5km 이내 물체는 불이 붙거나 녹아버리며 모든 생물체는 사망하게 된다. 3.75km 이내 사람들은 전신 3도 화상을 입게 되고 11.25km 이내 건물 대부분 반 이상 파괴되는 피해를 본다고 측

정된다.

북한이 핵기술 고도화로 경량화에 성공하고 미국을 타격할 수 있는 대륙간탄도미사일(ICBM)기술을 완성하면, 미국은 북한을 공격할 수 있다. 한반도에서 남과 북이 평화공존을 하려면 핵전쟁과 같은 최악의 시나리오가 발생할 수 있는 가능성을 사전에 차단해야 한다. 그 모든 피해는 한반도에 고스란히 남게 된다. 본 장에서 전쟁 발발 가능 상황부터 평화적 해결 방안까지 6개 시나리오로 전망한다.

(1) 김정은이 문제

김정은 위원장이 서울 한복판에 선제적으로 핵폭탄을 떨어뜨리는 자살행위를 할 것으로 예상하기는 쉽지 않다. 오히려 미국이 김정은 정권 붕괴를 위해 군사력을 통한 해결방식으로 기울게 될 가능성이 더 높다. 엄격한 해상봉쇄 등을 시행하면 북한의 경제 상황이 극도로 나빠질 수 있다.

미국이 칼빈슨 핵항모를 한반도에 긴급 배치하고 북한에 대해 최고조의 압박을 가한다. 이에 아랑곳하지 않고 북한은 미국의 압력에 맞서 ICBM이나 잠수함발사탄도미사일(SLBM)을 발사한다. 미국은 막강한 군사력을 동원해서 이에 응징할 것을 다짐한다. 하지만 북한의 도발은 멈추지 않고 지속적으로 미국을 자극한다. 김정은의 도피 시설들을 미국이 대부분 파괴하고 사상자가 대규모 발생한다.

미국의 여론조사에 의하면, 80%가 넘는 대다수 미국인들이 북한의 핵포기를 예상하지 않으며 김 위원장이 권좌에 있는 한 핵보유 의지를 기정사실로 믿고 있었다. 김정은 제거만이 북한 비핵화를 위한 유일한 방도이며 정권교체를 위한 계책을 주문한다.

2017년 11월 29일 화성15형 발사 이후 북한은 '핵무력완성'으로 대대적인 홍보 활동을 전개했다. 화성15형은 2단 발사체를 사용해서 고도 약 4500km, 거리 950km를 비행, 최대 1만3000km를 비행할 수 있는 추진능력을 갖췄다. 핵무기 운반체로서 ICBM의 핵심인 대기권 재진입 기술은 여전히 증명하지 못했다는 평가다.

북한은 기존의 '핵보유국 지위 입장'을 고수하면서, 대화를 원한다면 대북한 적대시정책 폐기를 전제조건으로 내걸었다. 김 위원장은 미국이 적대적 관계를 포기하라고 촉구하고, 핵보유국인 북한과 공존하는 올바른 선택을 해야만 출구(way out)가 있다고 주장한다.

북한은 ICBM 개발에 집중해 왔다. 미국 본토 타격을 위한 ICBM 기술은 대기권 재진입, 2차 타격능력 미완성 등을 이유로 아직 완성 단계에 이르지 못한 것으로 판단된다. 현 단계에서 북한은 ICBM 능력이 완성되지 않았지만 이를 대미국 억지력과 동시에 협상 카드로 활용하고자 한다. 6차 화성15형 실험발사를 통해 충분한 억지력을 과시했다고 여겨 북한이 2018년부터 협상에 임했다고 볼 수 있다.

북한은 미 본토 타격 능력의 한계를 극복하기 위해서 SLBM 개발에 박차를 가하고 있다. 이는 ICBM만으로는 미국 본토 타격의 한계가 있다고 판단하기 때문이다. SLBM으로 북한은 미 연합증원 전력 차단에 유리하지만 반면에 상대방은 SLBM 탐지와 방어가 어렵다. 향후 SLBM 개발 여부가 중장기적으로 게임체인저(Game Changer)가 될 것으로 우려된다.

김일성-김정일로 이어지는 선대의 유훈은 반드시 핵무기를 보유해야만 김씨 세습정권을 유지할 수 있다고 당부한다. 북한은 한반도를 둘러싼 주변 핵보유국들과 동등한 자격으로 자강을 앞세우고 있다. 김정은 위원장이 비핵화를 결코 받아들일 수 없다는 전제 하에서 유일한 해결 방법은 그를 제거해야만 한다는 결론에 이른다.

(2) 핵시설을 제거

북한은 북·미정상회담(2018.6.12)에 앞서 풍계리 핵실험장을 폐기하는 등 비핵화에 대한 의지를 표명했다고 주장한다. 그러나 폭발의 세기로 볼 때, 전문가들이 터널 붕괴와 같은 중요한 지질학적 활동을 식별하기 어렵고, 언론인들이 폭파 지점에서 불과 500m 밖에서 관측했다는 보도는 폭발이 매우 작았다는 증거라고 지적한다.

트럼프 대통령은 트위터에 김 위원장의 친서 내용을 공개하면서 재회를 기약했다.(7.12) 편지내용 어디에도 비핵화란 용어는 없었다. 오히려 트럼프를 압박하는 다른 친서의 존재가 회자되면서 이를 미 정부가 공표했다. 김 위원장은 차기 북·미정상회담의 조건은 북한이 원하는 체제보장을 확신할 수 있어야 한다는 것이다.

우선적으로 북한이 핵무기 리스트 제출 등 미국이 요구하는 실질적인 비핵화 프로세스에 응하지 않는다면, 미국은 고강도 압박의 국면전환을 지속하게 될 것이다. 미국은 북한과 거래하는 모든 나라에 대해서 압박 수위를 높이게 된다.

북한 핵시설을 모두 파괴하는 공격은 불가능하지만 상징적 의미에서 사진 판독 등으로 판별할 수 있는 북한 핵시설을 제거하기 위해서 제한적으로 정밀공격을 감행할 수 있다. 이 경우 김정은 정권을 붕괴시키거나 제거하기 위한 목적보다는 핵능력의 기본 시설을 파괴하기 위한 무력 공격이 주를 이룬다. 그러나 핵시설에 대한 직접 타격은 제한적이 아닌 엄청난 결과를 초래할 수 있다.

만약 미국이 북한에 제한적이나마 공격을 감행한다면 북한은 미국의 동맹국이며 미군 기지가 있는 한국과 일본을 향해서 미사일과 장사포를 발사하게 될 것이다.

첫째, 북한은 핵개발 능력에서 시리아와 완전히 다르다. 시리아도 핵개발 의지를 보이며 이를 시행했지만 북한은 이미 사실상 핵보유국으로서의 능력을 과시해 왔다. 미국이 한반도에서의 군사작전에 투입된다면 북한은 미국 본토에 다다를 수 있는 ICBM을 내세워 미국의 개입을 저지할 수도 있다.

둘째, 북한 핵을 포함하는 군사시설이 중국과의 접경지역에 밀집해 있어서 미국의 군사공격에 대해 중국이 이를 용인하지 않을 것이다. 북한 정권이 소멸해서 만약 남한에 주둔하고 있는 미군이 전진 배치되는 상황이 된다면 중국은 이를 묵과하지 않을 것이다.

셋째, 북한은 이미 한국과 일본을 공격할 수 있는 무기를 충분히 보유하고 있다. 북한이 ICBM급 미사일에 기술적 결함이 있어서 완성하지 못했다고 하더라도 한국과 일본에 도달할 수 있는 장사포나 미사일 발사는 가능하다. 만약 북한이 한 개의 발사체라도 한국과 일본에 투하한다면, 엄청난 손실이 따를 수 있다.

1994년 초 북한 핵 1차 위기 시 클린턴 행정부는 북한 영변 지역에 대한 선제공격을 검토했지만 사상자를 비롯해서 3차 세계대전이 일어날 수도 있다는 우려에 따라 이를 감행하지 않았다. 만약 미국이 북한 핵시설에 대한 제한적 정밀공격을 감행한다면 전면전에 해당하는 전쟁이 발발할 수도 있다. 결과적으로 미군이 승리할 수 있겠지만 엄청난 인명 살상을 비롯해서 한반도가 초토화될 가능성도 배제할 수 없다.

(3) 미군 철수 후 중국 영향권 (빅딜)

중·미 데탕트 주역인 헨리 키신저(Henry Kissinger) 박사는 북한 김정은 정권 붕괴 이후 미군 철수를 조건으로 중국과 협의해야 한다는 의견을 제시했다. 이미 핵보유국으로 인정받고자 하는 김 위원장이 정권 유지를 위해서 핵포기를 택할 가능성을 낮게 본다. 김정은의 북한을 핵능력 국가로 인정하거나, 혹은 김정은을 제거하거나 선택해야 한다. 북한핵 보유는 인정하되 현 상태로 동결하고 미국을 직접 위협하는 ICBM을 포기하는 선에서 타협할 수도 있다.

미국과 중국 간의 '빅딜(Big-Deal)'설은 2017년 트럼프 대통령이 키신저 박사를 만나면서 재조명되기 시작했다. 북한 핵위기를 해결하기 위해서 중·미가 '북한정권 붕괴와 주한미군 철수'를 맞바꾸어 큰 거래를 해야 한다는 주장이다. 중국이 김정은 정권 붕괴를 책임지면 이에 상응해서 미국이 주한미군을 철수한다는 프레임이다. 미국은 한반도가 중국의 영향권에 놓이는 상황을 묵인하며 미군 철수를 약속할 수 있다. 한국은 핵보유국 북한과의 비대칭적 전력에 따라 북측 주장을 받아들일 수밖에 없게 될 것이다.

이 제안의 가장 큰 문제는 '빅딜'의 주체다. 당사자인 한국이 빠져 있다. 북핵문제가 미국에게 직접 안보위협이 될 경우에 더해서 한·미동맹의 신뢰도에 따라 '빅딜' 주장은 고개를 들 수 있다. 북한 정권이 붕괴될 경우, 혹은 예상치 못한 급변사태가 발생할 경우, 북한 핵시설 및 핵무기 처리를 둘러싸고 한국이 직접 개입할 수 있는 가능성은 매우 희박하다.

중·미 간 심각한 관세전쟁을 벌이고 있는 상황에서 중국이 미국 편을 들어 북한에게 벌을 주고, 김정은 정권을 붕괴시키기 위해서 결정적 도움을 주기는 쉽지 않다. 오히려 중국의 의중대로 북한을 움직여서 함께 미국을 견제하고자 할 수 있다.

트럼프 대통령이 주한미군 주둔 비용을 문제 삼아 철수하고 싶다는 의중을 내비치기도 했지만 당장은 아니라고 언급했다. 오히려 한국이 방위비 분담금을 올려야 한다고 압박한다. 미군이 주둔하고 있는 한국의 평택기지는 세계에서 가장 방대한 규모의 미군 군사시설이다. 서해에서 중국을 직접 겨냥하고 있는 최전선을 담당하는 전략적 요충지인 평택항을 미국이 포기하고 싶지 않을 것이다.

(4) 중국을 견제 (베트남 모델)

트럼프 시대의 미국은 '라이벌 세력'인 대중국 봉쇄정책의 일환으로 북한을 우군으로 끌어들여서 북한이 중국의 영향력에서 벗어나기를 원한다. 이에 따라 북한 비핵화로 북·미 간 공식적으로 수교가 이뤄진다면, 미국·베트남처럼 전략적 이해관계가 일치해서 중국을 견제하는 구도가 될 수 있다. 미 고위급 인사들은 북한이 '베트남 모델'을 따라 하기를 바란다고 언급한다. 2019년 2월 제2차 북·미정상회담이 하노이에서 개최된 배경이다.

미·베트남 관계에서 역사적 대변화의 핵심적 지렛대는 미국의 대중국 전략이다. 세계전략에서 미국은 최대 경쟁자로 부상하는 중국을 견제하기 위해서 동남아에서 베트남을 핵심 파트너로 삼고 있다. 베트남 군항에 미 항공모함 입항이 허용된다. 베트남은 중국의 중화민족 패권주의를 견제하기 위해서 미국의 지원과 협력이 필요하다. 미·베트남의 전략적 협력에 대한 전례는 동북아에서 미국과 북한의 전략적 이해관계에도 접목시킬 수 있다.

한반도에서 북한이 중국을 견제하는 최첨단의 역할을 담당하게 된다면, 이는 미국이 동북아에서 중요한 원군을 얻기 위한 전략으로 볼 수 있다. 예를 들면, 북한 원산항에 미 항공모함이 들어올 수도 있다. 북한도 중국의 영향권에서 벗어난다면 국가발전에 획기적인 기회를 맞이할 수 있다.

한반도 비핵화를 매개로 북·미 협상이 성공적으로 진행된다면 북·미 수교 및 북·일 수교가 현실화될 수 있다. 한·미동맹 주도로 시장경제를 기반으로 산업화와 부분적 민주화 결합인 베트남 모델을 따라 북한이 빠른 경제성장을 할 수 있다. 한·미 간 긴밀한 협력으로 북한의 선진화를 이끌어내는 노력이 수반되어야 한다.

(5) 핵포기 후 경제협력

북한이 CVID에 합의하고 집행할 경우, 미국은 비핵화에 대한 대가로 제시한 체제보장과 경제성장 지원 약속을 입증해야 한다. 2018년 5월 22일 한·미정상회담에 앞서 열린 기자회견에서 트럼프 대통령은 북한이 완전한 비핵화에 합의한다면 과거 한국처럼 전폭적인 경제지원에 나서겠다고 약속했다. 세계적 기업으로 성장한 삼성과 LG를 거론했다. 트럼프 대통령은 "김 위원장은 25년 후, 50년 후 북한, 그리고 세계평화를 위해 자신이 한 일을 돌이켜 보면서 매우 자랑스러워 할 것"이라고 치켜세웠다.

관심의 초점은 체제보장과 경제지원 약속의 진정성을 북한이 어떻게 받아들일지에 달렸다. 이는 미국을 비롯한 국제사회가 북한의 비핵화에 대한 김 위원장의 진정성을 어떻게 신뢰할 수 있는가와 동전의 양면을 이룬다. 북한은 미국이 말이 아닌 실천하기를 원한다.

트럼프는 대북경제원조와 관련 한국이 이를 지원할 것이며 일본과 중국도 도움을 줄 것이라고 말했다. 북한과 미국이 지리적으로 멀리 떨어져 있으며 이웃 국가도 아니라고 했다. 북한 비핵화를 진실로 원한다면 한·중·일, 세 이웃 국가들이 대북한 원조를 준비해야 한다고 덧붙였다. 이는 미국 행정부의 재정 부담으로 이어질 수 있는 대북한 원조의 상당 부분을 세 국가들이 부담해야 한다는 의미다.

미국민의 세금을 들여 북한을 지원하는 대신 민간부문 투자와 대북한 진출, 기술지원이 있을 것으로 예상된다. 대동강변에 미국 시장경제의 심볼이라고 할 수 있는 '트럼프타워'가 세워지고 '맥도날드'의 평양지점이 입점한다면 민간투자의 예시가 될 수 있다. 한국은 남과 북의 관계개선이 이뤄진다면 남북철도연결을 비롯해서 10·4선언(2007)에서 명시한 경제협력 의제들을 실행에 옮길 수 있다.

(6) 핵에는 핵 (파키스탄 모델)

김일성-김정일-김정은 세습체제를 거치면서 북한지도부는 핵무기로 무장해야만 체제 생존이 보장될 수 있다는 현실을 절감한다. 세계적으로 독재자들--사담 후세인, 무아말 알 가다피 등--의 최후를 목격하면서 핵능력만이 자신을 보호해 줄 수 있다고 확신한다. 북한은 플루토늄 타입과 고농축우라늄(HEU) 타입의 핵무기제조 능력을 모두 보유하고 이를 실용화했다. 6차례에 걸친 핵실험과 ICBM 개발을 통해서 '핵무력 완성'을 선포한 만큼 '핵국가'로서의 확고한 의지를 결코 포기할 수 없다.

파키스탄은 오랜 지정학적 경쟁자인 인도의 1947년 핵실험을 계기로 '핵무장 국가전략'을 구체화했다. 인도의 경쟁국인 중국의 지원을 받아 파키스탄이 1982년 핵무기제조를 시작해서 1998년 핵실험 성공으로 핵무장 국가를 선언했다. 이후 3년 동안 미국의 제재를 받았지만 2001년 9·11테러 후 반테러 전쟁에서 미국과 협력하고 제재에서도 벗어나 사실상 핵보유국으로 인정받고 있다.

북한은 2006~2017 11년 동안 6차례에 걸친 핵실험을 통해 실질적인 '핵무력 완성'을 선포하기에 이르렀다. 역사적 맥락에서 북한 핵무장 국가전략을 살펴보면, 김정일 체제 생존을 위한 '파키스탄 모델'을 실현하기 위해 노력한 결과다. 김정일 사후 2011년 등장한 김정은 체제는 전임보다 더욱 강력한 의지로 핵무기와 ICBM 개발에 주력했다. 북한은 북·미 간 핵 동결과 비확산 및 비핵화에 합의하더라도 체제보장을 전제조건으로 내걸고 중장기적으로 비핵화를 진행하려는 의도를 숨기지 않고 있다.

백악관은 중국을 압박하기 위해서 전술핵 재배치 검토를 테이블에 올려놓고 있다. 유엔안전보장이사회의 대북제재 결의를 통해서 중국이 원유공급중단 등 강도 높은 제재에 동참하라고 압박한다. 한국과 일본이 자체적으로 핵무장을 할 수 있다며 미국은 중국에게 이를 저지하지 않을 수 있다는 입장을 밝혔다. 중국이 대북한 제재에 적극적으로 나서라는 요구이며, 그렇지 않다면 북한 핵에 대항해서 또 다른 핵으로 맞불을 놓겠다는 옵션이다. 미국은 전술핵이든 한국과 일본의 자체 핵무장이든 허용할 수 있다고 경고한다.

북한은 핵무장 원인을 미국의 대북 적대시정책 때문이라고 주장한다. 북한이 의미하는 미국의 적대시정책 철폐는 종이 한 장에 서명된 미국의 약속이 아니다. 미국의 체제보장 약속은 미국의 정권 교체, 국제사회 안보환경의 변화, 북한의 도발행위, 등 많은 변수에 따라 변할 수 있다. 따라서 이는 '영구적 약속'이 아니기 때문에 북한의 핵 포기와 체제보장은 등가로 교환될 수 있는 성격이 아니라고 북한은 항변한다.

북한이 요구하는 체제보장은 줄곧 주장해 온 평화협정체결과 주한미군철수를 지칭할 가능성이 높다. 한반도 평화는 정전협정만으로 보장될 수 없으므로 핵개발을 위한 시간 벌기용으로 협상을 이용하려는 북한의 의도에 대해서도 유념해야 한다.

김정은 위원장은 스스로 핵을 포기하지 않는다. 북한이 핵보유국으로서 '파키스탄모델'을 따른다면 남한도 핵 국가의 길을 따라갈 수밖에 없다고 주장한다. 북한의 선의만을 믿고 비핵화를 이룰 수 있다고 생각한다면 너무나도 순진한 발상이라고 지적한다.

이상과 같은 6가지 예상 시나리오는 각각 북·미, 중·미, 남·북 사이에 일어날 수 있는 상황에 대한 분석을 위해서 분류해 본 것이다. 현실적으로 여러가지 경우가 겹쳐서 일어날 가능성이 높다.

2018년 한국을 찾은 전 미 국방장관 윌리엄 페리는 현재 북한의 핵보유가 기정사실이 되면서 자신이 보고서를 제출했던 1999년 당시보다 북한과의 협상이 더 어려워졌다고 토로했다. 그렇지만 대북한 억지력을 유지하면서도 협상을 지속해야 한다고 강조했다. 북·미협상 결과에 크게 기대하지 않는다는 그는 트럼프 대통령의 대북접근방식에 성공 징후가 보이지 않는다는 진단을 했다. 왜냐하면 트럼프는 북한이 핵을 갖고자 하는 근본적인 이유를 이해하지 못하고 있으며, 북한이 핵 보유에 대한 절박성을 느끼지 않도록 하는 방식으로 협상을 준비해야 한다고 지적했다. 즉, 북한의 '체제 전복'에 대한 우려를 해소해야 한다는 것이다. 페리는 북한의 주장에 근거가 없다는 생각을 하지만, 북한은 미국이 자신들의 정권을 붕괴시키려 한다는 두려움 때문에 핵무기는 '억지력' 차원에서 필요하다는 주장을 한다고 설명했다.

북한은 '핵무력'을 실제 사용하려는 목적이 아니라 대미·대남 억지력을 위한 것이라고 내세운다. 이는 김정은 체제가 국제사회의 위협으로부터 스스로 안전하다고 느낄 때까지 핵무기를 포기할 의사가 없어 보이는 이유다. 전쟁을 방지하고 한반도 평화체제구축을 위해서 한국 정부는 비핵화 논의의 모멘텀을 유지하는 방안에 집중해 왔다. 향후 비핵화 과정에서 북·미, 중·미, 남·북 간에 조율이 성공적으로 이뤄지지 않는다면, 오히려 북한이 핵 보유를 정당화하는 빌미를 제공할 수 있다.

세기의 담판으로 일컬어진 북·미정상회담 이후 평양정상회담이 이어졌지만 비핵화를 위한 실질적인 조치는 진전이 없다. 한국은 오로지 북한을 돕기 위해서 대북제재 해제를 비롯한 남북경협만을 염두에 둔다는 비판이 쏟아졌다. 한국외교가 남북한 관계개선을 위해 나아가려면 북한의 선택에 따라 좌우될 수도 있는 상황을 감안해서 적정한 성과를 낼 수 있는 수단을 모색해야 한다.

한국에서 보수와 진보 정권이 바뀔 때마다 대북한 정책의 일관성을 유지할 수 없어서 소위 냉온탕을 오간다는 비판에서 자유로울 수 없었다. 이러한 행태는 남남갈등으로 비쳐졌고 상호 감정의 골이 깊어질 수 있다는 현실을 직시해야 한다.

3

통일 여정

1997년 6월 30일 베이징에서 나는 '통일교수'로 임명(?) 된 적이 있다. 북측대표 8인, 남측대표 12인이 함께 참가한 남북학술회의에서 북측 장재철 단장이 생일을 맞은 내게 닉네임으로 불러주었다. 7월1일 자정 티엔안먼광장에서 홍콩반환기념행사로 이어져 수 많은 폭죽이 밤하늘을 대낮같이 아름답게 밝혔다. 중국 전 인민들의 축하를 받은 셈이라고 했다. 이후 내 마음 속에 늘 통일 여정을 염두에 두게 되었다.

장기간 남북한관계가 경색됨에 따라 한반도 평화와 통일외교에 대한 입장변화 여부에 관심이 쏠리고 있다. 자칫 '중·북편들기'나 '한·미동맹강화'로 냉전시대의 양극 대결구도로 되돌아간다면 한반도에서의 항구적인 평화는 정착되기 어려워질 것이다.

한반도 평화체제 구축을 목표로 한국은 남북한관계 진전에 모든 역량을 집중하기도 했다. 그러나, 김정은 위원장은 핵무력 완성을 선포하고 남한과는 관계단절로 대응하고 있다. 한반도를 포함하는 동북아에서의 분쟁을 해결하기 위해서 중국과 미국의 역할이 중요하다. 중·미 간의 우호적 분위기는 남북대화에 긍정적인 영향을 미친다는 점을 고려할 때, 라이벌 파워로서 전략적 경쟁으로 대립하는 중·미관계 변화에 따라 남과 북에 부정적인 영향을 미치지 않도록 대비해야 한다.

한국 외교가 '한·미동맹'과 '한·중전략적협력동반자' 사이에서 균형을 맞추려는 노력이 과연 얼마나 성과가 있는지 되돌아봐야 한다. 중·미관계가 우호적 분위기로 돌아서고 남과 북도 관계개선 조치가 이뤄진다면, 한반도를 둘러싼 동북아 정세는 안정되고 지속적인 평화가 깃들 수 있을 것이다. 하지만 트럼프 대통령과 김정은 위원장이 상대방의 심중을 오판함으로써 2019년 제2차 하노이 정상회담이 결렬되었듯이 동북아 정세에 대한 불확실성을 경계하며 면밀히 대처해야 한다.

핵문제에 따른 미국 주도의 유엔제재로 북한은 외자유치를 비롯해서 경제발전의 동력을 제대로 살리지 못하고 있다. 한반도 평화를 유지하며 공존하기 위해서 북한과 대화를 하겠다면서 협상 테이블에도 앉지 못한다면 상대방을 배려한다고 할 수 없다. 북한은 1953년에 맺은 정전협정을 평화체제로 이행해서 궁극적으로 북·미관계 정상화가 목표다. 굳건한 한·미동맹을 바탕으로 한국이 미국의 유력한 조언자로서 북한의 대미관계개선에 긍정적인 영향력을 미칠 수 있다고 북한이 인식할 수 있어야 한다. 이 과정에서 북한이 국제사회의 책임 있는 일원이 되기 위해 투명성이 보장되고 상호주의가 적용될 수 있도록 철저한 대책이 필요하다.

2017년에 등장한 트럼프 대통령은 '미국우선주의'를 내세우며 전방위적으로 압박한다. 최대 관심사는 미국 본토에 다다를 수 있는 ICBM 제거다. 일찍이 트럼프 대통령은 북한핵으로 인한 전쟁이 일어나도 미국이 아니라 한반도문제라는 태도를 보인 적이 있다. 미국은 북핵 폐기가 아니라 동결하고 핵보유를 인정할 수도 있다. 북한이 요구하는 종전선언을 위해 남한 진보 정부가 앞장섰으나 난망이었다. 당시 한국 대통령은 유럽과 동남아 순방에서 북한 제재 완화를 권유했지만 아무런 호응을 얻어내지 못한 채 한반도 비핵화에 대한 의지를 의심받기도 했다.

한·일정부 간에 맺은 과거사 문제 약속이라면 적어도 외교부는 국제공조에 방점을 찍는 역할분담이 필요하다. 국내적으로 여성가족부, 고용노동부 등이 나서서 위안부, 강제징용 문제에 대해 한국민 보호를 위한 역할을 담당할 수 있다. 대외적으로 더 합리적으로 설득할 수 있는 방안이 마련되어야 한다. 혹시라도 일본 정부가 극우로 치닫게 하는 빌미를 줄 수 있다는 우려를 염두에 둬야 한다. 한·일 간에 북한 비핵화를 위한 공조가 필요한데도 오히려 일본의 핵개발이나 재무장의 구실이 될 수 있다.

한·중관계 회복도 더디기만 하다. 사드배치 문제로 한국과 중국 국민 간 어긋난 감정의 골이 좀처럼 메워지지 않고 있다. 반면 시진핑 주석과 김정은 국무위원장은 다양한 정상회담의 모양새를 갖추며 전통적 신뢰회복을 다짐하기도 한다. 대미, 대남관계에서 중국과 북한이 서로 지렛대가 되어주며 입장 강화를 위한 카드로 활용하려 한다. 미국과 무역전쟁을 벌이는 중국은 북한을 '순치관계'(입술과 이)로 응수하며 북·미관계 개선을 견제하고자 한다. 미국은 한국이 친중국, 친북한으로 경사되고 있다고 판단되면 민감한 정보교환에 응하지 않는다고 알려지기도 했는데 한국정부의 균형 감각이 필요하다.

한반도를 둘러싼 동북아 정세는 그 어느 시기보다 엄중한 상황이다. 러시아의 우크라이나 침공에 북한군 참전으로 북한과 러시아 밀착에 따른 새로운 질서 재편이 예견되고 있다. 한·중관계 개선이 상호 양국 간에 요구되는 시기다. 한국과 중국은 경제적으로 밀접한 의존성이 있는 분야를 중심으로 전략적 협력동반자관계를 복원하고 더욱 발전시켜 나가야 한다.

시진핑 주석의 3연임 이후 장기집권의 의미에 대해 깊은 통찰이 필요하다. 대중국외교에서 국내여론이 분열되어서는 일관된 정책을 추진할 수 없고, 중국의 신뢰를 받지 못하게 되면 대북한 관계에서도 지렛대로 활용하기가 어려워진다. 그동안 소원한 한·중관계를 반영하듯 양국에서 반중정서와 반한정서가 만연하면서 상대국에 대한 국민 호감도가 낮아지고 있는 현실을 직시하고 대비해야 한다.

2016년 한국의 사드 배치 이후 8년간 이어지고 있는 한한령(限韓令)으로 한·중 양국 간에 친밀한 관계 발전이 이뤄지지 않았다. 2014년 박근혜 정부 시기 시 주석은 북한보다 한국을 먼저 방문하면서 각별한 관심을 표시하기도 했다. 이후 10년이 지나도록 시 주석의 방한은 성사되지 않고 있다.

트럼프 행정부와 시진핑 체제의 대결 구도가 재차 가시화되면서 한국의 외교정책이 다시금 시험대에 오르게 되었다. 필사적으로 중국의 부상을 막아보겠다는 결의를 다지는 미국의 대중국 압박에 대해 한국 정부는 어느 수준까지 동참할 것인지에 대한 원칙을 세워야 한다.

미국은 철통같은(ironclad) 한·미동맹에 대한 신뢰를 바탕으로 실천을 통해 한국이 헌신할 것을 주문해 왔다. 바이든 행정부에서 만든 쿼드에 반도체 등 신기술, 백신, 기후변화에 대응하기 위해 설립한 워킹 그룹이 있다. 미국의 구상에 따라 반도체 공급망을 재편하고자 하는 핵심 의도는 신기술 공급망에서 중국 의존도를 낮추고 기술 격차를 벌리려는 것이다. 한·미 경제협력을 바탕으로 한국은 북·미대화 재개 및 남북한 관계개선을 위한 협력이 선순환적으로 이행될 수 있도록 노력해야 한다.

미국과 포괄적 동맹으로, 중국과 상호존중에 기반한 동반자관계를 내세우는 한국정부는 중·미 갈등에 너무 매몰되어서는 안 된다. 양국은 대립과 경쟁 속에서도 협력을 추구하며 중·미 간 경제교류는 증대하고 있다. 한국이 어느 한 편을 선택해야 하는 상황은 받아들이지 말아야 한다. 모든 국가는 국익외교를 하고 실용적 접근을 추구하므로 이를 목표로 내세우기보다는 실천적 이행이 중요하다.

중국은 북한과 국경을 맞닿아 북한 경제에 실질적인 원조를 주고 있는 유일한 국가다. 북·미관계 악화에 따라 중국의 역할이 강화되면 신냉전기로의 회귀를 재촉할 수 있다. 북한이 자생력을 키워야 편중된 대중국 의존도에서 벗어날 수 있으므로 이에 대해 한·미 간에 긴밀한 정책조율을 해야 한다. 명목상으로 남북정상 간의 판문점선언과 북·미정상 간의 싱가포르 공동선언이 파기되지 않도록 할 필요가 있다. 김 위원장이 직접 서명한 두 문건에 대해 북한은 협상테이블에 앉기 위한 필요조건으로 주장할 수 있다.

대북한정책에 있어서 중국은 한국이 추구하는 관점에 귀 기울여야 한다. 중국은 한국뿐만 아니라 북한과도 가까워서 양측의 균형을 맞출 수밖에 없다고 한다. 한국은 균형도 필요하지만 북한의 행동 양식에 대해 국제적 규범에 맞도록 이끌어 달라고 요청한다. 북한이 핵개발에 매달리는 독자적 행태를 납득할 수 없기에 유엔까지 나서서 제재하고 있다. 이는 국제적으로 통용될 수 있는 방법이 아니라는 것이고, 북한 핵을 막아 달라는 요구다.

중국 측에서 질문한다. 한반도가 통일된다면 중국이 누릴 수 있는 이익이 무엇인지 설득해 보라는 것이다. 통일을 향한 과정과 통일 이후 상호 간의 이해관계에 대한 논의를 발전시켜 통일외교의 근거를 마련해야 한다. 한·미동맹에 대한 중국의 전략적 고려를 감안해 역내 세력균형을 어떻게 맞추어 갈 것인가 고민해야 한다. 통일 후 주한미군의 역할을 포함해 폭넓고도 솔직한 대화를 나눌 수 있어야 한다. 통일된 한반도가 결코 중국과 적대적 관계가 되지 않을 것이란 확신을 할 수 있는 전략적 이해가 필요하다. 북한에 대한 일방적 흡수통일이 아니라 점진적으로 북한이 자력갱생을 통한 경제발전으로 상호 보완적 관계를 이룰 수 있어야 하며, 중국의 협조가 절실하다.

통일문제와 관련, 중국은 한반도에서의 통일보다는 역내 안정과 평화를 우선적으로 고려하고 있다. 한·중 간 전략적 소통과 대화를 바탕으로 신뢰구축을 통해서 상호 오해와 불신이 쌓이지 않도록 해야 한다. 한국과 중국은 대북한정책에서 입장을 달리할 수 있다. 천안함사건과 연평도포격 이후 남북한관계는 거의 단절되다시피 진전이 없었지만 중국은 북한체제안정에 힘을 실어 주었다. 북한내부 문제나 북한에 대한 인식을 알 수 있는 정보공유를 긴밀하게 해서 상대방의 입장을 이해하고 조율함으로써 상호 공감대 형성을 위한 제도적 장치가 필요하다.

통일은 한국이 자본주의를 포기하거나 북한이 사회주의를 포기함으로써 남북한 간에 동일한 가치공동체가 형성되어야 합의할 수 있는 매우 어려운 과제다. 북한이 개혁·개방을 통해서 외국자본유치에 성공하고 이에 따라 수요·공급에 따르는 시장경제가 활성화되어 경제성장을 할 수 있어야 한다. 향후 통일을 위한 기반을 마련하고 엄청난 통일 비용을 경감할 수 있는 방안이기도 하다.

개성공업지구가 재가동되어야 한다. 북한의 풍부한 자원과 저렴하고 유능한 노동력을 활용하고 남한의 자본과 기술력이 결합할 수 있어야 상호 보완적 관계를 이루며 윈-윈할 수 있다. 북한이 경제적 자생력을 키워서 남과 북의 격차가 줄어들 수 있는 방안이 우선적으로 고려되어야 한다.

북한이 우려하는 흡수통일은 향후 혼란만 가중시킬 수 있고 상호 신뢰할 수 있는 방안이 아니다. 비무장지대에 평화시(Peace City)를 건설하고 UN기구를 유치하자는 제안 등 다양한 아이디어가 제출되었지만 북측의 협조없이는 불가능하다. 휴전선을 평화적으로 이용할 수 있는 방안이 마련되면 남과 북 뿐만 아니라 세계적으로도 평화지역으로 인정받을 수 있게 될 것이다.

러시아의 우크라이나 침공으로 신냉전기가 도래하면서 여파가 한반도에도 드리우고 있다. 시진핑 주석이 공언하는 대로 타이완 침공에 따른 통일을 시도하고, 김정은 위원장이 이에 편승해서 무력시위를 벌인다면, 전쟁을 촉발하게 되고 동북아에서의 평화는 요원해진다. 한반도 문제는 일관된 정책을 수립하고 주변국과 초당외교를 통한 협상으로 풀어나가야 궁극적인 목적을 달성할 수 있다.

2025년 1월 20일 재취임한 트럼프 대통령은 '미국을 다시 위대하게(Make America Great Again, MAGA)'를 외치고 있다. 중국과 미국은 유례없는 관세 문제로 난항을 겪으며 남중국해를 비롯한 영토분쟁개입, 타이완문제 등으로 양국의 소원한 상황이 개선되지 않고 있다. 중·미관계가 좀처럼 화해국면으로 진입하지 못하면서 남북한관계에도 우호적 분위기가 조성되지 않고 있다.

1991년 9월 **남한과 북한의 유엔동시가입은 '2개의 독립체제 (Two entities)'**로 성사되었다. 유엔은 회원국으로 가입할 수 있으므로 국제적으로 남과 북은 2개의 주권 국가이지만, 남북한관계는 헌법상 특수관계에 있는 '독립체제'로 본다. 이후 30년이 넘는 기간 동안 남과 북은 각자의 독립된 정책결정으로 정체성을 지켜왔다. 우리는 이 정신을 기억하고 **적대적이 아닌 공존적 독립체제로 상호 존중하는 길**을 열어야 할 것이다.

6월 3일 조기 대선으로 새로 들어선 이재명 정부는 남북대화의 길을 열기 위해서 북한과 직접 협상을 하려는 노력을 아끼지 않아야 한다. 우선 북한에 대통령 특사를 파견할 수 있도록 주변국과 협조해야 한다. 오늘날 한반도 정세로 볼 때 북한이 남한에 대해 무대응 전략으로 나오고 있어서 남북 간 대화가 먼저 열리기 어려운 분위기다. 10월말에 경주에서 예정되어 있는 APEC을 기회로 삼을 수 있다. APEC참석을 약속한 시진핑 주석의 한국방문이 이뤄지면 한·중정상회담과 중·미정상회담이 성사될 수 있다.

이재명 대통령은 8월26일 워싱턴DC 백악관에서 열린 첫 한·미정상회담에서 유일하게 분단된 한반도에서 평화구축을 위한 미국의 관심과 기여를 상기시켰다. 트럼프 대통령이 '피스 메이커(peacemaker)'가 되면 이 대통령은 '페이스 메이커(pacemaker)'로서 지원하겠다고 다짐했다. 트럼프는 김정은 위원장과 3번 만난 적이 있고 좋은 관계를 유지하고 있으며 올해 다시 만나고 싶다는 의향을 밝히며 한반도 평화를 위한 노력에 동참하겠다고 했다.

트럼프 대통령이 10월 APEC에 참석한다면 이 기간에 김정은 위원장과 조우하는 가능성을 열어놓고 지속적으로 추진해 볼 수 있다. 한국이 중개(교량) 역할을 할 수 있으며 북·미회담이 먼저 열려야 남북대화도 가능해진다는 점을 부각시킨다면 트럼프 대통령의 노벨평화상에 대한 염원에 부합할 수 있다. 트럼프나 김정은이 양자관계를 선호하므로 판문점, 혹은 원산 갈마지구 방문이 성사된다면 세계의 이목을 끌 수 있을 것이다.

'MAGA'를 내세우는 미국에게 한국은 조선분야 협력으로 MASGA(Make America Shipbuilding Great Again)를 통해서 대한민국과 미국이 윈-윈 할 수 있다고 설파하고 있다. 한국은 한·미동맹과 한·미·일관계를 중심축으로 중국과 러시아 뿐만아니라 대북한관계에서도 지렛대로 삼아 한국의 외교 지평을 넓힐 수 있다. 한·미·일 협력 강화로 인해서 북·중·러 연대 강화로 이어지는 상황을 경계하면서 한·중, 한·러 관계도 소원해지지 않도록 해야 한다.

이재명 대통령은 보수와 진보를 아우르는 정책 선택으로 국내여론이 통합될 수 있도록 탕평책으로 수렴하려는 노력을 기울여야 한다. 이재명 정부가 외교정책에서 일관된 '전략적 신뢰성'을 바탕으로 한반도 평화유지(peace-keeping)를 넘어서 한반도 평화를 조성해나가는(peace-making) 주체가 될 수 있기를 기대하게 된다.

안보를 사랑하는 모임

1

'안사모' 회장

군대경험이 없는 나는 국방부에서 다양한 부서의 정책자문위원을 맡아 국방정책의 흐름을 익혔다. 대부분의 외교안보 부처—NSC, 국방부, 외교부, 통일부, 국회 외교통상통일위원회 등—에서 정책자문위원으로 활동했는데 적극적으로 참여한 국방부에서 가장 다양하고 색다른 경험을 할 수 있었다.

2003년 2월 국방부 기획조정실 주관으로 안보전문가 10인을 초대해서 1박2일로 안보현장을 방문한 적이 있었다. 대전 한국항공우주연구원에서 비행기 조정을 하는 시뮬레이션으로 실제 비행하는 경험을 하기 위해서 조종간을 잡았다가 자칫 추락할 뻔했다. 진해에서 해군 잠수함부대를 방문했는데 제9잠수함 '나대용'호에 승선해서 잠만경으로 해안을 관찰하기도 했다. 또한 해군 '양만춘' 함에 올라 동해를 가로지르고, 해군 해상초계기 P-3C 비행기에 탑승해서 울릉도 독도 상공 100미터까지 내려갔다가 서울근교 성남비행장에 착륙했다.

해질 무렵 서울로 돌아와서 국방부 간부, 국방관련 전문기자, 그리고 안보전문가 등 25인이 모여 해단식 겸 회식자리에 참석했다. 당시 차영구 기획실장이 모임에 명칭이 필요하다면서 '안사모'가 어떠냐고 했다. 괜히 내가 뜨끔해 있을 즈음 '안보를 사랑하는 모임'의 의미라면서 마침 나의 성이 '안' 이니 회장의 적임자라고 했다. 그래서 나는 '안사모' 회장이 되었다.

해군 출신 첫 국방부 장관으로 윤광웅 해독이 발탁되었던 시절이 있었다. 국방부 정책자문위원 회식자리에서 나에게 건배사를 요청했다. 당시 많이 들었던 유행어를 떠올렸다. 서울대와 서강대 학생들은 '위해서', 연세대는 '위하세', 고려대는 '위하고', 이화여대는 '위하리' 로 건배를 한다고 전했다. 나는 처음으로 해군 출신 국방장관이니까 '바다 해'자를 넣어 '위해!'로 외치자고 건배했다. 윤 장관이 활짝 웃었다. (사실 내 마음 속에는 '편안 安, 어질 仁, 바다 海' 이름을 떠올리고 있었는데 아무도 눈치 채지 못하는 듯했다. 짐짓 다행이라고 여겼다.)

2007년 7월에 취역한 국내 최대 수송함으로 상륙작전에 투입될 '독도함'에도 초대받아 그 위용을 직접 접할 수 있었다. 같은 해 10월에는 공군정책자문위원으로서 사천비행장을 방문했다. 나는 실제 비행복을 입고 공군 KT-1 전투기의 조종사 후미 좌석에 탑승해서 비행장을 한바퀴 돌기도 했다. 하늘로 발진하지는 않았지만 조종사의 헬멧을 쓰고 '엄지척' 사진도 찍었다.

2006년 3월에는 전쟁 중인 이라크에 여성안보전문가로 초대받아 아르빌 지역을 방문했다. 정말 값진 경험이었다. 다음은 한국 주둔 지역을 방문 후 동아일보(3.6)에 기고한 칼럼이다.

아르빌에서 본 '이라크 투자 봉쇄'

마침내 노무현 대통령은 이라크 파병을 결정했다. 자이툰부대의 교대 병력 300여 명과 함께 나는 이라크 북부 아르빌 지역을 방문했다. 김덕수 사물놀이패도 함께 가서 공연했는데 마침 잘랄 탈라바니 이라크 퍼스트레이디가 관람석 옆자리에 앉아 그와 이야기를 나눌 기회가 있었다.

대통령 영부인은 사물놀이 관람 후 "이라크 전통 공연과 이상하리만큼 비슷하다"며 친근감을 나타냈다. 자이툰부대 대원 등 한국인은 이라크 문화를 존중하고 배려할 줄 안다며 칭찬을 아끼지 않았다. 이어서 그는 이라크의 사회간접자본 건설에 한국이 참여할 수 있는 일이 매우 많다고 언급했다.

자이툰부대가 아르빌 재건을 위해 기울인 그동안의 노력은 현지인들에게 한국에 대한 우호적인 인상을 심는데 성공했다. 아르빌의 각 마을에서 진행하고 있는 '그린에인절 작전'은 한국의 새마을 운동을 연상시켰다. 이 작전은 도로와 하수도를 건설하고 마을 환경을 개선하는 등 각 마을에 따라 필요한 숙원사업을 해결해 주는 종합적인 민간지원 사업이다. 기술교육센터도 운영하며 이 지역 쿠르드인들의 자활을 돕고 있었다.

작전 항목 중에 부대원과 주민들의 화합을 위한 마을 축제가 일요일에 열리고 있어서 초대받아 참가했다. 부대원과 주민들이 함께 줄다리기도 하고, 쿠르드족의 전통 춤(초피 댄스)도 췄다. 쿠르드족 어린이들은 어느새 '둥글게 둥글게…' 등 한국 동요를 부르고 춤을 추며 박수를 쳤다. 축제가 열리는 운동장의 인근 건물 지붕에 배치된 저격수와 3중으로 에워싼 경호원들만 없었다면 시골의 흥겨운

운동회 모습 그대로 정겨운 풍경이었다.

……중략……

한국 정부가 이라크 정세를 정확히 판단해서 민간 분야의 진출 시기를 긍정적으로 검토하기를 바라고 있는 이라크에서 많은 기회가 한국인들을 기다리고 있었다.

'그린에인절 작전' 마을 축제의 마지막 순서는 태권도 시범이었다. 자이툰부대 장병이 멋진 발차기로 장대에 높이 매달려 있는 박을 깨뜨리자 캐치프레이즈가 쓰인 긴 천이 펼쳐졌다. '우리는 친구(We are Friends)' 양국의 진정한 우정을 위해서 한국이 이라크 경제발전에 동참해야 한다.

미국 워싱턴 근교에서 태어난 아들은 보스턴에서 대학 졸업후에 한국 공군통역장교로 3년4개월을 복무했다. 오산과 용산 국방부 근무를 하면서 장교(officer)로서 자부심을 내비쳤다. 미국에서 교육을 받아 군인들이 영웅 대접받는 것에 대한 환상을 갖고 있는 듯했다. 군 입대 시기 아들의 한국어 실력은 중고생 정도였는데, 통역을 해야만 하는 상황에서 아나운서를 따라하기도 하고, 국방전문 단어사전을 만들어 나눠 주기도 하면서 열심히 노력한 모양이었다. 부족한 한국어 실력 향상을 위한 생존 전략이었던 셈이다.

그 덕분인지 3년 동안 믿기지 않을 만큼 한국어 실력이 일취월장 발전했으니 국방부에 진정으로 감사한 마음을 갖고 있다. 아들은 자이툰 부대 일원으로 아델만 공군기지 근무를 지원하고 희망했지만 더 이상 파견하지 않고 철수하게 되어 몹시 아쉬워했다.

국방부 정책을 점검하고 실행하는데 있어서 이를 전반적으로 평가하는 위원회가 만들어졌다. 적극적으로 관심을 갖고 열심히 참가한 덕분에 나는 국방부 정책평가위원회 위원장을 맡았다. 그런데 직책이름이 너무 길다면서 사석에서 나를 '국방위원장'으로 불렀다. 그리고 나의 상대 파트너는 '국방위원장 김정일'이라고 했다. 이러한 일련의 경험으로 무릇 국가 지도자들은 안보관이 확고해야 한다는 강한 신념을 갖게 되었다. 나의 소신은 실향민이신 부모님 영향을 받았다고 생각한다.

양가 모두 평양을 떠나온 실향민 가족으로 부친은 이북에서 평2중(평양고보)을 다녔고, 외조부와 두 외삼촌들은 평양사범을 마쳤다. 친가와 부친은 1947년 이북에서 김일성 주석이 토지개혁을 단행하자 이듬해 고향을 떠나 이남으로 내려오면서 이루 말할 수 없는 고초를 겪었다. 두 외삼촌들도 일찍이 월남해서 대한민국 헌병에 입대하는 바람에 반동분자가 된 외가 친척들은 1951년 1.4후퇴 때 서울로 피난을 떠났다.

공산주의 치하를 경험한 아버지와 어머니는 미군의 도움으로 한국전쟁에서 살아남았다고 말씀하시곤 했다. 어머니의 이북 음식솜씨는 대구에서 유명세를 타고 소문나 있었다. 특히 평양식 김치와 냉면, 만두와 빈대떡이 일품이라고 칭찬이 자자했다. 이화여대 김옥길 총장 공관에 초대받아 식사한 적이 있는데 냉면, 빈대떡 상차림이 완전 이북식으로 외할머니가 만들어 주시던 음식 맛이었다.

모친의 맛깔 난 솜씨로 1970년대부터 30년 넘게 매년 미8군 사령관을 비롯한 미군 가족들을 대구 집으로 초대했다. 그동안 400명이 넘는 미군을 가정식으로 접대했다는 성의를 미군으로부터 인정받았다. 아버지 어머니는 미군 4성장군인 라포트(LaPort) 사령관이 제창한 2003년 제1회 '좋은 이웃(Good Neighbor)'상 수상자로 선정되었다. 지금도 미군 사령관실에 사진이 전시되어 있다. 아버지를 대신해서 나는 어머니와 함께 시상식에 참가했다. 부친은 대구 라이언즈 클럽과 민간외교협회 회장을 맡아 한·미관계 증진을 위한 봉사활동에 앞장서기도 했다.

아버지는 정확하게 새벽 5시에 기상해서 매일 대구 남구에 있는 미8군 골프장에서 9홀을 돌고 클럽하우스에서 조찬까지 하고 회사로 출근하셨다. 한·미동맹에 기여한 공로를 인정받아 미군 골프장 회원권을 가지고 있어서 저렴하게 즐길 수 있다고 자랑하셨다. 비가 많이 오는 날을 제외하고 눈이 오면 빨간 공을 사용해서라도 1년에 300일 가까이 골프를 치고 생애 홀인원을 3번 기록했으니 아버지는 가히 '골프광'이라고 할 만하다. 골프코스를 여러 개 소유하고 있는 트럼프 대통령도 1년에 골프를 친 날짜로는 아버지에게 미치지 못할 것이다.

부친과 함께 이북에서 골프를 치고 싶은 마음에 나는 2007년에 분양한 금강산 아난티 골프장의 창립회원이 되었다. 마침 그 골프장에는 깔때기 홀이 있어서 그린에 올리기만 하면 나도 평생 못해 본 홀인원을 할 수 있을까 하는 희망을 가졌다. 그렇지만 얼마 지나지 않아서 2008년 금강산관광 금지령이 내려졌다. 아직 아난티 골프장에서 단 한 번도 라운딩을 해 본 적이 없다. 금강산 관광이 금지된 이후 거의 20년이 되어온다. 이렇듯 남북한관계 개선을 바라는 나의 소망은 금강산에도 스며 있다.

1991년 8월 미국 조지워싱턴 대학에서 '중국엘리트정치: 경제개혁과 중일경제관계 1978-1989(Elite Politics in China: Its

Relations to Economic Reform and Sino-Japanese Economic Relations 1978-1989)' 논문으로 박사학위를 받았다. 중국 개혁개방 이후 1980년대 중국연구를 새로 시작할 수 있는 시기여서 연구자가 많지 않다는 호기심에 전공으로 택했다. 박사논문도 당시 중·일관계에 대한 전공자가 전무하다시피 해서 새로운 분야로 주제를 정했다. 특히 화궈펑 시기 바오산제철소 건립, 후야방 시기 중일무역적자문제, 자오쯔양 시기 하이난다오 양푸경제특구를 지정할 때 일본자본 유치에 대해 중국 최고지도자 간의 정책대립을 사례로 집중적으로 연구했다. 중국 특구에 대한 외자유치 구상은 북한 개성공업지구에도 선행적 본보기가 될 수 있었다. 중국은 특구부지와 자원, 저임금 노동력을 제공하고 일본의 자본과 기술로 개발한다는 정책 구상이었다.

마침 논문 작성을 마치고 1991년 8월 초에 구두시험(Oral Defense)에 임하게 되었는데 논문보완을 위해서 한 학기 정도 수정할 생각을 했다. 그런데도 새로운 분야에 대한 논문으로 주목받아 단 한 자의 수정도 없이 바로 통과되었다. 1978년 중국개혁개방 이후 미국에서 발표된 최초의 중·일관계 박사학위 논문으로 인정받아서 5명 박사심사위원회 전원 일치로 그대로 논문집을 제출하게 되었다. 급히 미국에서 생활한 이삿짐을 싸고 유학 중에 딸이 태어난 하와이에서 잠시 휴식한 후 8월말에 서울로 왔다.

귀국 후 9월부터 통일부 산하 통일연구원 북한연구실과 기획조정실에서 중북한관계를 담당하며 6년을 근무했다. 북한 관련 연구를 하게 되자 아버지는 장차 무엇을 하고 싶으냐고 물어보셨다.

"김일성종합대학을 접수하고자 합니다."

내가 기억하는 아버지 모습 중에 가장 해맑은 표정으로 환하게 웃으셨다. 우리 친척 중에 피난을 오지 못하게 되자 이북에 남아서 김일성종합대학에서 수학한 수재도 있다고 일러주셨다.

1997년 3월 교육부 지원으로 고려대학교 국제대학원이 새로 발족하게 되어 중국 담당 창립멤버 교수로 임용되었다. 당시에도 30개국이 넘는 다양한 출신의 외국 학생들이 유학을 왔고 세계화 추세에 따라 영어로 강의하게 되었다. 중국정치경제, 중국외교정책, 남북한관계를 비롯해 동아시아에서 중국과 미국 관련 정치학 강의와 저술을 하면서 2022년 8월 퇴임했다.

정년을 맞아 연구 업적을 정리하는 의미에서 2권의 책—「중국과 미국 그리고 한반도」(2021), *China and East Asia: Competition and Cooperation*(2022)—을 마무리할 수 있었다. 이후 일본 쿄토 리츠메이칸대학 학생들에게 동아시아 국제관계와 남북한관계에 대해 석좌교수로서 대학원과 학부 강의를 할 수 있도록 배려해 준 나카토 사치오(中戸 祐夫) 부학장에게 깊이 감사한 마음을 갖고 있다. 현재는 중국 인민대학에서 고급방문학자(특빙교수)로 개인 연구실을 마련해줘서 본 원고를 탈고할 수 있게 되었다. 특강을 비롯해서 편의를 제공해준 수하오(苏浩) 교수에게 경의와 감사를 표한다.

이 책에는 각주를 생략하고 구어체로 이야기하듯이 써 내려갔다.(참고문헌은 「중국과 미국 그리고 한반도」 참조) 언제나 응원해 주시는 나의 멘토 92세 어머니를 위해 내가 낭송해서 오디오북을 만들어 드리고 싶다는 생각으로 서술했다. 교육학을 전공한 딸이 모든 출판을 떠맡아 수고를 해주고 있다.

따뜻한 가족애로 진정 고마움을 전한다.

2

계엄을 넘어

2024년 12월 3일 밤 10시 23분
전국에 비상계엄을 발표한다.

한국에서 49년만에 윤석열 대통령이 비상계엄을 선언했다. 마침 TV를 보고 있던 나는 화들짝 놀라고 말았다. 이어서 군인들이 중무장한 채 국회로 들어가고 유리 창문을 깨고 침입하는 장면이 보도되고 있었다. 자정인 12시가 넘어서면서 미국, 중국, 일본, 등 외국 지인들의 전화가 빗발치듯 걸려 왔다. 한국의 비상사태가 속보로 전세계에 생방송으로 중계되고 있었다. 그들은 선진국으로 발돋움하는 대한민국의 상황이 믿기지 않는듯 확인하고 싶어했다. 무슨 전쟁이 일어나기라도 한 것이냐고 걱정스럽게 안부를 물어왔다.

4일 오전 1시가 넘어가면서 국회의원들은 계엄해제를 요구하는 결의안을 300명 국회의원 중에 192명 찬성으로 통과시켰다. 새벽녘이 되어서야 윤 대통령이 국무회의 의결을 거쳐 계엄해제를 발표하고 일상으로 돌아갈 수 있다고 했다.

2025년 1월 26일, 계엄 이후 54일만에 윤석열 대통령이 관저에서 검찰특수본에 의해 구속되었다. 야당 민주당과 여당 국민의힘 일부 의원들이 함께 재적인원 2/3가 넘는 204명 찬성으로 탄핵 발의가 가결되었다. 헌법재판소에서 탄핵 여부에 대한 공개재판이 열려서 TV생중계로 시청할 수 있었다.

나는 책 집필을 마무리하려면 정확한 사실관계를 확인해야 하므로 포털을 검색해보았다. 누구나 찾아볼 수 있는 위키백과에 비상계엄과 국회해산에 대한 상황설명이 소상하게 나와 있었다.

한국에서 박정희 대통령이 1971년 12월 계엄보다 강력한 긴급 비상조치를 발표하고 이듬해 10월 '유신'체제를 선언했다. 이어서 국회를 해산하고 국회의원 1/3을 지명해서 '유정회'를 만들고 유신 헌법에 따라 개헌을 했다. 유신체제 하에서 엄격한 통제가 이어졌지만 1979년 10월 26일 대통령 유고에 따라 전두환 계엄사령관이 계엄을 선포하고 국회를 해산했다.

이러한 역사적인 사실에 대해 1994년 김영삼 대통령의 문민정부에서 대법원은 엄중하게 판결을 내렸다. 계엄 선포에 따른 국회해산 시도, 국회의원들의 계엄해제 요구에 대해 이를 방해하는 행위는 모두 정당하지 않다고 기술되어 있었다. 대통령의 비상계엄 발표가 통치행위로 질서유지를 위한 조치일 수 있지만, 국회의원들의 국회출입을 통제해서 국회를 해산하려는 시도를 하거나, 국회의원들의 계엄해제 요구에 대한 어떠한 방해 행위도 위법으로 판결을 내렸다. 이미 1987년에 개정된 헌법은 계엄령에 대해 국회가 해제 요구를 하면 대통령이 지체없이 따르도록 되어 있다.

본 저서의 9장 윤석열정부 마지막 5절은 계엄과 탄핵 편이다. 탄핵재판이 한창 진행 중이던 3월 말에 나는 이미 대통령 파면을 예견하고 결론을 마무리 지었다. 헌법에 위배되는지 여부는 명확하게 백과사전에도 나와 있어서 의심의 여지가 없어 보였다. 만약 헌법재판소에서 기각으로 판결한다면 나의 판단이 잘못되었다고 한 문단 더 삽입해서 결론을 내리기로 작정하고 있었다.

2025년 4월 4일 금요일 11시
피청구인 대통령 윤석열을 파면한다.

헌법재판소 재판관 8인 전원일치로 인용되었다. 자칫 국론분열이 우려되는 상황에서 그나마 다행이라는 분위기였다. 보수 정부에서 2번째로 대통령이 파면되었다.

사실 나는 박근혜 대통령의 파면을 예상하지 못했다. 여러가지 문제점이 드러났지만 국민이 선출한 대통령을 헌법재판소 판결로 파면할 수 있을지 의문을 가졌다. 미국에서도 닉슨 대통령이 파면 전에 사임을 했고, 하원과 상원이 상호 견제하는 상황에서 아직 파면된 미국 대통령이 없다고 배운 것을 상기했다. 그래서 박근혜 대통령은 탄핵이 기각될 것으로 기대했는데 당시 파면은 청천벽력과 같아 마음이 무너졌다. 4년 넘게 박 대통령은 영어의 몸이 되었지만 이후 대법원은 시발점이 된 세월호 관련 판결에서 아무런 증거가 없다면서 김기춘 비서실장과 함께 무죄를 선고했다.

반면 윤석열 대통령은 비상계엄을 발표했기에 탄핵을 거스를 수 없을 것 같았다. 그렇지 않았다면 5년 임기를 마칠 수 있었다. 두 번

다시 한국 대통령이 탄핵으로 파면되는 불행한 사건을 겪어서는 아니 된다고 생각하고 있었지만, 계엄포고령 1호로 '모든 정치활동을 금지' 한다는 위헌적 행위로 탄핵을 피할 수 없었다.

목요일 밤 야심한 시각에 윤 대통령은 느닷없이 계엄령을 발표하고 일사불란하게 군사작전을 실시하면서 국회의원들의 출입을 막으려고 했다. 국회의장을 비롯한 일부 의원들은 담을 넘어 본청에 진입했다. 그런데도 대통령은 경고용으로 2시간여만에 계엄 상황이 종료되었고 인명피해도 없었다고 사후에 해명을 했지만 국민들이 도저히 받아들일 수 없을 것으로 판단되었다. 보수의 궤멸을 가져올 수도 있다는 우려가 팽배해 있었다. 세계 10위권을 넘나든다는 한국인의 자부심에도 지울 수 없는 상처를 남겼다.

나는 '안사모' 회장으로서 특별한 경험을 할 수 있었기에 감사한 마음과 함께 한치의 실수도 결코 용납할 수 없는 안보에 대한 경각심을 늘 되새긴다. 내가 느끼는 가장 실망스러운 장면들은 최고 국군통수권자인 대통령으로서 헌법재판소 재판정에서 한 언행들이다. 상명하복을 철칙으로 삼는 군인이라면 이유 불문하고 군령에 따라야 한다. 계엄 당일도 완전무장한 군인들은 북한에 대응하라는 명령으로 여기듯 어김없이 동원되어 목숨을 걸었다. 군인은 명령어에 따라 자신의 생사가 갈릴 수 있으므로 절체절명의 순간에 복명복창(Copy)으로 확인한다. 대통령 비화폰으로 하달된 명령을 휘하 부하들이 직접 들었다는 증언들이 쏟아졌다.

707 특전사가 중무장한 채 동원되었고, 국정원 차장과 경찰청장은 14인 체포조에 대해 대통령으로부터 하달 받았다고 확인을 했다.

윤 대통령이 계엄 발표 후 국회의원들을 끌어내라고 하면서 여의치 않으면 두 번, 세 번 계엄을 하면 된다고 부하들을 재촉했다고도 증언했다. 대통령은 법정에서 증인석에 선 부하 직원들이 '새빨간 거짓말'로 조직적인 '공작'에 가담했다고 목소리를 높이고 있었다.

윤석열은 대한민국 군 통수권자로서 과연 자격이 있는가. 탄핵이 기각되어 다시 대통령으로서 군부대를 통솔하게 된다면 최고 국군통수권자로 인정받고 부하들이 이를 따를 것인가. 오히려 모든 과오는 대통령 자신에게 있으니 명령을 받은 부하들은 아무 잘못이 없다고 했다면 존경심이 저절로 우러날 것 같았다. 내란죄에는 사형과 무기징역만 있고 사면할 수 없다고 해도 이토록 부하를 책임지는 대통령이라면 특별법을 발의해서라도 사면해야 한다고 외칠 수 있을 것 같았다.

나는 너무나도 슬픈 나날을 보내고 있었다. 이렇듯 생명을 걸고 군령을 실행한 자신의 부하들에게 모든 죄를 뒤집어 씌우고, 그 뒤에 숨고자 하는 대통령에게 우리 군인들이 3년 가까이 충성을 맹세했단 말인가. 50만 대한민국 국군들이 울부짖고 있는 것만 같았다.

본 서에는 노태우 대통령이 7.7선언으로 평양문을 두드리고자 한 시기부터 윤석열 정부에 이르기까지 여덟 정부에 걸쳐 추진한 대북한정책의 성취와 좌절을 담고자 했다. 미국에서 새로운 분야로 중국에 관심을 갖기 시작한 이래 40년 나의 연구 여정도 아울러 엿볼 수 있기를 바라는 마음이다. 남북대화를 통해 긴밀한 관계를 유지함으로써 남과 북은 주변국 외교에서 가장 확실하고 강력한 지렛대로 활용할 수 있다.

정권이 바뀔 때마다 보수와 진보를 넘나들면서 이제 안타깝게도 남과 북은 상호 불신의 벽에 막혀 아예 소통불능상태에 이르렀다. 상호 간에 신뢰(trust)가 쌓이고 또 쌓이면 믿음이 지속적으로 이어져서 신뢰성(신뢰의 성질)을 가질 수 있게 될 것이다. 남과 북이 전략적 마인드로 무장해서 상대방의 진정성을 믿고 일관성을 유지할 수 있도록 '전략적 신뢰성(strategic reliability)'을 쌓고 또 쌓아 나가자고 들려주고 싶다. 북녘 동포들에게도 함께 손을 잡고 평화롭게 번영하는 한반도를 만들어가자고 호소하고 싶은 심정이다.

평양을 떠나 오신 아버지는 평소 고향 출신 자녀들에게 도움이 되고 싶다는 소망을 간직하셨다. 2016년 88세를 일기로 별세 직전에 아버지께 딸로서 같은 의지를 갖고 있다고 했고, "좋지" 하시던 대답이 마지막 유언이 되었다. 그 유지를 받들어 작은 걸음이라도 남북한관계 개선에 도움이 되는 일을 찾고 싶다. 아버지와 나의 소원이 이뤄질 수 있기를 진심으로 기원한다.

선친이 늘 되뇌시던 '전쟁 없는 세상'에 대한 염원이 너무나도 간절히 다가온다. 나의 부모님의 고향이고, 언젠가는 귀향(?)하고 픈 평양의 버드나무가 드리운 대동강변에서 '한반도 평화'의 술잔을 나누고 싶다.

부록

---

6 공동선언문(전문)

---

1. 1972년 7.4 공동성명

최근 평양과 서울에서 남북관계를 개선하며 갈라진 조국을 통일하는 문제를 협의하기 위한 회담이 있었다.

서울의 이후락 중앙정보부장이 1972년 5월 2일부터 5월 5일까지 평양을 방문하여 평양의 김영주 조직지도부장과 회담을 진행하였으며 김영주 부장을 대신한 박성철 제2부수상이 1972년 5월 29일부터 6월 1일까지 서울을 방문하여 이후락 부장과 회담을 진행하였다.

이 회담들에서 쌍방은 조국의 평화적 통일을 하루빨리 가져와야 한다는 공통된 염원을 안고 허심탄회하게 의견을 교환하였으며 서로의 리해를 증진시키는데서 큰 성과를 거두었다.

1. 쌍방은 다음과 같은 조국통일원칙들에 합의를 보았다.
   첫째, 통일은 외세에 의존하거나 외세의 간섭을 받음이 없이 자주적으로 해결하여야 한다.
   둘째, 통일은 서로 상대방을 반대하는 무력행사에 의거하지 않고 평화적 방법으로 실현하여야 한다.
   셋째, 사상과 이념, 제도의 차이를 초월하여 우선 하나의 민족으로서 민족적 대단결을 도모하여야 한다.
2. 쌍방은 북과남 사이의 긴장상태를 완화하고 신뢰의 분위기를 조성하기 위하여 서로 상대방을 중상 비방하지 않으며 크고 작은 것을 막론하고 무장도발을 하지 않으며 불의의 군사적 충돌사건을 방지하기 위한 적극적인 조치를 취하기로 합의하였다.
3. 쌍방은 끊어졌던 민족적 련계를 회복하며 서로의 이해를 증진시키고 자주적 평화통일을 촉진시키기 위하여 남북 사이에 다방면적인 제반교류를 실시하기로 합의하였다.
4. 쌍방은 지금 온 민족의 거대한 기대 속에 진행되고 있는 남북적십자회담이 하루빨리 성사되도록 적극 협조하는데 합의하였다.
5. 쌍방은 돌발적 군사사고를 방지하고 남북 사이에 제기되는 문제들을 직접, 신속 정확히 처리하기 위하여 서울과 평양 사이에 상설 직통전화를 놓기로 합의하였다.
6. 쌍방은 이러한 합의사항을 추진시킴과 함께 남북사이의 제반문제를 개선 해결하며 또 합의된 조국통일 원칙에 기초하여 나라의 통일문제를 해결할 목적으로 이후락 부장과 김영주 부장을 공동위원장으로 하는 남북조절위원회를 구성, 운영하기로 합의하였다.
7. 쌍방은 이상의 합의사항이 조국통일을 일일천추로 갈망하는 온 겨레의 한결같은 념원에 부합된다고 확신하면서 이 합의사항을 성실히 이행할 것을 온 민족 앞에 엄숙히 약속한다.

2. 1991년 남북기본합의서(1992.2.19.발효)

남과 북은 분단된 조국의 평화적 통일을 염원하는 온 겨레의 뜻에 따라, 7·4 남북 공동 성명에서 천명된 "조국 통일 3대 원칙"을 재확인하고, 정치·군사적 대결 상태를 해소하여 민족적 화해를 이룩하고, 무력에 의한 침략과 충돌을 막고 긴장 완화와 평화를 보장하며, 다각적인 교류·협력을 실현하여 민족 공동의 이익과 번영을 도모하며, 쌍방 사이의 관계가 나라와 나라 사이의 관계가 아닌 통일을 지향하는 과정에서 잠정적으로 형성되는 특수 관계라는 것을 인정하고, 평화 통일을 성취하기 위한 공동의 노력을 경주할 것을 다짐하면서, 다음과 같이 합의하였다.

제1장 남북 화해
제1조: 남과 북은 서로 상대방의 체제를 인정하고 존중한다.

제2조: 남과 북은 상대방의 내부문제에 간섭하지 아니한다.

제3조: 남과 북은 상대방에 대한 비방·중상을 하지 아니한다.

제4조: 남과 북은 상대방을 파괴·전복하려는 일체 행위를 하지 아니한다.

제5조: 남과 북은 현(現)정전상태를 남북 사이의 공고한 평화 상태로 전환시키기 위하여 공동으로 노력하며 이러한 평화 상태가 이룩될 때까지 현(現)군사 정전 협정을 준수한다.

제6조: 남과 북은 국제무대에서 대결과 경쟁을 중지하고 서로 협력하며 민족의 존엄과 이익을 위하여 공동으로 노력한다.

제7조: 남과 북은 서로의 긴밀한 연락과 협의를 위하여 이 합의서 발효 후 3개월 안에 판문점에 남북 연락 사무소를 설치·운영한다.

제8조: 남과 북은 이 합의서 발효 후 1개월 안에 본 회담 테두리 안에서 남북 정치 분과 위원회를 구성하여 남북 화해에 관한 합의의 이행과 준수를 위한 구체적 대책을 협의한다.

제2장 남북 불가침
제9조: 남과 북은 상대방에 대하여 무력을 사용하지 않으며 상대방을 무력으로 침략하지 아니한다.

제10조: 남과 북은 의견대립과 분쟁문제들을 대화와 협상을 통하여 평화적으로 해결한다.

제11조: 남과 북의 불가침 경계선과 구역은 1953년 7월 27일자 군사 정전에 관한 협정에 규정된 군사 분계선과 지금까지 쌍방이 관할하여 온 구역으로 한다.

제12조: 남과 북은 불가침의 이행과 보장을 위하여 이 합의서 발효 후 3개월 안에 남북군사 공동위원회를 구성·운영한다. 남북 군사 공동 위원회에서는 대규모 부대

이동과 군사연습의 통보 및 통제 문제, 비무장 지대의 평화적 이용문제, 군(軍) 인사교류 및 정보 교환 문제, 대량 살상 무기와 공격 능력의 제거를 비롯한 단계적 군축 실현 문제, 검증 문제 등 군사적 신뢰 조성과 군축을 실현하기 위한 문제를 협의·추진한다.

제13조: 남과 북은 우발적인 무력충돌과 그 확대를 방지하기 위하여 쌍방 군사 당국자 사이에 직통 전화를 설치·운영한다.

제14조: 남과 북은 이 합의서 발효 후 1개월 안에 본(本)회담 테두리 안에서 남북 군사 분과 위원회를 구성하여 불가침에 관한 합의의 이행과 준수 및 군사적 대결 상태를 해소하기 위한 구체적 대책을 협의한다.

제3장 남북·교류·협력

제15조: 남과 북은 민족 경제의 통일적이며 균형적인 발전과 민족 전체의 복리 향상을 도모하기 위하여 자원의 공동 개발, 민족 내부 교류로서의 물자 교류, 합작 투자 등 경제 교류와 협력을 실시한다.

제16조: 남과 북은 과학·기술, 교육, 문화·예술, 보건, 체육, 환경과 신문, 라디오, 텔레비전 및 출판물을 비롯한 출판·보도 등 여러 분야에서 교류와 협력을 실시한다.

제17조: 남과 북은 민족 구성원들의 자유로운 왕래와 접촉을 실현한다.

제18조: 남과 북은 흩어진 가족·친척들의 자유로운 서신 거래와 왕래와 상봉 및 방문을 실시하고 자유의사에 의한 재결합을 실현하며, 기타 인도적으로 해결할 문제에 대한 대책을 강구한다.

제19조: 남과 북은 끊어진 철도와 도로를 연결하고 해로, 항로를 개설한다.

제20조: 남과 북은 우편과 전기통신교류에 필요한 시설을 설치·연결하며, 우편·전기통신 교류의 비밀을 보장한다.

제21조: 남과 북은 국제무대에서 경제와 문화 등 여러 분야에서 서로 협력하며 대외에 공동으로 진출한다.

제22조: 남과 북은 경제와 문화 등 각 분야의 교류와 협력을 실현하기 위한 합의의 이행을 위하여 이 합의서 발효 후 3개월 안에 남북경제교류·협력 공동 위원회를 비롯한 부문별 공동 위원회들을 구성 & 운영한다.

제23조: 남과 북은 이 합의서 발효 후 1개월 안에 본(本)회담 테두리 안에서 남북 교류 협력 분과 위원회를 구성하여 남북 교류·협력에 관한 합의의 이행과 준수를 위한 구체적 대책을 협의한다.

제4장 수정 및 발효

제24조: 이 합의서는 쌍방의 합의에 의하여 수정·보충할 수 있다.

제25조: 이 합의서는 남과 북이 각기 발효에 필요한 절차를 거쳐 그 문본(文本)을 서로 교환한 날부터 효력을 발생한다.

3. 2000년 6.15 공동선언

조국의 평화적 통일을 염원하는 온 겨레의 숭고한 뜻에 따라 대한민국 김대중 대통령과 조선민주주의인민공화국 김정일 국방위원장은 2000년 6월 13일부터 6월 15일까지 평양에서 역사적인 상봉을 하였으며 정상회담을 가졌다.

남북 정상들은 분단 역사상 처음으로 열린 이번 상봉과 회담이 서로 이해를 증진시키고 남북 관계를 발전시키며 평화통일을 실현하는데 중대한 의의를 가진다고 평가하고 다음과 같이 선언한다.

1. 남과 북은 나라의 통일문제를 그 주인인 우리 민족끼리 서로 힘을 합쳐 자주적으로 해결해 나가기로 하였다.

2. 남과 북은 나라의 통일을 위한 남측의 연합제 안과 북측의 낮은 단계의 연방제 안이 서로 공통성이 있다고 인정하고 앞으로 이 방향에서 통일을 지향시켜 나가기로 하였다.

3. 남과 북은 올해 8·15에 즈음하여 흩어진 가족, 친척 방문단을 교환하며, 비전향 장기수 문제를 해결하는 등 인도적 문제를 조속히 풀어 나가기로 하였다.

4. 남과 북은 경제협력을 통하여 민족경제를 균형적으로 발전시키고, 사회, 문화, 체육, 보건, 환경 등 제반 분야의 협력과 교류를 활성화하여 서로의 신뢰를 다져 나가기로 하였다.

5. 남과 북은 이상과 같은 합의사항을 조속히 실천에 옮기기 위하여 빠른 시일 안에 당국 사이의 대화를 개최하기로 하였다.

김대중 대통령은 김정일 국방위원장이 서울을 방문하도록 정중히 초청하였으며, 김정일 국방위원장은 앞으로 적절한 시기에 서울을 방문하기로 하였다.

4. 2007년 10.4 선언

남북관계 발전과 평화번영을 위한 선언

대한민국 노무현 대통령과 조선민주주의인민공화국 김정일 국방위원장 사이의 합의에 따라 노무현 대통령이 2007년 10월 2일부터 4일까지 평양을 방문하였다. 방문기간 중 역사적인 상봉과 회담들이 있었다.

상봉과 회담에서는 6.15 공동선언의 정신을 재확인하고 남북관계발전과 한반도 평화, 민족공동의 번영과 통일을 실현하는데 따른 제반 문제들을 허심탄회하게 협의하였다.

쌍방은 우리민족끼리 뜻과 힘을 합치면 민족번영의 시대, 자주통일의 새시대를 열어 나갈수 있다는 확신을 표명하면서 6.15 공동선언에 기초하여 남북관계를 확대·발전시켜 나가기 위하여 다음과 같이 선언한다.

1. 남과 북은 6.15 공동선언을 고수하고 적극 구현해 나간다.

   남과 북은 우리민족끼리 정신에 따라 통일문제를 자주적으로 해결해 나가며 민족의 존엄과 이익을 중시하고 모든 것을 이에 지향시켜 나가기로 하였다.

   남과 북은 6.15 공동선언을 변함없이 이행해 나가려는 의지를 반영하여 6월 15일을 기념하는 방안을 강구하기로 하였다.

2. 남과 북은 사상과 제도의 차이를 초월하여 남북관계를 상호존중과 신뢰 관계로 확고히 전환시켜 나가기로 하였다.

   남과 북은 내부문제에 간섭하지 않으며 남북관계 문제들을 화해와 협력, 통일에 부합되게 해결해 나가기로 하였다.

   남과 북은 남북관계를 통일 지향적으로 발전시켜 나가기 위하여 각기 법률적·제도적 장치들을 정비해 나가기로 하였다.

   남과 북은 남북관계 확대와 발전을 위한 문제들을 민족의 염원에 맞게 해결하기 위해 양측 의회 등 각 분야의 대화와 접촉을 적극 추진해 나가기로 하였다.

3. 남과 북은 군사적 적대관계를 종식시키고 한반도에서 긴장완화와 평화를 보장하기 위해 긴밀히 협력하기로 하였다.

   남과 북은 서로 적대시하지 않고 군사적 긴장을 완화하며 분쟁문제들을 대화와 협상을 통하여 해결하기로 하였다.

   남과 북은 한반도에서 어떤 전쟁도 반대하며 불가침의무를 확고히 준수하기로 하였다.

남과 북은 서해에서의 우발적 충돌방지를 위해 공동어로수역을 지정하고 이 수역을 평화수역으로 만들기 위한 방안과 각종 협력사업에 대한 군사적 보장조치 문제 등 군사적 신뢰구축조치를 협의하기 위하여 남측 국방부 장관과 북측 인민무력부 부장간 회담을 금년 11월중에 평양에서 개최하기로 하였다.

4. 남과 북은 현 정전체제를 종식시키고 항구적인 평화체제를 구축해 나가야 한다는데 인식을 같이하고 직접 관련된 3자 또는 4자 정상들이 한반도지역에서 만나 종전을 선언하는 문제를 추진하기 위해 협력해 나가기로 하였다.
남과 북은 한반도 핵문제 해결을 위해 6자회담 「9.19 공동성명」과 「2.13 합의」가 순조롭게 이행되도록 공동으로 노력하기로 하였다.

5. 남과 북은 민족경제의 균형적 발전과 공동의 번영을 위해 경제협력사업을 공리공영과 유무상통의 원칙에서 적극 활성화하고 지속적으로 확대 발전시켜 나가기로 하였다.
남과 북은 경제협력을 위한 투자를 장려하고 기반시설 확충과 자원개발을 적극 추진하며 민족내부협력사업의 특수성에 맞게 각종 우대조건과 특혜를 우선적으로 부여하기로 하였다.
남과 북은 해주지역과 주변해역을 포괄하는 「서해평화협력특별지대」를 설치하고 공동어로구역과 평화수역 설정, 경제특구건설과 해주항 활용, 민간선박의 해주직항로 통과, 한강하구 공동이용 등을 적극 추진해 나가기로 하였다.
남과 북은 개성공업지구 1단계 건설을 빠른 시일안에 완공하고 2단계 개발에 착수하며 문산-봉동간 철도화물수송을 시작하고, 통행·통신·통관 문제를 비롯한 제반 제도적 보장조치들을 조속히 완비해 나가기로 하였다.
남과 북은 개성-신의주 철도와 개성-평양 고속도로를 공동으로 이용하기 위해 개보수 문제를 협의·추진해 가기로 하였다.
남과 북은 안변과 남포에 조선협력단지를 건설하며 농업, 보건의료, 환경보호 등 여러 분야에서의 협력사업을 진행해 나가기로 하였다.
남과 북은 남북 경제협력사업의 원활한 추진을 위해 현재의 「남북경제협력추진위원회」를 부총리급 「남북경제협력공동위원회」로 격상하기로 하였다.

6. 남과 북은 민족의 유구한 역사와 우수한 문화를 빛내기 위해 역사, 언어, 교육, 과학기술, 문화예술, 체육 등 사회문화 분야의 교류와 협력을 발전시켜 나가기로 하였다.
남과 북은 백두산관광을 실시하며 이를 위해 백두산-서울 직항로를 개설하기로 하였다.

남과 북은 2008년 북경 올림픽경기대회에 남북응원단이 경의선 열차를 처음으로 이용하여 참가하기로 하였다.

7. 남과 북은 인도주의 협력사업을 적극 추진해 나가기로 하였다.

남과 북은 흩어진 가족과 친척들의 상봉을 확대하며 영상편지 교환사업을 추진하기로 하였다.

이를 위해 금강산면회소가 완공되는데 따라 쌍방 대표를 상주시키고 흩어진 가족과 친척의 상봉을 상시적으로 진행하기로 하였다.

남과 북은 자연재해를 비롯하여 재난이 발생하는 경우 동포애와 인도주의, 상부상조의 원칙에 따라 적극 협력해 나가기로 하였다.

8. 남과 북은 국제무대에서 민족의 이익과 해외 동포들의 권리와 이익을 위한 협력을 강화해 나가기로 하였다.

남과 북은 이 선언의 이행을 위하여 남북총리회담을 개최하기로 하고, 제 1차회의를 금년 11월중 서울에서 갖기로 하였다.

남과 북은 남북관계 발전을 위해 정상들이 수시로 만나 현안 문제들을 협의하기로 하였다.

5. 2018년 4.27 판문점선언

<한반도의 평화와 번영, 통일을 위한 판문점 선언문>

대한민국 문재인 대통령과 조선민주주의인민공화국 김정은 국무 위원장은 평화와 번영, 통일을 염원하는 온 겨레의 한결같은 지향을 담아 한반도에서 역사적인 전환이 일어나고 있는 뜻깊은 시기에 2018년 4월 27일 판문점 평화의 집에서 남북 정상회담을 진행하였다.

양 정상은 한반도에 더 이상 전쟁은 없을 것이며 새로운 평화의 시대가 열리었음을 8천만 우리 겨레와 전 세계에 엄숙히 천명하였다.

양 정상은 냉전의 산물인 오랜 분단과 대결을 하루빨리 종식시키고 민족적 화해와 평화번영의 새로운 시대를 과감하게 일어나가며 남북 관계를 보다 적극적으로 개선하고 발전시켜 나가야 한다는 확고한 의지를 담아 역사의 땅 판문점에서 다음과 같이 선언하였다.

1. 남과 북은 남북 관계의 전면적이며 획기적인 개선과 발전을 이룩함으로써 끊어진 민족의 혈맥을 잇고 공동번영과 자주 통일의 미래를 앞당겨 나갈 것이다. 남북 관계를 개선하고 발전시키는 것은 온 겨레의 한결같은 소망이며 더 이상 미룰 수 없는 시대의 절박한 요구이다.

① 남과 북은 우리 민족의 운명은 우리 스스로 결정한다는 민족 자주의 원칙을 확인하였으며 이미 채택된 남북 선언들과 모든 합의들을 철저히 이행함으로 써 관계 개선과 발전의 전환적 국면을 열어나가기로 하였다.

② 남과 북은 고위급 회담을 비롯한 각 분야의 대화와 협상을 빠른 시일 안에 개최하여 정상회담에서 합의된 문제들을 실천하기 위한 적극적인 대책을 세워나가기로 하였다.

③ 남과 북은 당국 간 협의를 긴밀히 하고 민간교류와 협력을 원만히 보장하기 위하여 쌍방 당국자가 상주하는 남북 공동 연락사무소를 개성지역에 설치하기로 하였다.

④ 남과 북은 민족적 화해와 단합의 분위기를 고조시켜 나가기 위하여 각계각층의 다방면적인 협력과 교류 왕래와 접촉을 활성화하기로 하였다.

안으로는 6.15를 비롯하여 남과 북에 다 같이 의의가 있는 날들을 계기로 당국과 국회, 정당, 지방자치단체, 민간단체 등 각계각층이 참가하는 민족공동행사를 적극 추진하여 화해와 협력의 분위기를 고조시키며, 밖으로는 2018년 아시아경기대회를 비롯한 국제경기들에 공동으로 진출하여 민족의 슬기와 재능, 단합된 모습을 전 세계에 과시하기로 하였다.

⑤ 남과 북은 민족 분단으로 발생된 인도적 문제를 시급히 해결하기 위하여 노력하며, 남북 적십자 회담을 개최하여 이산가족·친척 상봉을 비롯한 제반 문제들을 협의 해결해 나가기로 하였다.

당면하여 오는 8.15를 계기로 이산가족·친척 상봉을 진행하기로 하였다.

⑥ 남과 북은 민족경제의 균형적 발전과 공동번영을 이룩하기 위하여 10.4선언에서 합의된 사업들을 적극 추진해 나가며 1차적으로 동해선 및 경의선 철도와 도로들을 연결하고 현대화하여 활용하기 위한 실천적 대책들을 취해나가기로 하였다.

2. 남과 북은 한반도에서 첨예한 군사적 긴장상태를 완화하고 전쟁 위험을 실질적으로 해소하기 위하여 공동으로 노력해 나갈 것이다.

① 남과 북은 지상과 해상, 공중을 비롯한 모든 공간에서 군사적 긴장과 충돌의 근원으로 되는 상대방에 대한 일체의 적대행위를 전면 중지하기로 하였다.

당면하여 5월 1일부터 군사분계선 일대에서 확성기 방송과 전단 살포를 비롯한 모든 적대 행위들을 중지하고 그 수단을 철폐하며 앞으로 비무장지대를 실질적인 평화지대로 만들어 나가기로 하였다.

② 남과 북은 서해 북방한계선 일대를 평화수역으로 만들어 우발적인 군사적 충돌을 방지하고 안전한 어로 활동을 보장하기 위한 실제적인 대책을 세워나가기로 하였다.

③ 남과 북은 상호 협력과 교류, 왕래와 접촉이 활성화되는 데 따른 여러 가지 군사적 보장 대책을 취하기로 하였다.

남과 북은 쌍방 사이에 제기되는 군사적 문제를 지체 없이 협의 해결하기 위하여 국방부장관 회담을 비롯한 군사당국자 회담을 자주 개최하며 5월 중에 먼저 장성급 군사 회담을 열기로 하였다.

3. 남과 북은 한반도의 항구적이며 공고한 평화체제 구축을 위하여 적극 협력해 나갈 것이다.

한반도에서 비정상적인 현재의 정전 상태를 종식시키고 확고한 평화체제를 수립하는 것은 더 이상 미룰 수 없는 역사적 과제이다.

① 남과 북은 그 어떤 형태의 무력도 서로 사용하지 않을 때 대한 불가침 합의를 재확인하고 엄격히 준수해 나가기로 하였다.

② 남과 북은 군사적 긴장이 해소되고 서로의 군사적 신뢰가 실질적으로 구축되는 데 따라 단계적으로 군축을 실현해 나가기로 하였다.

③ 남과 북은 정전협정 체결 65년이 되는 올해에 종전을 선언하고 정전협정을 평화협정으로 전환하며 항구적이고 공고한 평화체제 구축을 위한 남·북·미 3자 또는 남·북·미·중 4자 회담 개최를 적극 추진해 나가기로 하였다.

④ 남과 북은 완전한 비핵화를 통해 핵 없는 한반도를 실현한다는 공동의 목표를 확인하였다.

남과 북은 북측이 취하고 있는 주동적인 조치들이 한반도 비핵화를 위해 대단히 의의 있고 중대한 조치라는데 인식을 같이 하고 앞으로 각기 자기의 책임과 역할을 다하기로 하였다.

남과 북은 한반도 비핵화를 위한 국제사회의 지지와 협력을 위해 적극 노력하기로 하였다.

양 정상은 정기적인 회담과 직통전화를 통하여 민족의 중대사를 수시로 진지하게 논의하고 신뢰를 굳건히 하며, 남북 관계의 지속적인 발전과 한반도의 평화와 번영, 통일을 향한 좋은 흐름을 더욱 확대해 나가기 위하여 함께 노력하기로 하였다.

당면하여 문재인 대통령은 올해 가을 평양을 방문하기로 하였다.

6. 2018년 9.19 평양공동선언

대한민국 문재인 대통령과 조선민주주의인민공화국 김정은 국무위원장은 2018년 9월 18일부터 20일까지 평양에서 남북정상회담을 진행하였다.

양 정상은 역사적인 판문점 선언 이후 남북 당국간 긴밀한 대화와 소통, 다방면적 민간교류와 협력이 진행되고, 군사적 긴장완화를 위한 획기적인 조치들이 취해지는 등 훌륭한 성과들이 있었다고 평가하였다.

양 정상은 민족자주와 민족자결의 원칙을 재확인하고, 남북관계를 민족적 화해와 협력, 확고한 평화와 공동번영을 위해 일관되고 지속적으로 발전시켜 나가기로 하였으며, 현재의 남북관계 발전을 통일로 이어갈 것을 바라는 온 겨레의 지향과 여망을 정책적으로 실현하기 위하여 노력해 나가기로 하였다.

양 정상은 판문점선언을 철저히 이행하여 남북관계를 새로운 높은 단계로 진전시켜 나가기 위한 제반 문제들과 실천적 대책들을 허심탄회하고 심도있게 논의하였으며, 이번 평양정상회담이 중요한 역사적 전기가 될 것이라는 데 인식을 같이 하고 다음과 같이 선언하였다.

1. 남과 북은 비무장지대를 비롯한 대치지역에서의 군사적 적대관계 종식을 한반도 전 지역에서의 실질적인 전쟁위험 제거와 근본적인 적대관계 해소로 이어나가기로 하였다.

   ① 남과 북은 이번 평양정상회담을 계기로 체결한 <판문점선언 군사분야 이행합의서>를 평양공동선언의 부속합의서로 채택하고 이를 철저히 준수하고 성실히 이행하며, 한반도를 항구적인 평화지대로 만들기 위한 실천적 조치들을 적극 취해나가기로 하였다.

   ② 남과 북은 남북군사공동위원회를 조속히 가동하여 군사분야 합의서의 이행실태를 점검하고 우발적 무력충돌 방지를 위한 상시적 소통과 긴밀한 협의를 진행하기로 하였다.

2. 남과 북은 상호호혜와 공리공영의 바탕위에서 교류와 협력을 더욱 증대시키고, 민족경제를 균형적으로 발전시키기 위한 실질적인 대책들을 강구해나가기로 하였다.

   ① 남과 북은 금년내 동, 서해선 철도 및 도로 연결을 위한 착공식을 갖기로 하였다.

   ② 남과 북은 조건이 마련되는 데 따라 개성공단과 금강산 관광 사업을 우선 정상화하고, 서해경제공동특구 및 동해관광공동특구를 조성하는 문제를 협의해나가기로 하였다.

   ③ 남과 북은 자연생태계의 보호 및 복원을 위한 남북 환경협력을 적극 추진하기로 하였으며, 우선적으로 현재 진행 중인 산림분야 협력의 실천적 성과를 위해 노력하

기로 하였다.

④ 남과 북은 전염성 질병의 유입 및 확산 방지를 위한 긴급조치를 비롯한 방역 및 보건·의료 분야의 협력을 강화하기로 하였다.

3. 남과 북은 이산가족 문제를 근본적으로 해결하기 위한 인도적 협력을 더욱 강화해 나가기로 하였다.

① 남과 북은 금강산 지역의 이산가족 상설면회소를 빠른 시일내 개소하기로 하였으며, 이를 위해 면회소 시설을 조속히 복구하기로 하였다.

② 남과 북은 적십자 회담을 통해 이산가족의 화상상봉과 영상편지 교환 문제를 우선적으로 해결해나가기로 하였다.

4. 남과 북은 화해와 단합의 분위기를 고조시키고 우리 민족의 기개를 내외에 과시하기 위해 다양한 분야의 협력과 교류를 적극 추진하기로 하였다.

① 남과 북은 문화 및 예술분야의 교류를 더욱 증진시켜 나가기로 하였으며, 우선적으로 10월 중에 평양예술단의 서울공연을 진행하기로 하였다.

② 남과 북은 2020년 하계올림픽경기대회를 비롯한 국제경기들에 공동으로 적극 진출하며, 2032년 하계올림픽의 남북공동개최를 유치하는 데 협력하기로 하였다.

③ 남과 북은 10.4 선언 11주년을 뜻깊게 기념하기 위한 행사들을 의의있게 개최하며, 3.1 운동 100주년을 남북이 공동으로 기념하기로 하고, 그를 위한 실무적인 방안을 협의해나가기로 하였다.

5. 남과 북은 한반도를 핵무기와 핵위협이 없는 평화의 터전으로 만들어나가야 하며 이를 위해 필요한 실질적인 진전을 조속히 이루어나가야 한다는 데 인식을 같이 하였다.

① 북측은 동창리 엔진시험장과 미사일 발사대를 유관국 전문가들의 참관 하에 우선 영구적으로 폐기하기로 하였다.

② 북측은 미국이 6.12 북미공동성명의 정신에 따라 상응조치를 취하면 영변 핵시설의 영구적 폐기와 같은 추가적인 조치를 계속 취해나갈 용의가 있음을 표명하였다.

③ 남과 북은 한반도의 완전한 비핵화를 추진해나가는 과정에서 함께 긴밀히 협력해나가기로 하였다.

6. 김정은 국무위원장은 문재인 대통령의 초청에 따라 가까운 시일 내로 서울을 방문하기로 하였다.

남과 북
: 여덟 정부의 도전과 좌절
노태우에서 윤석열까지

초판 발행   2025년 10월 1일

지 은 이   안인해
펴 낸 이   민선기

인   쇄   동문기획
디 자 인   이혜린

펴 낸 곳   (주)파니쥬
출판등록   제2020-000042호
주   소   서울특별시 강남구 학동로 161 건일빌딩 3F
전   화   02-517-2850
팩   스   0504-312-7872
이 메 일   sunkeemin@gmail.com

ⓒ 2025. (주)파니쥬
ISBN 979-11-969786-4-8
값 28,000원